제**3**판

체육학 글쓰기

체육논리 및 논술수업

이학준 저

 북스힐

제3판 서문

체육학 글쓰기(초판 2006년)를 출판한지가 어느덧 10년이 되었다. 10년이면 강산이 변해도 몇 번을 변했을 것이다. 그 동안 책의 생명을 유지하는데 도움을 주신 독자들에게 감사드린다. 국내 출판계에서 책의 수명은 대체로 짧다. 출판되자마자 사라지는 경우도 있다. 출판시장이 열악함에도 불구하고 오래 동안 절판되지 않고 유통이 되었다는 것은 책의 쓸모가 있다는 것을 의미한다. 오랜 동안 이 책으로 강의를 하면서 추가로 들어가야 할 내용들이 생겨났다. 특히 논술부분은 어느 정도 갖추어졌지만 논리부분이 상대적으로 부족하다는 생각이 있었다.

체육학 글쓰기 3판은 '체육논리' 부분을 새로운 장으로 추가 하였다. 그래서 책의 구성은 이해, 논리, 논술, 연습으로 네 장으로 구성하였다. 이해는 비판적 읽기능력을 함양하는데 도움이 되며, 논리는 논증구성능력, 논술은 문제해결능력, 그리고 연습은 논리적 서술능력을 함양하는데 도움이 된다. 논술을 잘 한다는 것은 논리가 뛰어나다는 것을 의미한다. 논리는 일종의 기술이기 때문에 꾸준한 연습을 통하여 습득이 가능하다. 논증은 글쓰기에서 글의 구성하는 부분에 해당하기에 논리적 체계성을 갖추는데 중요하다. 왜냐하면 글의 성공여부는 논증구성능력 여부에 의해서 좌우되기 때문이다.

체육논리 부분의 내용은 비판적 사고, 논증, 연역추론과 귀납추론, 좋은 논증의 조건, 잘못된 논증(오류)으로 구성하였다. 비판적 사고는 구성요소와 평가요소를 나누어서 구체적으로 항목별로 정리하였다. 각 항목별 내용을 잘 숙지한다면 다른 사람의 글을 분석하고 평가를 하는데 도움을 받을 수 있다. 비판적 사고는 1장 이해부분을 통해서 비판적 읽기 능력을 향상 시키는데 도움이 된다. 비판적 읽기를 통해서 비판적 사고능력을 길러서 다른 사람의 글이나 논문을 분석하고 평가하는데 유용하게 사용할 수 있다. 논리와 관련하여 집중해서 공부한다면 실제로 글의 틀 짜기(논증하기)를 하는데 도움을 받을 수 있다.

끝으로 독자들이 글쓰기의 자신감을 얻어 실제 현실에서 도움을 받았으면 좋겠다. 고마운 분들이 너무 많이 계시다. 늘 주변의 지인들에게 감사하다. 바쁘다는 이유로 표현하지 못하고 살아가고 있다. 늘 관심을 보여주시는 분들에게 감사드린다. 체육학 글쓰기 3판을 출판하도록 기회를 주신 북스힐의 조승식사장님과 이승환 과장님 그리고 편집실 선생님들께 감사함을 전합니다. 책이 만들어지는 과정에서 보이지 않게 수고하신 분들에게도 감사의 인사를 드립니다. 그리고 병신년에는 가족의 건강과 행운이 깃들기를 기원합니다.

2016년 1월 1일

이학준 올림

제2판 서문

2006년 『체육학 글쓰기』가 처음 나올 때 체육계에서 글쓰기에 대하여 중요성을 인지하지 못하고 있었다. 최근에 논리 및 논술의 중요성에 커지면서 사범대학 모든 학과에서 교과특성에 맞는 논리 및 논술 교과목을 개설하고 있다. 체육교육과 역시 체육논리 및 논술이라고 과목을 마련하고 학생들에게 가르치고 있다. 저자 역시 체육교육과와 교육대학원에서 온라인 강의와 오프라인 강의를 하고 있다.

초판을 교재로 사용하면서 부족한 부분이 발견되어 보충해야 한다는 생각이 있었다. 이번에 부족한 부분과 실제 현장에서 필요한 글쓰기에 대한 내용들은 첨가하였다. 초판보다 내용이나 분량이 늘어났다. 어떻게 보면 2판은 새로운 책이라고 할 수 있다. 보충이 아니가 새롭게 책을 만들게 되었다. 책은 전체 3부로 나누어서 이해, 방법, 연습으로 구분하였다.

1부는 체육학 글쓰기의 이해에 대하여 다루어 보았다. 그 동안 체육학 글쓰기에 관한 논문을 정리해서 모아 보았다. 우선 1장은 연구윤리에 관한 내용을 담았다. 체육학 글쓰기에서 필요한 것은 연구윤리 부분이다. 특히 표절과 인용에 대한 교육이 절실함을 알기에 이 부분을 빼놓을 수가 없어서 수록하였다. 글쓰기에서 표절과 인용방법에 대하여 기본적으로 알고 있어서 한다.

2장은 체육교과 논리 및 논술교육의 쟁점과 방향을 알아보았다. 체육교과 논리 및 논술교육의 목적, 내용, 방법, 주체 등에 대하여 관련 강의계획서를 분석하여 알아보았다. 방향이 명확해야 목적지를 찾을 수 있다. 체육학 글쓰기가 가고자 하는 목적지가 무엇인지 명확하게 알아보았고, 내용과 방법 또한 찾아보았다. 3장은 체육공부와 반성적 차원의 글쓰기에 대하여 알아보았다. 체육공부의 목적은 사람됨에 있다면 그 사람됨을 도달하기 위한 방법으로써 반성적 차원의 글쓰기에 대하여 탐구하였다. 4장에서 서사적 글쓰기와 사람됨의 지향, 5장에서 수행으로써 체육학 글쓰기에 대하여 다루어 보았다.

제2부는 체육학 글쓰기의 방법에 대하여 알아보았다. 6장은 체육학 글쓰기의 핵심으로 체육학 분야에서 요구되는 글쓰기 항목을 중심으로 살펴보았고, 7장에서는 체육학 글쓰기의 전략을 구체적으로 알아보았다. 체육학 글쓰기에서 필요한 방법에 대하여 소개하였다. 8장은 체육학 글쓰기의 기법에 대하여 설명하였다.

제3부는 체육학 글쓰기의 연습을 실었다. '연습은 실천처럼, 실천은 연습처럼' 이란 말이 있다. 연습하고 연습하면 완벽하게 될 수 있다. 연습만이 완벽에 가까이 다가 갈 수 있다. 이 부분은 초판에 없었던 것으로 새롭게 구성하였다. 앞에서 체육학 글쓰기에 대한 이론적 지식을 배웠다면, 이 부분에서는 실천적 활용방법으로 실제 연습할 수 있도록 하였다. 머리로 알고 있는 지식을 사용하지 않는다면 박제화 된 지식일 뿐이다. 실제로 활용해야 자기 지식의 일부가 된다. 연습을 통해서 자신의 지식으로 만들 수 있도록 하였다. 현장에서 직접적으로 도움을 받을 수 있는 부분이다.

9장은 운동일기를, 10장은 연구논문을, 11장은 연구계획서를 알아보았다. 연구계획서에 대한 예시는 저자가 학술연구교수를 지원할 때 사용한 것이다. 도움과 참고가 되었으면 한다. 11장은 대학의 중간고사와 기말고사에서 A+시험답안지를 작성할 수 있도록 하였다. 대학생 중에서 시험답안지를 어떻게 써야 하는 줄 모르는 학생들이 생각보다 많다. 대학에서 가르쳐 주지 않고 시험만 보았기 때문이다. 12장은 대학생활에서 빼놓을 수 없는 리포트에 대하여 알아보았다. 예시로 수업에 참여한 학생의 리포트 전문을 실었다.

체육논리 및 논술 수업을 대학생과 대학원생들과 함께 공부하면서 많은 것을 깨닫게 되었다. 수업에 참여한 학생들이 글쓰기의 자신감을 가지고, 할 수 있다는 생각을 가졌다면 수업은 성공했다고 자위해왔다. 이 책 역시 읽고 체육학 글쓰기 나도 할 수 있다는 자신감을 가졌으면 한다. 모든 글쓰기는 시작이 반이다. 학부생들에게 연구논문을 써보도록 지도하였다. 처음에서 못할 것 같았는데 모두가 해내는 것을 지켜 볼 수가 있었다.

체육논리 및 논술 수업에 함께 한 이들 모두에게 고마움을 전한다. 그리고 살아갈 수 있게 강의를 마련해 주시고 격려를 해주시는 교수님들께 감사드린다. 또한 매번 출판하도록 기회를 주신 조승식 사장님과 편집부 직원분들에게 감사드린다. 끝으로 함께 살아가고 있는 가족과 함께 출판을 기쁨을 나누고 싶다.

2012년 6월 28일

이학준 올림

▌ 제1판 서문

저자는 '체육학 글쓰기'를 두 가지의 목적을 갖고 섰다. 하나는 체육학 분야와 체육을 전공하는 학생들의 글쓰기교육의 실제에 대하여 말하고 다른 하나는 '쓰기 스포츠'의 발견과 그 즐거움에 대하여 소개하기 위하여 쓰게 되었다. 스포츠의 즐거움은 (1) 하는 스포츠, (2) 보는 스포츠, (3) 읽는 스포츠 등으로 크게 분류할 수 있는데 저자는 여기에 (4) '쓰는 스포츠'를 하나 더 추가하였다. 그렇기 때문에 이 책은 체육학 글쓰기의 실제이면서 쓰기 스포츠의 방법을 소개하고 있다.

체육학 글쓰기는 말하기 이상으로 필요하다. 운동선수는 스포츠스타다. 스타이기에 연예인 그 이상의 인기를 얻고 있다. 이들은 어디에 가든 사람들에게 사인을 해주기 바쁘다. 기자들의 각종 인터뷰가 이어지기 때문에 운동선수는 말을 잘해야 한다. 올림픽이나 월드컵 등 선수들이 인터뷰를 해야 할 경우가 많다. 이 때 팬들은 선수들의 인터뷰에 주목한다. 그래서 선수들은 말을 잘 해야 한다. 운동선수는 말을 잘하지 못해도 운동만 잘하면 된다는 생각은 금물이다. 이제 운동선수는 말하지 않고 살 수가 없다. 말도 중요하지만 이보다 더 중요한 것이 글쓰기이다.

글쓰기는 말하기 보다 더 어렵다. 글 쓰는 방법을 알아야 하기 때문이다. 이전에 저자는 운동선수출신 장차관의 고위공무원을 기대한 적이 있었다. 체육관련 단체의 사람들은 체육학과를 나오지 않는 비체육인들이 전공자보자 많다. 이들에게 체육 현실을 설명하고 체육인을 위한 정책을 기대하는 것은 생각만큼 쉽지 않다. 체육계 현장의 목소리를 대변할 수 있는 사람은 체육을 전공한 사람이 제격이다. 하지만 현실은 생각과 차이가 많다. 왜 체육학과를 나온 사람은 장관이나 정책입안자 또는 스포츠신문 기자가 되지 못하는가. 개인의 문제라고 하면 할 말은 없지만 그래도 체육학과에서 제대로 가르친다면 가능하다고 생각한다.

장관과 기자가 되지 못하는 이유는 많다. 저자는 그 중에 하나를 말하기와 글쓰기에서 찾는다. 글쓰기가 업무의 대부분을 차지하기 때문에 체육계 인사가 자리를 잡기가 쉽지 않다. 글쓰기는 교양교육에서 하기 때문에 전공에서 불필요하다고 생각하지만 정작 체육과 관련된 글쓰기가 절실하다. 체육학과 교과과정 어디에도 전공과 관련된 글쓰기 과목이 없다. 별 관심이 없다. 글쓰기는 교양과목에서 배우면 된다는 생각이 지배적이다. 이제 전공영역에서 체육학 글쓰기를 가르쳐야 한다.

시험 답안지 작성하는 법, 보고서 작성, 학위논문 작성법 이 모든 것이 글쓰기가 관련되지 않는 부분이 없다. 학점을 잘 받는 것은 결국 글쓰기가 크게 영향을 미친다. 전공과 관련된 글쓰기를 제대로 배워야 하는데 현실은 이를 따라 주지 못한다. 체육학연구법에서는 통계기법만을 가르치고 있을 뿐이다. 정작 중요한 체육학 글쓰기는 홀대 받고 있다. 잘 써야 출세한다는 말이 적용되지 않는 곳이 체육계이다.

이제 체육학 글쓰기에 관심이 필요하다. 체육계 학과 교과과정에 체육학 글쓰기가 포함되어서 학생들의 글쓰기 능력의 향상을 도모하여야 한다. 학생들이 생각하는 힘과 의사소통능력으로서 글쓰기와 말하기를 잘 할 수 있게 교육해야 한다. 그래야 체육계의 위상은 높아 질 것이다. 지금 체육이 다른 영역과 차이가 나는 부분이 글쓰기이다. 글쓰기 방법만을 배우면 된다. 왜냐하면 체육학 글쓰기는 문학적 글쓰기가 아니라 실용적 글쓰기 때문이다.

저자는 대학에서 체육학과 학생들을 대상으로 강의하면서 글쓰기 능력을 향상시키기 위해 노력하고 있는 중이다. 학생들이 처음에는 어려움을 가지고 있다가도 연습을 통하여 조금씩 글쓰기 능력이 향상되는 것을 본다. 이 책이 체육학을 전공하는 학생이나 운동선수들이 글쓰기의 두려움에서 벗어나는데 도움을 주기를 기대한다. 이외에 대학원에서 체육학을 공부하는 원생들에게 글쓰기를 어떻게 해야 하는가에 대한 질문에 대답이 될 것이다.

2006년 1월 16일

이학준

▌ 차 례

CHAPTER 04. 연습 : 논리적 서술능력

CHAPTER 01

이 해
: 비판적 읽기능력

●

체육교과 논리 및 논술교육
: 쟁점과 방향1)

　　우리 사회는 대학시험의 유형에 따라서 많은 방식들이 바뀌고 있다. 그 중 하나가 대학 논술 시험이다. 입학의 중요한 변수로 작용하여 지금까지 관심 밖에 있었던 논술에 대하여 많은 사람들이 관심을 가지게 되었다. 초등논술교육, 대입논술교육, 법학대학원 적성시험, 사법시험 등 다양한 분야에서 논술을 다루고 있다. 특히 교육과학기술부에 의하면, 모든 학과는 학과 특성에 맞게 논리와 논술교육이 행해져야 한다고 밝히고 있다. 체육교과 역시 교과 특성에 맞게 논리와 논술 교육을 강화해야 한다는 목소리가 높다.2) 하지만 체육교과 논리 및 논술교육의 정체성과 방향성이 명

---

1) 2011년 한국체육학회지 50(6)에 발표함.

2) 김동규, 2002, 이학준, 신현군, 2002; 박기동, 2004, 2006, 이학준, 2006; 서장원, 2007, 2008; 최원준, 김진희, 2009.

확하지 못하여 현장에서 혼란을 가중시키고 있다. 이 때문에 교육 내용과 방법 그리고 교육주체가 정리되지 못한 상태이다.

체육교과 논리 및 논술교육은 다양한 명칭으로 사범대학 체육교육과와 교육대학원에서 행해지고 있다. 논리와 논술(체육), 체육교과 논리 및 논술, 체육논리 및 논술 등 그 교과 명칭 또한 다양하다. 명칭은 다양한 반면 내용은 거의 유사하다. 교수에 따라서 약간의 차이를 드러내고 있을 뿐이다. 체육교과 논리와 논술교육의 강의는 스포츠교육학 전공자, 체육철학 전공자 아니면 국문학, 일반철학 전공자가 맡아서 하고 있다. 체육교과 논리 및 논술은 체육교육과의 필수과목으로 선정되어 모든 학생이 이수하게 되었다. 그 동안 논술교육은 신입생을 대상으로 1~2학년 과정의 교양교육 중 하나였지만 최근에 논술교육의 강화로 각 교과목의 특성에 맞게 개설된 논술 강의를 하고 있다.

이 글의 목적은 체육교과 논리 및 논술교육의 쟁점과 방향을 탐구하는 데 있다. 방향의 탐구는 우선적으로 체육교과 논리 및 논술교육의 정체성을 탐구하는 일이다. 이 교과목의 정체성을 어디서 찾느냐에 따라서 교과의 성격과 강의 방법이 확연히 나누어진다. 단지 논술능력을 위한 교육인지 혹은 임용논술시험을 위한 준비교육인지 아니면 종합적 사고력을 위한 교육인지가 명확하게 제시되어야 한다. 현재 체육교과 논리 및 논술교육은 정체성이 분명하지 못하여 대학과 교육대학원에서 다양하게 강의되고 있다.

교과목의 정체성과 방향성과 관련하여 박정하(2007)는 내용, 방법, 주체에 대한 규명이 있어야 한다고 말한다. 저자는 체육교과 논리 및 논술교육의 정체성과 방향성을 규명하기 위하여, 앞의 세 가지에다 교육의 목적을 추구하여 네 가지 쟁점을 설정하였다. 그 쟁점은 교육목적, 교육내용, 교육주체, 교육방법 등이다. 이 쟁점은 정체성을 탐구하는데 필요하며, 교육현장에서 다른 전공자들과의 첨예하게 대립되는 문제라고 생각하여 설정한 것이다. 구체적인 연구문제는 다음과 같다.

첫째, 체육교과 논리 및 논술교육이 왜 필요한가? 둘째, 체육교과 논리 및 논술교육은 무엇을 가르칠 것인가? 셋째, 체육교과 논리 및 논술교육은 누가 가르쳐야 하는가? 넷째, 체육교과 논리 및 논술교육은 어떻게 가르칠 것인가? 이러한 쟁점들을 해결하기 위하여 온라인에서 확인할 수 있는 일부 대학의 체육교육과에서 개설된 체육교과 논리 및 논술교육의 강의계획서 ①, ②, ③을 비교검토 하였다. 이 글의 한계는 국내 사범대학 체육교육과 교육대학원 모두를 분석하지 못했고 일부 대학의 강의계획서를 분석하였다는 점이다.

체육교과 논리 및 논술교육의 목적

① 글쓰기는 일차적으로 사고력과 표현력 향상시키는 데 있다. 특히 예비교사가 갖추어야 할 중요한 능력 가운데 하나가 논리와 논술 지도능력이라고 할 수 있다. 본 강좌는 예비교사들에게 논리 및 논술 지도 능력을 배양하는데 목적이 있다.

② 이 강의의 목적은 체육과 관련된 다양한 글쓰기 연습을 통해서 글쓰기 소양을 함양하고, 사고력과 표현력을 향상시키는데 있다.

③ 이 강의의 목적은 체육학 분야에서 필요한 체육학 글쓰기에 대한 두려움을 벗어나서 자신의 생각을 논리에 맞게 표현할 수 있도록 하기 위하여 학생들의 논리력과 표현력에 초점을 맞추어 강의하는데 있다.[3]

강의계획서에 나타난 강의 목적은 앞의 내용과 같다. 앞의 분석을 통해서 다음의 사실을 확인할 수 있다. 체육과에서 논리 및 논술을 가르쳐야 하는 이유는 무엇보다도 사고력과 표현력을 증가시키는 데서 찾을 수 있다. 체육교과 논리 및 논술교육이 가지고 있는 목적과 목표에 의해서 그 내용과 방법을 결정하게 된다. 목적은 방향설정의 핵심이다. 목적 없는 교육은 맹목적인 행위에 불과하다. 어느 방향으로 갈 것인가를 정하지 않고 출발할 수 없다. 목적지가 분명해야 시간과 경제적 비용을 최소화해서 최대의 성과를 낼 수 있다. 내비게이션이 효과적인 것은 목적지를 잘 찾아준다는 것이다. 잘 찾을 수 있는 이유는 바로 목적지를 명확하게 입력했기 때문이다. 목적지가 입력되지 않으면 잘 찾을 수가 없다. 목적 상실은 곧 방향 상실과 다르지 않다. 체육교과 논리 및 논술교육의 목적은 사고능력의 배양과 표현능력의 신장이라고 할 수 있다. 좀 더 구체적으로 알아보자.

첫째, **사고력의 배양**을 들 수 있다(이재훈, 2008; 한상기, 2007; 하병학, 2005; 윤상철, 2007; 서정혁, 2008; 박구용, 2007: Temizkan, Mehmet, 2011; Behrmen, Edward H, 2004). 사고력은 생각의 힘이라고 할 수 있다. 생각하는 힘은 사고훈련을 통해서 가능하며 일정시간이 요구되는 부분이다. 우리는 신체적 탁월성을 향상시키기 위해서 훈련을 한다. 훈련이라는 것은 신체에 가한 부하(무게)의 극복과정이다. 이러한 훈련과정을 통해서 신체적 능력은 향상된다. 사고훈련 또한 유사하다. 단지 대상에서 차이가 있을 뿐이다. 신체가 아니라 머리에 일정부분의 부하(고민거리, 문제)를 주는 것이다. 사고훈련은 판

---

3) ① http://cafe.daum.net/SPiL. ② http://philos.re.kr/ragwon.
   ③ http://www.sookmyung.ac.kr:8001.

단능력과 문제해결능력의 과정을 거치면서 향상될 수 있다.

체육교과 논리 및 논술은 논증적 글쓰기 교육을 의미한다. 논증적 글쓰기를 잘 하기 위해서는 논리적이며 창의적이고 비판적인 능력을 요구한다. 사고력은 선천적이기 보다는 후천적인 노력을 통해 성취가 가능하기 때문에 사고연습과 훈련을 통해서 일정 정도의 수준에 도달 할 수 있다. 생각하는 힘은 문제해결능력을 말하기도 한다. 문제가 발생하면 그 문제를 해결하는 능력이 바로 사고력과 관계가 있다. 체육교과 논리 및 논술은 사고력, 판단능력, 문제해결능력과 같은 선상에서 이해될 수 있다.

둘째, **표현능력의 신장**이다(배석원, 2007; 이광모, 2007; 한귀은, 2007a, 2007b). 표현능력은 말과 글을 통해서 행위주체가 자신이 생각하는 바를 자유롭게 표현할 수 있는 능력을 말한다. 다른 말로 표현하면 일종의 논술능력이라고 할 수 있다. 글 짓는 능력을 말하는 것으로 어느 정도의 연습을 통해서 가능한 부분이라고 할 수 있다. 왜냐하면 체육교과 논술은 논증적 글쓰기이기 때문이다.

논증적 글쓰기는 논리적인 사고력과 표현력이 서로 상보적인 관계를 가지면서 나선형 순환구조로 발전하는 변증법적인 과정이라 할 수 있다(석주연, 2006). 단순한 문학적 글쓰기가 아니라 논증적 글쓰기라는 것이다. 논증은 주장과 근거를 제시하면서 자신의 주장을 정당화하는 방식이다. 체육교과 논리 및 논술교육의 궁극적인 목표가 논리적 사고력과 표현 능력 향상일지라도 교수자와 학습자 사이에 교감과 신뢰가 선행되어야 한다. 이를 위해 교수자는 학습자 중심의 동기유발과 격려, 능동적 수업 참여 유도, 교수자의 적극적이고 유연한 태도가 요구된다. 또한 논술은 고역의 대상이 아니라 즐거움의 의미(최원준, 김진희, 2010; 박청미, 2009)를 부여할 수 있도록 해야 한다.

지금까지 체육교과 논리 및 논술교육의 목적에 대하여 알아보았다. 체육교과 논리 및 논술교육이 존재하는 이유는 사고력의 배양과 표현능력의 신장이라는 것을 알 수 있다. 이 점에서 박정하가 주장하는 논술교육의 성격과 일치한다. "논술교육은 논술답안을 써내기 위한 글쓰기를 위한 교육보다는 개별교과에서 글쓰기를 통하여 다양한 사고능력을 기르는 글쓰기를 통한 교육이어야 한다"(박정하, 2007).

이 목적을 달성하기 위해서는 방법과 내용이 설정되어야 한다. 그 방법과 내용은 목적을 효율적으로 달성할 수 있는 세부적이며 구체적인 방향이 된다. 잘못된 방향은 목표를 달성하지 못하게 한다. 시간만 소비하게 하여 학생들에게 별 도움이 되지 못하고 만족도 역시 떨어지게 한다. 그렇기 때문에 교과의 만족도를 높이기 위해서 교과목이 충족되도록 하여야 한다. 적어도 사고력과 표현능력은 모든 교과에서 필요하며 특히 교사나 연구자가 될 경우 더욱 더 필요한 부분이다. 그 동안 이 부분은 스포츠철학 분야에서 일정부분 교육을 통해서 달성했다면 이제는 좀더 체육교과 논리 및 논술교육을 통해서 가능하게 할 수 있을 것으로 기대된다.

체육교과 논리 및 논술교육의 내용

① 체육과 관련된 다양한 장르의 글을 읽고 감상한다. 체육과 관련된 이슈와 체육 현상에 관한 문제점을 비판적으로 분석하고 토론할 수 있다. 체육과 관련된 다양한 주제를 중심으로 글쓰기 소양을 함양할 수 있다.
② 논리는 사고의 규범이며, 논술은 사고의 표현이다. 이것이 형식이라면

그 형식에 사고의 내용을 담아야 한다. 사고의 내용은 곧 '체육'이다. 체육교사는 체육교육의 이념을 논술문을 통해서 논리적으로 드러낼 수 있어야 한다.

③ 논리적 사고력과 독창력인 표현력을 함양시키는 데 있다. 논문과 리포트, 답안지 작성법에 대하여 학습하고, 글쓰기 능력을 배양하여 자유롭게 글을 쓰도록 한다.

강의계획서에 나타난 **강의내용**은 앞과 같다. 체육교과 논리 및 논술교육이 무엇을 가르칠 것인가를 알아보기 위해서는 현재 교육현장에서 사용되고 있는 강의계획서를 분석해 보면 쉽게 알 수 있다. 인터넷에서 구할 수 있는 체육교과 논리 및 논술에 해당하는 각 대학과 교육대학원의 강의 계획서를 수집하여 분석해 본 결과 세 가지 유형으로 나타났다. 그 유형은 임용시험을 위한 준비교육, 글짓기 교육으로 논술교육, 종합적 사고력을 위한 교육으로 구분할 수 있다.

첫째, 임용시험을 위한 준비교육으로서 문제 풀이 방식의 강의를 들 수 있다. 교육대학원의 경우 논리 및 논술과목을 개설한 취지가 문제를 잘 푸는 방법에 대한 요구 때문이다. 그래서 학부보다는 교육대학원의 논리 및 논술 강의는 문제풀이 위주의 강의가 대부분이다. 임용시험에 출제된 문제를 중심으로 푸는 방식과 요령을 중심으로 강의된다. 단순히 시험을 잘 보는 방법으로 사용되고 있다. 이렇게 되면 학원과 교육대학원이 구별하기 어렵게 된다. 적어도 대학은 시험 준비를 위한 교육이 아니라 교육목적에 충실한 교육이 되어야 하기 때문에 기본적으로 사고력과 표현력을 기르는 교육을 해야 한다.

둘째, 논술교육이다. 교재를 읽고 쓰거나 아니면 다양한 교육매체를 통해 얻은 정보를 중심으로 글쓰기 교육을 하는 방법이다. 논증적 글쓰기 교육이기 보다는 단순한 글쓰기 교육을 강조한다. 글을 짓는 문제를 중심으로 가르치고 있다. 예를 들어 체육, 스포츠에 관련한 다양한 에세이 중심의 글쓰기를 들 수 있다. 글짓기 교육은 논술교육에 해당하지만 논리교육이 빠져있다는 약점이 있다. 표현력만 증가시키는 교육이 아니라 논리교육이 따라주어야 한다. 논리교육은 논리적 사고 훈련을 통해서 향상될 수 있는 부분이다.

셋째, **종합적 사고력**(창의, 논리, 비판적 사고)을 위한 교육이다. 논술교육의 목적에 가장 부합하는 방식이다. 교수의 치밀한 준비를 통해서 창의적이며 논리적이고 비판적인 사고를 배우게 된다. 쉽게 말하면 생각연습을 통해서 사고력을 배양하는데 큰 목적이 있다. 어떤 사태 또는 문제에 대한 논리적, 비판적 방식의 글쓰기이다. 가치 선택과 윤리적 결단을 요구하는 과제를 제시하면 된다. 자신의 입장에서 어떤 가치를 선택하고 윤리적 행위를 할 것인가에 대한 논의를 통하여 결정한 사안이다.

앞에서 현재 체육교과 논리 및 논술교육이 어떻게 진행되고 있는지 각 대학의 강의계획서를 분석해서 그 현황을 알아보았다. 현재 상태를 잘 알 수 있기 때문에 이를 바탕으로 해서 방향성을 제시할 수 있을 것이다. 세 가지 형태의 교육이 이루어지고 있음을 확인했다. 이 세 가지 방법 중 체육교과 논리 및 논술교육의 목적이 부합되는 것은 종합적 사고력을 위한 교육 방법이라고 할 수 있다. 그렇다면 이 교육을 누가 가르칠 것인가.

체육교과 논리 및 논술교육의 주체

① 스포츠교육학 전공자
② 일반철학 전공자
③ 체육철학 전공자

강의계획서에 나타난 **교육주체**는 앞과 같다. 교육주체의 문제는 논쟁 한 가운데 있는 주제이다. 국문학 전공자와 철학전공자가 논리와 논술교육을 위한 논쟁을 한 것처럼 체육학내에서 입장 차이가 생겨나고 있다. 사고력의 배양과 표현능력의 신장을 위한 교육에서 어떤 교육자가 적임자인가 하는 문제이다. 어떤 전공자가 가르칠 때 잘 가르칠 수 있을까. 교사의 질이 바로 교육의 질과 연결되어 있다는 주장과 같이 누가 가르치느냐에 따라서 교육효과를 결정하는 데 영향을 미친다. 그렇지 않을 경우에는 목표달성에 어려움을 만날 수 있게 된다.

현재 모든 교과에서 논리와 논술을 가르쳐야 하는 상황에 놓여 있다. 어떤 전공자가 가르칠 것인가? 하는 문제는 해결의 실마리를 찾기 곤란한 경우가 있다. 체육교과 논리 및 논술 강의는 스포츠교육학 전공자가 가르치거나 또는 체육철학 전공자 그리고 일반철학 전공자가 가르치고 있음을 확인할 수 있다. 체육학을 전공한 사람은 누구나 가르칠 수 있지만 제대로 가르치는 것이 중요하기 때문에 유사전공자가 가르치는 것이 합당하다.

우려되는 것은 제대로 가르치기 어려움에도 불구하고 욕심을 내어 가르치는 경우이다. 그렇게 되면 체육교과 논리 및 논술교육은 시험답안지 작성과 논술교육으로 끝날 수 있다. 체육교과 논리 및 논술에서 논리교육이 빠지게 되면 본래의 교육목적을 상실할 수 있다. 그렇기 때문에 논리와 논술교육을 잘 할 수 있는 전공자가 하는 것이 일반적이다.

스포츠교육학 전공자는 논술교육과 문제풀이 방식의 수업에 도움이 된다. 일반적으로 글쓰기 교육은 스포츠교육전공자가 하는 것이 타당하다고 믿고 있는 것 같다. 임용시험 문제풀이 중심의 수업으로 체육교과 논리 및 논술을 진행하려고 한다면 스포츠교육자의 전공지식과 문제풀이 방식을 교육하는 데 어려움이 없을 것이다. 하지만 논술교육만 하는 것이 아니라 논술교육과 논리교육을 병행해야 하기 때문에 일정부분 한계가 있을 수 있다.

그래서 체육학 전공자 중에는 논리와 논술을 가르칠 사람이 없다고 생각할 수 있다. 이 때문에 글쓰기와 관련이 있다고 믿는 국문학 전공자 혹은 일반철학전공자에게 강의를 맡기는 경우가 있다. 이 경우는 체육교과 지식에 대한 몰이해로 인하여 체육전공과 연계된 교육을 하지 못할 수 있다. 논술과 논리가 일반적인 것이 아니라 특수한 체육교과 논리 및 논술이기 때문에 글쓰기 교육 그 자체는 어느 정도 도움을 받을 수 있지만 전문적이지 못한 한계가 있다.

교양과정에서 하게 되는 글쓰기교육의 연속이기 때문에 교과교육 차원에서 필요한 논리와 논술교육과 거리가 멀어지게 된다. 전공을 심화하고 연계해서 논리와 논술 능력을 향상시키는 것이 제대로 된 교육 방식이다. 누구나 가르칠 수는 있지만 제대로 가르치기 위해서는 논리와 논술교육이 가능한 전공자가 하는 것이 현실성 있는 입장이다.

물론 반론이 예상된다. 교과와 관련된 논리교육의 능력은 개인차이지 전공과는 무관하다고 반박할 수 있다. 이 주장은 체육학내

전공이 필요 없고, 개인능력에 따라서 모든 교과교육이 가능하다는 전공무용론에 빠질 수 있다. 전공을 존중하고 다른 교과보다 관련성이 높은 전공자가 체육교과 논리와 논술교육을 담당하는 것이 합당하다. 다른 전공자 역시 논리교육이 가능할 수 있다. 하지만 지금까지 강의계획서를 분석해 보면 ①의 경우 논술교육만 하고 있고, ②의 경우는 논리교육을 하지만 전공과의 관련성이 없는 한계를 발견할 수 있으며, ③의 경우는 논리와 논술교육이 병행하여 교육하고 있음을 확인할 수 있다.

체육교과 논리 및 논술교육의 방법

① 강의, 발표, 토론
② 강의, 읽기스포츠 독서 토론/ 임용시험 논술문항 작성 및 평가/ 다양한 글쓰기: 자기소개서, 감상문쓰기, 기행문쓰기, 시쓰기, 보고서쓰기, 논술문쓰기, 영어로 쓰기, 답안작성
③ 글쓰기 이론(강의)과 실습(읽기토론, 발표, 쓰기)

강의계획서의 강의방법은 앞과 같다. 한 학기라는 제한된 기간 동안 목표달성을 위한 효과적인 전략은 학습자 중심의 강의설계와 동기유발 그리고 과정중심의 글쓰기와 체계적 지도가 수반되어야 한다(심보경, 2006). 체육교과 논리 및 논술교육을 효과적으로 가르치기 위해서 필요한 것은 학습자 중심의 강의 설계에 있다. 학습자가 원하는 수업은 임용시험 준비를 위한 교육이지만 논리와 논술교육의 목적과 맞지 않기 때문에 충돌하게 된다. 학생들과 대화를 통하여 임용시험 문제풀이 방식도 좋지만 교육목적에서

벗어나기 때문에 사고력 배양과 표현력 증가를 위한 강의설계가 이어진다는 동의를 얻어서 학생들의 학습의욕을 높일 수 있는 다양한 방법이 마련되어야 한다.

동기유발은 글쓰기를 통한 성취감을 체험하게 하는 방법이다. 만약 학생들에게 연구논문이라는 일정한 결과물을 도출하도록 동기를 부여하게 되면, 학생들도 할 수 있다는 자신감을 가질 수 있게 된다. 과정중심의 글쓰기는 강의가 글쓰기 이론적 강의만으로 끝나서는 안 된다. 이론과 실습이 병행되어야 하며 이론보다는 직접 써보는 글쓰기 실습을 늘려야 한다.

어떻게 가르쳐야 하는가? 하는 질문은 가르치는 일을 직업으로 가지고 있는 사람들이 해결해야 하는 과제이다. 어떻게 가르치는 것이 잘 가르치는 것인가. 그것은 학생들이 생각을 하게 만들고 질문을 하게 하는 교육이다. 그래서 "철학 모르고 논술을 할 수 없음은 물론, 논술 모르고 철학을 할 수도 없다"(김광수, 2006)는 말이 가능하다. 교육방법은 교육목적에 부합되는 방법을 탐구하여 교육현장에 적용하는 것이다. 교육목표를 효율적으로 달성하기 위한 구체적인 방법들이라고 할 수 있다.

이하의 방법들은 저자가 대학과 교육대학원에서 실험한 바가 있는 교육방법이다. 먼저 좋은 교육방법은 생각하게 하고 표현하게 하는 방법이다. 어떻게 해서라도 학생들이 글을 지속적으로 쓰게 만드는 게 중요하다. 글쓰기는 반복된 훈련을 통해서 내공을 기르는 것이기 때문에 글쓰기의 관심을 계속 가지게 해야 한다. 이를 위한 방법으로 체육과 스포츠에 관련된 보기(영화, 신문, 인터넷, 동영상), 듣기(인터뷰, 대화, 옮기기), 말하기(토론 및 발표) 등을 활용할 수 있다. 좀더 구체적 방법에 대하여 알아보자.

강순전(2010)은 독일의 신교과 실천철학의 학습자 중심의 수업이라는 교수법과 방법론에 따라 효과적인 철학, 논술, 윤리 수업의 모델에 기초하여 다양한 방법론에 대하여 연구하였다. 이 연구에서 그는 말하고 듣기 형식의 방법으로 어항 토론, 찬반 논쟁, 조별 작업 및 토론, 소크라테스식 대화의 방법 등을 제시하고 있다. 읽기 형식과 방법은 읽기 능력, 읽기 전략, 텍스트 분석, 생각지도 그리기, 딜레마 분석, 조별 읽기, 멍석 위에 결과 모으기 등을 제시하였고, 글쓰기 형식의 방법으로서 단순 논증 형식의 글쓰기, 변증법적 논증 형식의 글쓰기, 창의적 글쓰기, 사유실험 등을 제시하였다. 몇 가지 교육방법에 대하여 알아보자.

첫째, 스포츠영화 보기와 쓰기 방식이다. 김용석(2006)은 '영화 텍스트와 철학적 글쓰기 방법'이라는 논문에서 철학적 글쓰기교육의 방법으로서 '씨네-에세이'와 '비인용적 글쓰기' 방법을 글쓰기의 실례를 들어 설명한 바 있다. 영화를 보고 형식에 구속받지 않고 학생들이 자유롭게 글쓰기를 통하여 자신의 생각을 표현할 수 있도록 하는 것이다. 비인용적 글쓰기는 인용 없이 자신의 생각을 자유롭게 펼쳐보는 것이다. 김용석은 이러한 글쓰기의 방법에서 중요한 것은 철학적 진지성과 성실성을 바탕으로 해야 한다고 강조한다. 진지성과 성실성이 빠지게 되면, 글쓰기는 고민 없는 글쓰기, 기계적인 글쓰기가 될 수 있으며, 철학적 글쓰기를 기술적 글쓰기에 머물게 한다.

이 방법은 학생들이 문자보다는 영상언어에 더 관심이 많기 때문에 체육 또는 스포츠에 관련된 영화를 보고 자신의 생각을 적어보는 방법이다. 일단 영화를 봐야하기 때문에 미리 영화를 시청하고 주어진 과제를 수업에 참가해서 의견을 나누는 방식이다. 영화는 재미와 감동 그리고 교훈을 제공하기 때문에 학생들의 관심이 집중된다. 어떻게 보면 영화보기가 책읽기 보다는 더 수월하다. 이 때문에 영화보기를 과제로 제시하며 학생들은 대부분 충실하게 따른다.

문제는 어디에서 영화를 보느냐 하는 것이다. 학교에서 영화를 보게 되면 100분 이상이 필요하기 때문에 수업 자체가 영화보기로 끝날 수 있다. 이 문제는 해결하기 위해서 영화는 미리 보고 글쓰기 과제를 통해서 해결할 수 있다. 과제는 학생의 생각을 정리하고 자신의 입장을 가지게 만들 수 있는 주제를 과제로 제시되어야 한다. 예를 들어 '불의 전차'라는 영화를 보고 '두 주인공의 승리 추구 방식을 비교하여 자신이 생각하는 진정한 승리란 무엇인가'에 대하여 알아보는 과제를 내주면 학생들은 영화를 감상한 후에 자신의 가치, 신념을 가지고 누가 진정한 승리자인가를 생각하게 만든다. 생각을 통해서 얻어진 결과를 가지고 수업시간에 다른 학생과 의견을 나눌 수 있게 한다.

둘째, 반성적 읽기와 비판적 읽기이다. 삶의 의미와 가치 있게 살기 위해서는 비판적 성찰이 필요하기 때문에 저자는 '반성적 읽기와 비판적 읽기'를 읽기능력을 배양하고 논리적 사고와 비판적 사고 그리고 반성적 사고를 훈련하는 방법으로 사용하고 있다. 교재를 읽는데 그냥 읽는 것이 아니라 반성적 차원에서 자신의 삶과 연관하여 읽는 것이고, 넓게 세상과 연관하여 비판적 읽기를 하게 되면 세상을 바로 보게 하는데 도움을 준다. 이러한 방법을 통해서 학생들의 비판적 성찰 능력을 향상시키게 된다. 논술의 개념에는 반성적 읽기와 비판적 읽기가 포함되어 있다.

논술은 단순히 '자신의 신념에 대한 논리적 서술'이 아니라 '자율
적 판단의 주체로서의 논술자가 주어진 텍스트에 관하여 자신의 세계
관, 가치관 등을 반영하는 견해를 논리적으로 설득력 있게 제시하는
것'이다(김광수, 2006).

반성적 읽기를 통한 참된 나를 찾을 수 있고, 비판적 읽기를 통
하여 세상을 바로 볼 수 있는 안목을 가질 수 있다. 학생이 다양
한 텍스트를 보거나 읽고 자율적인 판단 주체로서 그것을 토대로
글을 쓰게 한다. 그 결과를 가지고 학생들과 만나서 논의를 진행
한다. 반성적 읽기와 비판적 읽기의 방식은 잘 쓰기 위해서는 텍
스트를 잘 읽고 이해해야 한다. 그 방법은 개인적 차원에서 반성
적 읽기이며 사회적 차원에서 비판적 읽기이다.

셋째, A4 글쓰기(요약, 생각, 질문)이다. 교재의 각 장을 학생이 읽
고 A4 한쪽을 3등분 하여 요약, 생각, 질문으로 지면을 구성하게
한다. 처음 텍스트를 읽고 이해하는 훈련에 도움이 되고 자기머리
로 생각할 수 있는 기회가 된다. 그리고 읽으면서 의문이 가거나
자신의 생각과 다른 경우 질문으로 이어져서 강의의 효과를 높일
수 있다. 이러한 생각훈련을 통해서 읽고 이해하는 능력과 표현능
력 그리고 글쓰기 능력이 향상된다. 텍스트의 요약 능력은 이해력
을 향상시키는 데 도움이 된다.

이해가 된 상태에서 자신의 생각을 확장 할 수 있다. 이해만으
로 끝나는 것이 아니라 이해를 한 후에 자신의 기존 입장과 가치
충돌을 하게 되고 그 결과 자신의 입장을 정리할 수 있다. 이러한

과정에서 학습과 관련된 질문거리는 자연적으로 생기게 된다. 그 질문거리를 중심으로 집단토론이 가능하며 자신의 견해와 다른 다양한 목소리를 접할 수 있다. 나는 이렇게 생각하는데 다른 사람은 저렇게도 생각하는 구나하는 입장 차이와 논리의 차이를 발견 할 수 있다.

넷째, 토론게임이다. 이 방법은 강의를 듣는 학생을 절반으로 나누고 찬성과 반대 진영으로 나누어서 게임을 하는 것이다. 게임 방식은 공격과 방어로 구분하여 실시한다. 공격은 우선적으로 자신의 주장을 정당화하는 근거제시를 통해서 주장하는 것이며 방어하는 쪽에서는 이 문제에 대한 반박하는 논리를 들어 방어하고 다시 상대 팀에게 공격적인 질문을 하게 한다. 토론게임에서 승리의 비결은 논증의 치밀함과 다양한 근거를 수집하여 토론게임에 임하는 경우이다. 이 게임을 더 활성화하기 위해서는 자신의 생각과 정 반대되는 입장에서 토론을 할 수 있도록 하는 것이다. 그렇게 되면 반대 입장에서 생각을 하게 만들기 때문에 사고훈련의 효과를 얻을 수 있다. 구체적인 예를 들어 보자.

'체대입시에서 실기시험은 필요하다 혹은 필요하지 않다'는 토론주제를 가지고 찬반토론을 진행한다고 가정한다면, 토론게임은 우선 찬성과 반대로 팀을 나누어서 각 팀에게 특정 주제에 지정하고 준비하게 하여 수업시간에 토론게임을 진행하게 한다. 자신의 의견보다는 교수에 의해서 인위적으로 찬성과 반대를 지정해 주고 토론하게 하면 논리력과 사고력을 배양하는 데 더 효과적이다. 왜냐하면 자신의 입장과는 다른 주장을 펼치기 위해서 관련 근거를 준비해야 하기 때문이다. 토론자 자신의 입장과 다른 경우에도 불구하고 주어진 입장에서 토론을 하게 함으로 다양한 생각을 할 수 있게 한다. 토론게임에서 승리하기 위해서 다양한 자료와 그 자료를 근거로 해서 주장논리와 반박논리를 구성하게 된다. 이러한 과정을 통해서 생각하는 힘을 기를 수 있다.

요약

지금까지의 내용을 정리하면 다음과 같다. 체육교과 논리 및 논술교육의 목적은 사고력 배양과 표현력 신장에 있음을 알 수 있었다. 체육교과 논리 및 논술교육의 내용은 임용시험 준비교육과 논술교육보다는 종합적 사고력을 중심으로 진행되어야 한다는 것과 체육교과 논리 및 논술교육의 주체는 논리와 논술교육이 가능한 전공자가 되어야 한다는 것을 알아보았다. 체육교과 논리 및 논술교육의 방향은 체육과 관련된 사고력을 배양하는 논리교육과 표현력을 신장하는 논술교육에서 찾을 수 있었다. 앞에서 논의한 쟁점에 대한 결과를 다음과 같이 정리하였다.

첫째, <왜> 체육에서 논리 및 논술을 가르쳐야 하는가? 고등교육에서 필요한 학생들의 사고력과 표현력의 향상에 유용하기 때문이다. 특히 신체적 힘에 중점을 둔 체육교과가 사고력이 다른 교과에 비하여 부족함을 자각하고 이 부분을 강화하기 위해서라도 체육교과 논리 및 논술교육은 필요하다. 체육교과 논리와 논술교육의 목적은 학생들의 사고력 배양과 표현력의 신장에 있기 때문에 체육교과 논리 및 논술교육은 문학적 글쓰기보다는 학문적 글쓰기 교육에 더 가깝다. 그렇기 때문에 근거를 제시하면서 주장을 정당화하는 논증적 글쓰기교육이라고 할 수 있다. 논증적 글쓰기는 글쓴이의 주장에 대한 타당한 근거를 찾아 독자를 설득하는 글쓰기이기 때문에 논리적이며 비판적이어야 하고 나아가 창의적인 생각을 요구하게 된다. 이러한 모든 능력의 시작은 사고력에서 비롯된다.

둘째, <무엇>을 가르칠 것인가? 논리교육과 논술교육을 병행하여 가르쳐야 한다. 현재 대학과 교육대학원의 강의계획서를 분석한 결과 임용시험을 위한 답안지 작성교육과 글 짓는 논술교육에 편중되어 있었다. 이를 종합해 보면 체육교과의 논술교육에 편중되어 가르쳐 지고 있다는 것을 확인 할 수 있었다. 그렇기 때문에 사고력 배양과 표현력 신장을 위한 논리교육과 논술교육이 병행하여 종합적 사고력을 향상시키는 방향으로 나아가야 한다. 이 외에도 체육교과 논리 및 논술교육에서 체육연구와 관련된 연구윤리, 정직한 글쓰기에 대한 교육을 함께 해주어야 한다. 왜냐하면 심각한 표절과 이로 인한 도덕불감증이 대학 내에 만연되어 있기 때문이다.

셋째, <누가> 가르쳐야 하는가? 현재 체육교과 논리 및 논술교육은 스포츠교육학 전공자, 체육철학 전공자, 국문학이나 철학전공자가 강의하고 있다. 적임자는 체육학을 전공한 사람으로 논리교육과 논술교육을 가능한 전공자라고 할 수 있다. 그 근거는 다음과 같다. 첫째, 체육과 관련된 지식이 있어야 한다는 것이다. 이미 교양과목으로 논리와 논술과 관련된 교육이 이루어지고 있기 때문에 전공교과와 관련된 논리와 논술교육이 필요하며, 이를 위해서는 체육에 관한 전공지식을 가지고 있는 사람이 가르치는 것이 타당하다. 둘째는 체육교과 논리와 논술교육의 목적과 일치해서 가르쳐야 하며 그렇기 위해서는 논리교육과 논술교육을 모두 할 수 있어야 한다. 체육학 내의 다른 전공자에게 논술교육은 가능하지만 논리교육은 어려움이 있을 수 있기 때문에 이 모든 조건을 충족할 수 있는 전공자가 가르쳐야 한다.

넷째, <어떻게> 가르쳐야 하는가? 사고력 배양과 표현력 신장에 필요한 다양한 방법이 요구된다. 체육교과 논리 및 논술교육에서 사용하고 있는 몇 가지 방법을 알아보았다. 예를 들어 찬반논쟁 중심의 토론게임, A4 글쓰기, 스포츠영화 보기와 쓰기, 비판적 읽기와 반성적 읽기 등이다. A4 글쓰기는(요약, 생각, 질문)교재를 읽고 자신의 생각을 정리하는 방법이다. 토론게임은 어떤 사안(사건)에 대하여 찬성하는 팀과 반대하는 팀으로 구성하여 공격과 방어를 통하여 승리를 결정하게 하는 방법으로 논리적 사고력과 비판적 사고력을 향상시키는 데 유용하다.

결과적으로 체육교과 논리와 논술교육의 정체성은 다음과 같다. 목적은 사고력과 표현력 향상이고, 내용은 종합적 사고력 향상을 위한 교육이 되어야 한다는 것이다. 교육주체는 논리와 논술교육과 관련성이 높은 전공자가 담당해야 한다. 그리고 방법은 토론게임, A4글쓰기, 영화감상문쓰기, 비판적 읽기와 반성적 읽기 등 다양하게 교실내의 학습 분위기와 학생들의 수준을 반영한 다양한 방법들의 개발과 적용이 이루어져야 한다. 특정한 방법이 최상의 방법이 될 수 없다. 환경과 학생 그리고 교수자의 관계를 고려해서 선택되어야 한다.

연구윤리와 체육학 글쓰기⁴⁾

지금 우리사회는 **연구윤리**와 **표절문제**에 대하여 심각하게 고민하게 되었다. 국민영웅과도 같은 황우석 박사팀의 연구부정과 신정아씨 가짜학위 사건 그리고 장관들의 표절검증으로 사회 전체가 그 동안 관심밖에 있었던 연구윤리와 표절에 대한 관심을 집중하게 되었다. 체육학계 역시 예외가 아니다. 이미 체육, 무용, 무도 연구 등에서 표절문제가 제기된 적이 있다. 그것이 사회 밖으로 알려지지 않아서 우리에게 잘 알려지지 않았지만 표절 문제는 다른 분야의 일만이 아니라 체육계의 문제가 되었다.

왜 많은 연구윤리와 표절문제가 나타나는가? 그 동안 알면서 제기하지 않았던 사례들이 이번 기회에 쏟아져 나왔기 때문이다. 과거에는 표절이 없었던 것이 아니라 동료들의 묵인과 침묵사이

---

4) 2009년 <인문체육학의 시선> 12장에 발표함.

에 덮어져 있었다. 특히 장관임명이나 사회적 요직 임명, 신임교수채용 과정에서 경쟁자들 간의 서로가 표절을 찾아내고 있다. 어떻게 보면 경쟁자의 약점을 찾아내려는 전략적 행위라고 볼 수 있다. 과잉경쟁에서 표절문제가 핵심으로 부각되는 이유이다.

연구윤리와 연구진실성에 관한 선행연구들에서 연구윤리는 연구자가 연구를 할 때 지켜야 할 윤리규정 내지는 기준이라는 것을 알 수 있다. 연구윤리가 필요한 이유는 연구대상으로서 피험자의 피해를 방지하고 연구수행에 대한 연구자의 책임 그리고 연구진실성을 유지하기 위한 것이다. 연구윤리의 부재는 엉터리 논문을 양산하고 책임지지 않는 논문이 양산될 수 있다. 이러한 위험성은 최근에 사회적 이슈가 된 학자출신 장관들의 검증과정에서 나타났다.

대부분 관행으로 지금까지 해왔기 때문에 문제가 없다고 말한다. 하지만 표절 기준에 따라서 적용해보면 분명히 표절이라고 할 수 있다. 이러한 표절행위에 대하여 우리사회 또는 학계가 관대한 이유는 모두가 공범일 수 있기 때문이다. 동료 교수의 표절을 알고 있지만 말하지 못하는 이해관계, 정치적 관계 등 복합적인 관계망 때문에 한국 사회에서 표절에 대한 고발이나 고소가 많지 않다. 그 배후에서 이해관계가 작용하기 때문이다. 하지만 같은 밥을 먹는 사이에 표절을 제기한다는 것은 쉽지 않다. 자신의 모든 것을 포기하고 제기할 수밖에 없는 구조가 작동하기 때문이다.

특히나 내부고발자의 경우 배신자라는 암묵적인 낙인이 작용하여 학문 활동의 제약을 받는다. 왜냐하면 어디까지가 표절이고 인용인지 애매한 규정과 연구윤리에 대한 공부가 부족하기 때문이다. 모르고 표절을 범하는 경우가 대다수이다. 문제의 심각성은 표절에 대한 이해에도 불구하고 악용하는 사례가 늘고 있다. 연구비를 받고 제대로 연구를 하지 않고 자신의 이전 논문을 다시 발표한다거나 아니면 선행연구를 조합해서 짜깁기를 해서 연구결과로 보고한다. 이러한 행위는 분명 연구부정에 해당된다.

이 글의 목적은 체육학의 연구진실성 확보에 있다. 구체적인 목적은 첫째로 좋은 연구, 연구부정, 부절적한 연구에 대하여 탐구하는 것이며, 둘째로 체육학의 연구진실성 확보의 걸림돌에 대하여 알아보는 것이다. 그리고 셋째로는 체육학의 연구진실성 확보의 디딤돌을 제시하는 일이다. 방법은 연구진실성에 관련된 선행연구의 검토와 분석을 하는 것이다. 논의절차는 체육학의 연구 진실성 확보를 위하여 좋은 연구수행과 연구부정 그리고 부적절한 연구에 대하여 알아보고, 체육학에서 연구의 진실성 확보의 한계를 학력사회, 학위과정, 고비용의 문제에서 찾아보았다. 끝으로 체육학의 연구진실성 확보 방안을 제시하였다.

체육학의 연구진실성

체육학이 학문적으로 지속적 성장을 위해서 반드시 해결해야 할 문제가 연구의 진실성 확보이다. 연구의 진실성은 좋은 의미로는 연구 부정행위(위조, 변조, 표절)가 없는 연구를 의미하지만 넓게는 인간 또는 동물을 실험대상으로 하는 연구에서 지켜야 할 윤리, 연구비의 정직한 사용과 함께 연구내용의 심사, 내부 부정행위 제보, 내부고발자 보호, 공동 연구윤리 등 연구자의 동려로서 지켜야 할 윤리까지 포함한다(김화진, 2006).

체육학회의 발전을 위해서는 우선 연구윤리강령과 지침을 마련
하고 좋은 연구를 위한 회원들 간의 노력이 있어야 한다. 연구의
진실성을 확보하기 위해서는 좋은 연구가 어떤 것인지, 연구부정
과 부적절한 연구가 어떤 것이 있는가를 알아볼 필요가 있다. 좋
은 연구 수행을 위해서 반드시 필요한 핵심가치가 있고, 연구자가
해서는 안 되는 연구부정과 부적절한 연구가 있다. 이를 중심으로
알아본다.

◎ 좋은 연구

좋은 연구는 책임 있는 연구 수행과 같은 뜻으로 사용되고 있
다. 좋은 연구 수행은 연구 진실성의 확보를 말한다. 좋은 연구수
행을 위해 연구자가 지켜야 할 핵심가치에 대하여 2006년 한국학
술진흥재단에서 발행한 연구윤리소개에 잘 정리되어 있다.

"첫째, 정직성이다. 정직한 정보전달과 연구자 윤리 강령의 성
실 이행을 말한다. 연구자 연구 강령의 준수를 하게 되면 책임 있
는 연구 수행이라고 할 수 있다. 둘째, 정확성이다. 연구결과의 정
확한 보고와 데이터의 최소 오차를 이용하는 것이다. 연구 상황에
서 만나게 되는 유혹은 데이터의 활용 면에서 쉽게 발견된다. 데
이터의 정직한 처리가 우선적으로 필요하다. 하지만 자신의 연구
계획에 맞는 데이터를 조작할 수 있다. 자기의 연구목적에 부합되
게 데이터 조작 및 통계 기법을 악용하는 사례를 들 수 있다. 셋
째, 효율성이다. 현명하고 낭비 없는 자원의 이용을 말한다. 넷째,
객관성이다. 명확한 설명과 부당한 편견의 기피하는 것이다."[5]

◉ 연구 부정

연구부정 행위는 날조, 변조, 표절로 구분된다. 편견에 사로잡힌 연구, 통계와 실험장비의 오작동, 빈약한 연구 설계, 데이터 관리의 소홀 및 부주의, 학생지도의 무관심 등으로 나타난다(한국학술진흥재단, 2006).

날조는 연구 데이터를 가짜로 만들어 내고, 인위적으로 위조하는 것이다. 데이터는 충실하게 활용해야 하는데 연구자의 연구목적에 맞게 만들고, 고치는 것이다. **변조**는 연구결과와 상반되는 데이터를 삭제하거나 은폐하는 경우를 말한다. 날조와 변조는 체육인문학 연구에서 거의 발견되지 않는다. 체육의 자연과학 영역에서 데이터를 날조하거나 변조하는 경우가 있다.

체육인문학 전공자가 주목할 측면은 표절이다. 체육인문학의 경우 텍스트를 중심으로 연구되기 때문에 표절이 종종 발생한다. 모르고 표절을 하는 경우가 많기 때문에 표절에 대한 공부가 절실히 요청된다. 연구자 자신을 지적재산권이나 표절시비에서 보호해 줄 수 있는 것은 표절에 대한 이해뿐이다.

표절은 다른 사람의 아이디어를 인용표시 없이 마치 자기 것인 양 이용하는 것과 자기의 과거 저작물을 인용표시를 하지 않고 다시 새로운 저작물에 사용하는 것 역시 표절이다. 이외에도 이중게제를 들 수 있다. **이중게제**는 두 곳에 같은 논문을 게재하는 경우에 해당한다. **이중게제**는 다른 말로 중복게재, 중복투고 등의 용어

---

2) Nichols H. steneck(2004). Introduce to the responsible conduct of research.를 2006년 한국학술진흥재단에서 번역하여 소개한 "연구윤리소개"에서 인용하였다.

로 쓰인다. 일반적으로 표절은 다음과 같이 정의되고 있다.

> "표절은 의도적이든 비의도적의든 일반적 지식이 아닌 타인의 창
> 작물이나 아이디어를 자신의 것인 것처럼 부당하게 이용하거나, 자신
> 의 기존의 창작물을 다시 이용함으로써 새로운 창작물로 보이게 하는
> 학문적 부정행위"라고 말할 수 있다. 표절의 대상은 대체로 타인의
> 저작물에 담긴 고유한 생각(아이디어), 독특한 표현(단어, 어구, 절, 문장,
> 그래프, 도표, 그림 사진 등) 연구 착상(가설)이나 방법(분석 체계 또는 논
> 리), 이론 및 연구 결과, 데이터, 조사 자료 등이다(이인재, 2008a).

체육학 연구자들에게 필요하고 주의를 요하는 표절에 대하여
알아보자. 대체로 자기표절과 인용 표절이라고 하는 **짜깁기**를 들
수 있다. **자기표절**이란 무엇인가. 자기가 썼던 과거의 글을 새롭게
사용하여 연구 성과를 늘려 승진이나, 임용에 연구업적으로 활용
하는 경우이다. 인용 표절은 다른 말로 하면 짜깁기 표절이라고
할 수 있다. 엄격하게 보면 표절이라고 할 수 없고 수준 낮은 연
구라고 할 수 있다. 하지만 이것 역시 엄격히 구분하여 표절이라
고 할 수 있다. 논문이 인용표기를 엄격하게 지키고 있지만 인용
으로만 논문이 구성되어 있는 경우는 표절이라고 할 수 있다. 짜
깁기를 표절로 인정하는 다음의 예를 들어보자.

> "짜깁기는 가장 빈번하게 일어나는 표절의 형태로 자신이 것이든,
> 남의 것이든 그 일부를 모아 출처를 밝히지 않고 결합하는 것이다.
> 즉, 타인의 저술 속에 있는 텍스트 일부를 조합하거나 단어를 추가
> 또는 삽입하거나, 단어를 동의어로 대체하여 사용하면서 원저자의 출
> 처를 밝히지 않는 행위를 말한다."[6]

앞의 글처럼 체육인문학 연구에서 가장 흔하게 발견되는 것이 논문 전체의 대부분을 인용으로 짜깁기와 바꿔 쓰기를 한 예라고 할 수 있다. 철저한 인용만 하면 표절 문제에서 자유롭다고 생각하지만 이 역시 표절에 해당한다. 세련된 편집만으로 논문이 되는 것이 아니라 자신의 독창적인 생각, 주장, 해석이 반영되어야 논문으로 인정받을 수 있다. 인용을 했는데 무엇이 문제이냐고 항변할 수 있지만 자신의 생각이 10%도 들어가지 않은 논문은 엄격하게 말해서 표절이다.

표절에 따른 **도덕불감증**의 확산이 우려되기 때문에 제대로 알고 연구를 해야 한다는 당위성과 연구진실성의 확보가 요구된다. 자신이 몰랐다고 표절행위가 무마되는 것이 아니다. 모르게 표절을 범해도 그것은 연구자의 책임이다. 연구윤리와 표절범위를 자세하게 공부해야 하는데도 이를 소홀히 했기 때문에 연구자의 책임이 크다. 모르고 표절을 할 수 있는 몇 가지 사례를 중심으로 알아보자.

공동저자의 순서에 관한 문제나 연구에 기여하지 않고 공동저자가 되는 경우를 들 수 있다. 특히 제1저자의 우선순위는 연구에 공헌도를 따져서 순서가 정해지는 것이 상식이다. 다른 경우는 연구에 기여하지 않고 공동연구자가 되는 경우이다. 연구에 직접적인 기여를 하지 않고 이해관계 때문에 공동저자가 되는 것은 위법행위이다. "우리나라 저자권법에도 직접적으로 창작 또는 저술에 관여하지 않는 저작자로 이름을 올릴 경우(예: 창작 또는 저술을 전혀 관여하지 않고 단순히 지도교수라는 명목으로 공동저자로 이름을 올리는 경우 등)에는 부정발행으로 처벌(법 제99조)을 받게 된다고 밝히고 있

---

6) 고려대학교, 연구진실성 확보를 위한 연구윤리지침(안) 제39조.

다."(이인재, 2008; 재인용) 그럼 대학에서 발생하는 사례를 찾아보자.

■ 00대학 교수가 자신의 승진심사를 위해서 학교에 제출한 공동
연구 논문이 표절로 들어난 사례이다. 그 결과 승진이 취소되고
징계를 받았다. 이 사례는 지도학생의 논문에 지도교수가 연구
에 관여하지 않고 이름만 올렸을 뿐인데 결과적으로 공동저자
이기 때문에 표절로 피해를 보게 된 경우이다. 이러한 사건은
앞으로도 발생할 개연성은 높다. 연구실적을 늘리기 위해 본인
이 확인과 연구에 참여하지 않고 이름만 올리기 때문에 나타난
결과이다. 대학의 연구업적 요구, 연구비를 얻기 위해서 연구업
적을 늘리는 것은 필요하다. 하지만 연구에 기여하지 않고 연구
자 목록에 이름을 올리는 것은 무임승자와 같이 비윤리적 행위
이다. 또한 학생지도에서 논문을 철저히 읽고 지도하는 태도가
필요하다.

■ 저자가 00대학교 체육철학 중간고사 대체 리포트를 받은 적이
있었다. 한참을 읽어보니까 어디서 많이 읽어 본 느낌이 들었
다. 그래서 자료를 찾아보니까. 한 학기 전에 다른 대학의 체육
철학 강의에 제출했던 리포트였다. 이 리포트는 잘 썼다고 생각
했기 때문에 잊지 않고 있었다. 그래서 두 리포트를 비교해 보
니까 똑 같은 리포트였다. 인터넷에서 다운 받아 제출한 것임에
틀림없었다. 사실을 확인하기 위해서 인터넷상의 검색을 하였
다. 그 결과 앞의 제출된 리포트가 매매되고 있음을 확인 할 수
있었다.

■ 대학원생의 학기말 리포트가 교수의 논문으로 투고된 경우이다. 연구자가 체육철학회지 편집을 할 때 투고된 논문 중에서 눈에 익숙한 제목과 내용을 확인할 수 있었다. 그 논문의 내용은 다른 연구자에 의하여 이미 출판된 책의 내용을 그대로 표절 한 것을 알 수 있었다. 이 논문을 투고한 교수는 대학원생이 제출한 학기말리포트 중에서 잘 됐다고 생각하는 리포트를 체육철학회지에 투고한 것이었다. 적어도 이 논문이 표절했다고는 생각하지 못한 것 같다. 대학원생이 제출한 모든 것은 보호받아야 한다. 대학원생의 경우는 학기말 리포트를 죄의식도 없이 베껴서 제출한 비양심적 행동에 대하여 도덕적 비난을 받지 않을 수 없다.

🔵 부적절한 연구

연구부적절 행위는 결과적으로 책임 있는 연구수행을 방해하거나 위배하는 행위를 말한다. 의도하지 않았지만 좋은 연구수행에 방해가 되는 잘못된 연구행위이다. 도덕적 책임은 면할 수 있지만 좋은 연구수행이라고는 할 수 없다. 고의적이지 않지만 왜곡된 논문은 부적절한 연구행위라고 밖에 볼 수 없다. **연구왜곡**은 부적절한 연구행위에 포함된다. 서울대학교 연구윤리지침에 의하면 왜곡을 다음과 같이 규정하고 있다.

왜곡이라 함은 학문의 발전보다 개인의 이익을 위하여 고의적으로 연구데이터의 일부를 조장하거나 축소하여 진실하지 않은 결론에 도달하게 하는 행위로 연구부적절행위에 해당된다. 이외에도 연구데이터가 정확하더라도 연구자 개인의 이익을 위하여 고의적으로 연구결과를 왜곡하는 행위는 연구부적절 행위에 해당된다(서울대학교 연구윤리지침, 2008).

사회적 책임이 결여된 연구행위는 부적절한 연구행위이다. 표절에서 교묘하게 벗어나지만 좋은 연구라고 말 할 수 없는 연구이다. 사회적 기여 혹은 사회적 책임의식이 없고 다만 연구업적을 늘리기 위한 방법으로 연구 된 것뿐이다. 자신의 개인적 이익을 위한 연구라고 보면 된다. 사회적 비난과 **사회적 책임**에 관여 없이 일관되게 자신의 이익을 위한 연구수행이라고 할 수 있다.

이상과 같이 체육인문학의 연구 진실성을 확보하기 위해 좋은 연구 수행, 연구부정과 부적절한 연구로 구분하여 조사해 보았고, 좋은 연구에 필요한 핵심가치와 연구부정에 관련된 날조, 변조, 표절에 대하여 상세하게 알아보았다. 다음 장에서 표절부분에 내용을 좀 더 보충하기 위해서, 국내 체육인문학 분야에서 표절이 발생하는 사회적 구조의 문제에 대하여 알아보았다.

연구진실성의 걸림돌

연구의 진실성이 확보되지 않는 개인적 이유를 연구윤리에서 찾아보았다. 지금까지는 연구부정과 부적절한 연구가 개인의 문제에 맞추어 졌다면, 이제는 구조적 차원에서 그 원인을 찾을 수 있어야 한다. 개인과 사회구조의 밀접한 관계 속에서 연구의 진실성을 확보하는데 걸림돌로 작용하고 있다. 어느 한쪽에 의해서 일방적으로 제한하는 것이 아니라 양쪽의 밀접한 관계 속에서 그 원인을 찾을 수 있다. 이하의 글에서 우리사회의 과잉된 학력사회, 허술한 학위과정, 고비용 이라는 구조적 문제에서 그 원인을 찾아보았다.

● 학력사회

대학원 체육학과는 지원자가 넘쳐난다. 반면에 다른 인문계열 대학원은 지원자가 점차적으로 줄어들고 있다. 왜냐하면 취업이 되지 않기 때문이다. 그렇다고 체육계열 대학원이 취업을 보장하는 것은 아니다. 특히나 고학력이 필요 없는 운동선수들도 석사와 박사가 많다. 독일 분데스리가 축구선수들은 학력이 초등학교가 전부인 선수들이 많다. 그들은 학력이 그들이 하는 일과 관련이 없기 때문에 힘들여 학위를 하려고 하지 않는다. 학위를 하기 위해서는 일반 학생들과 동일한 과정을 거쳐야 하기 때문에 운동선수들은 힘든 과정을 구지 하지 않는다. 독일의 경우 운동선수라고 특혜를 주지 않기 때문에 선수들은 힘들게 학위를 하려고 하지 않는다. 그들은 학위와 관계없이 사회적 대우를 받으며 잘 살아가고 있다. 하지만 한국의 현실은 무슨 일을 해도 학력이 요구된다. 그만큼 우리 사회가 학력사회임을 여실히 보여준다.

● 학위과정

대학원 학위과정이 투명성과 객관성 그리고 엄정성을 가져야 한다. 학위과정이 어렵고 힘들어야 능력 있는 학생을 양성할 수 있다. 하지만 현실은 쉽게 학위를 할 수 있는 구조로 되어 있다. 결과적으로 허술한 학위과정이 연구부정과 부적절한 연구행위와 관련성이 있다. 연구부정에 의한 학위논문이란 짜깁기, 표절, 대필을 통해서 만들어진 논문을 말한다. 대학원 수업이 편하게 수업이 이뤄지기 때문에 이 같은 일들이 일어난다. 시험도 없고 대학보다 낮은 수업부담 때문에 쉽게 과정을 이수하게 된다. 현실은 어떻게 해서라도 쉽게 학위과정을 마치려고 한다. 너무 편하고 쉽게 학위과정을 넘어가려고 하기 때문에 학위논문을 작성하는데 어려움을 만나게 된다. 그것을 회피하는 과정에서 부적절한 논문이 만들어질 가능성이 높아진다.

◉ 고비용

대학원 수업을 들어가면 대학을 갓 졸업하고 학구열에 불타는 열정을 가지 학생을 만나기 어렵다. 즉 전업학생을 볼 수 없다는 점이다. 대개 어느 정도의 나이와 직장을 가진 학업과 생업을 병행하는 사람들이 대부분이다. 물론 그들도 학문에 대한 열정이 있음은 부인하지 못한다. 그들의 입학 동기는 거의 공부보다는 학위 취득에 있다. 학위가 필요한 이유는 학위를 통하여 사회적 지위와 경제적 이익을 얻을 수 있기 때문이다. 문제는 전업학생이 대학원에 들어와야 하는데 이들은 생존 때문에 또는 높은 수업료 때문에 대학원 진학을 포기한다. 그 결과로 생업과 공부를 병행하는 학생들이 대학원생의 주류가 된다. 장학금 수혜자를 늘려서 전업으로 공부할 수 있게 해야 한다. 이제는 공부에만 전념할 수 있는 대학원생이 필요하다.

이상과 같이 경로를 통하여 대량의 박사들이 배출되는 것은 학문적 발전을 보장하는 것이라고 믿고 싶지만 사실은 정반대일 수 있다. 부실한 학위논문과 기계적인 학위 양산이 나타날 수 있을 뿐만 아니라 대필이나 표절 등 부절정한 방법 등을 통해서 학위를 받는 경우가 발생할 수 있다. 양은 질적인 문제를 낳는다. 비슷한 학위논문은 거기서 거기인 논문들이 양산된다는 점이다. 이러한 맥락에서 보면 박사학위논문수의 증가는 발전보다는 정체내지는 후퇴의 가능성이 높음을 시사한다. 연구하지 못하는 박사들이 배출되는 것은 학계에 도움이 안 된다. 왜냐하면 연구자가 아니라 연구자에게 기생하게 사람만 양산하게 되기 때문이다.

연구진실성의 디딤돌

체육인문학 연구는 이론연구이기 때문에 사회적 책임과 무관하다고 생각될 수 있지만 체육인문학 연구 자체가 이론으로만 끝나는 것이 아니라 직간접으로 사람들의 인식에 많은 영향력을 행사한다. 체육, 스포츠, 무용, 무도, 여가 등에 대한 사람들의 관심과 고민은 체육인문학 관련 논문들을 찾아 볼 수 있다. 그렇기 때문에 사람들이 생각하는 것에 기초적인 것을 제공하게 된다. 연구결과는 곧 현실에서 활용될 수 있다는 생각에서 체육인문학 연구의 진실성 확보 방안을 개인적 차원과 사회적 차원으로 구분하여 알아보자.

◉ 인식전환

우리가 하고 있는 연구가 지적유희로서 끝나고 마는 것이 아니라 체육, 스포츠, 무용, 여가에 대한 사회적 인식과 태도에 영향을 미칠 수 있다. 그렇기 때문에 체육인문학 연구자는 책임감을 가져야 한다. 연구가 연구로만 끝나는 것이 아니라 후속 연구자들이 계속해서 관련 연구를 하고, 일반인들은 연구 결과를 현장에서 활용할 수 있다. 이 때문에 책임감 있는 연구를 해야 하는 당위성을 갖는다. 책임감 있는 연구를 수행하는 것이 얼마나 중요한가를 이해하고 그 중요성을 받아들이는 태도가 요구된다. 중요한 것은 연구윤리에 대한 인식전환이다. 이를 위한 개인적 노력의 과제를 몇 가지로 제시할 수 있다.

첫째, 연구윤리의 정립과 이에 대한 연구자들의 이해가 필요하다. 연구윤리가 존재하지 않는다면 연구자들이 연구결과라고 발표하는 것들을 어떻게 믿고 활용할 수 있을까. 신뢰를 얻기 위해서는 연구윤리 지침을 마련하고 이에 따르는 책임감 있는 태도가 필요하다. 모든 연구는 삶의 질과 복지의 향상을 목적으로 한다. 인류의 삶의 질을 고양하고 복지를 증진시키고 위한 연구들이 있었기 때문에 지금과 같은 문명의 혜택을 누릴 수 있는 것이다. 연구윤리에 대한 이해 없이는 좋은 연구를 하는데 한계를 가질 수 있다.

연구윤리만이 아니라 연구자의 도덕성의 강화가 요구된다. 높은 도덕성이 전제 되지 않은 연구들은 위험할 수 있다. 잘못하여 반인륜적이며 비인간화를 가져올 수 있기 때문이다. 과학은 가치중립적이지만 그 결과의 활용에 있어서 도덕성이 요구된다. 도덕성의 부재는 브레이크 없는 자동차와 같다. 편리함을 제공하지만 위험성이 공존하기 때문이다. 어떤 위험성이 발생할지 아무도 모르게 된다.

사회적 책임감을 생각해야 한다. 좋은 연구는 사회적 책임을 가지는 연구이다. 공공의 복지와 삶의 질에 기여할 수 있는 책임감과 실천을 고려하는 연구가 되어야 한다. 또한 인류의 삶에 악을 행할 수 있는 연구는 제한해야 한다. 공공의 이익을 위한 현실적 노력이 필요한 이유이다. 이론적 연구는 이론으로 존재하는 것이 아니라 사람들의 인식과 태도에 영향을 준다. 어떤 사고를 하느냐가 한 사람의 행동의 변화를 줄 수 있다. 체육인문학의 연구결과는 바로 체육, 스포츠, 무용, 여가, 무도에 대한 인식에 영향을 주기 때문에 좋은 연구를 해야 한다. 연구가 연구로서만 끝나는 것이 아니다.

표절은 관행이기 때문에 아무런 문제가 없다는 안일한 생각이 가장 큰 문제이다. 타인의 재산을 훔치는 것만이 절도가 아니라 타인의 아이디어나 창작물을 도용하는 것도 엄격히 절도라고 할 수 있다. 그 동안 우리사회는 좋은 것이 좋다고 상호 이해관계 속에서 알면서도 묵인하는 관행이 존재해왔다. 하지만 사회가 변화기 때문에 타인의 지적재산권 보호에 엄격히 규제하고 있다. 관행이라는 생각은 이제 버리고 사회의 규칙에 맞게 책임감 있는 연구를 수행하는 것이 필요하다. 좋은 연구를 위해서 과거의 관행이라는 선입견을 버리고 새로운 인식을 가져야 한다.

모르고 했기 때문에 문제가 없다는 것은 무지의 소산이다. 이것은 연구윤리에 대한 무지내지는 지적 게으름 때문에 나타난 결과라면 더 윤리적 비난을 받을 수 있다. 이제는 연구윤리에 대한 공부를 통해서 자신의 지적 재산권을 보호받고 타인에게 피해를 주지 않도록 해야 한다. 알고 했거나 모르고 했거나 다 문제가 된다는 생각을 해야 한다. 우리의 연구행위를 보장받을 수 있는 것은 좋은 연구를 수행하려는 신념과 철저한 규칙준수에 있다. 올림픽에서 세계신기록을 수립해도 규칙에 벗어나며 인정받지 못하는 것처럼 자신이 지적 노동의 결과에 대한 보호와 인정을 받기 위해서는 연구윤리를 준수해야 한다.

◉ 제도개혁

좋은 연구를 위해서 필요한 것은 연구자의 윤리뿐만 아니라 제도적 장치이다. 일단 연구부정과 부적절한 연구행위의 방지를 위해서는 윤리위원회를 구성하고 연구부정 관련자를 처벌하고 처벌 수위를 강화해야 한다. 형식상의 처벌이 아니라 실제적으로 적용될 수 있는 구체적 처벌규정을 마련하고 이를 실행에 옮겨야 한다. 단지 형식적인 규정에 끝나는 것이 아니라 규정에 따른 처벌이 따라주어야 연구윤리를 확립할 수 있다.

다른 하나는 **연구윤리교육**의 강화 내지 필수화이다. 대부분의 학자나 대학원생들은 표절에 대하여 잘 알지 못하고 표절이 문제 될 것이 없다는 입장이구 보면 표절에 대하여 무감각하다는 것을 쉽게 알 수 있다. 그 이유는 학부 때부터 베끼기와 짜깁기를 이용해 리포트를 제출해 왔기 때문에 무엇이 문제인지를 의식하지 못하는 도덕불감증에 빠져 있기 때문이다. 학부 때부터 표절에 대하여 불이익을 받도록 제도적 장치를 만들어 규제하고 교육을 통하여 표절은 범죄 행위라는 강한 인식을 심어주어야 한다.

체육학 좁게는 체육인문학의 연구진실성을 확보하기 위하여 체육철학 교과목내에 연구윤리에 관한 항목을 설치하고, 학부생들이 교육 받을 수 있는 방안을 제공하는 것이다. 체육철학 전공자의 목소리를 낼 수 있는 기회라고 볼 수 있다. 그냥 방관하고 있으면,

연구윤리는 명목으로만 존재하고 사라질 수 있다. "체육연구윤리"라는 교과목을 개설하여 체육학 연구에서 필요한 연구윤리, 연구의 진실성, 좋은 연구, 연구부정, 부적절한 연구, 표절의 범위, 평가, 인용방법 등 좋은 연구를 위한 교육을 철저하게 시키는 것이 필요하다. 교육만이 사람을 변하게 한다. 무엇인 잘못된 것인지에 대한 교육을 통해서 자신의 연구물이나 창작을 보호 받고 타인에게 피해를 주지 않도록 교육해야 한다.

요약

지금까지 체육학의 연구진실성 확보에 대하여 알아보았다. 연구는 세 가지로 구분된다. 좋은 연구 혹은 책임감 있는 연구와 연구 부정, 그리고 부적절한 연구이다. 좋은 연구는 정직한 연구를 말한다. 정확한 인용과 신뢰는 좋은 연구의 시작이다. 진실성과 정직성을 가진 연구들은 좋은 연구의 대표적인 경우이다. 상식과 양심에서 벗어나지 않은 연구를 수행하는 것 역시 좋은 연구의 기본이다. 부적절한 연구는 의도하지 않은 연구이지만 도덕적 비난에서 자유롭지 못한 행위라고 할 수 있다. 법적 책임은 없지만 도덕적 비난을 받을 수 있다.

반면에 연구부정은 범법행위이며 일종의 연구공동체와 국민을 상대로 한 사기라고 할 수 있다. 특히나 자신의 연구가 국가나 특정 단체의 연구비를 받고 수행되었을 경우에는 심각한 위법행위가 된다. 연구비를 주는 주체에 대한 연구자의 무책임한 행위라고 할 수 있다. 제대로 연구가 진행되지 않고 연구결과를 보고하거나 아니면 자신의 이전 연구의 결과를 보고하는 경우는 심각한 범죄 행위이다.

　관행이라고 모든 행위를 정당화 할 수 없다. 시간이 가면 새로운 기준에 따라야 한다. 세상은 변했다. 그렇기 때문에 새로운 시대의 기준에 따라서 처벌받을 수 있다. 과거에는 문제가 되지 않았는데 왜 이제 와서 문제라고 항변하여도 소용이 없다. 엄격한 표절기준에 의거해서 평가되기 때문에 어쩔 수 없다. 그렇다고 연구윤리나 표절 문제가 다른 이익을 위해서 악용되어서도 안 된다. 특히 상대의 약점을 찾아서 자신의 입지를 강화하거나 자신의 지위를 높이는데 이용하는 것 또한 문제가 된다. 학문 공동체와 공공의 이익을 위해서, 우선 자기를 기만하고 사회와 국가를 기만하는 행위에 대한 내부고발과 엄격한 검토 과정이 있어야 한다.

　제대로 연구윤리나 표절범위에 대하여 교육하고 연구자 스스로 공부해야 한다. 과거에서 관행이라는 이유와 동업자라는 동려들의 묵인이 있었지만 지금은 엄격한 기준이 적용하고 있기 때문에 개인적 피해를 보지 않기 위해서는 연구윤리와 표절에 대한 공부가 필요하다. 특히 대학원생의 경우 연구윤리 교육을 통하여 철저하게 학습할 필요가 있다. 대학원 연구법 강의에서 연구기법만 강의하는 것이 아니라 표절과 연구윤리에 대한 교육이 강화되어야 한다. 알아야 표절에서 벗어날 수 있다. 체육학에서 연구윤리나 표절문제가 나타나는 것은 교육부재와 철저한 논문 검토가 미급하기 때문이다. 학위심사나 연구논문 심사에서 철저하게 표절인지를 가름 할 수 있는 충분한 선행연구의 검토와 전문성을 강화하는 일이 무엇보다도 필요하다.

　더욱 우려되는 것은 연구부정은 표절을 넘어서 개인의 도덕불감증으로 확산될 수 있다는 점이다. 자신의 무엇을 잘못하고 있는지, 혹은 무엇을 잘못했는지 알지 못하는 도덕불감증에 걸리게 된다는 것이다. 특히나 대학생 시절부터 너무나 쉽게 인터넷에서 자료를 다운 받아 도용해서 제출하는 리포트는 자신의 지적 성장을 가로 막을 뿐만 아니라 도덕불감증으로 도덕성의 상실에 빠지게 한다. 철저한 연구윤리와 표절에 대한 교육부재 혹은 연구자의 무관심은 심각한 도덕불감증에 빠지게 한다.

한국의 대학생들의 경우 아무런 죄책감 없이 짜깁기를 해서 리포트를 제출하는 경우가 있다. 이 같은 행위가 잘못된 것이라는 문제의식을 갖지 못하고 있다. 지금과 같은 관행이 지속된다면 문제는 대학원으로 이어진다. 이들이 대학원생이 되고 학자나 교수가 될 경우에도 연구윤리를 무시하거나 표절을 할 개연성이 높아진다. 학부생부터 표절과 연구윤리교육을 강화해서 부정행위를 하지 않도록 교육과 감시가 있어야 한다. 이와 더불어 학부생의 리포트 역시 엄정한 검토를 통해서 표절이 발견되면 불이익을 주는 제도가 있어야 한다. 아무런 불이익을 주지 않으면 지금과 같은 표절이나 연구윤리 위반은 지속적으로 반복될 것이다.

우리가 경계해야 할 것은 **표절예방**과 연구윤리를 준수하는 일이다. 이와 같은 노력은 연구자 자신이 앞으로 당할 수 있는 피해를 사전에 예방하는 현명한 일이다. 지금 행하는 작은 연구부정이 나중에 심각한 문제가 될 가능성이 높기 때문에 연구윤리를 준수하는 습관이 필요하다. 습관은 무섭다. 처음부터 올바른 연구수행을 몸에 익혀야 한다. 연구윤리를 준수하지 않고 아무런 죄의식 없이 행하는 연구윤리 위반과 표절행위는 곧 일상적 행위가 될 수 있다. 엄격한 연구윤리 준수와 표절에 대한 이해를 통해서 자신의

독창적 연구와 아이디어를 보호받고 타인의 아이디어 또한 보호
할 수 있어야 한다.

　정직한 인용과 연구윤리 준수가 표절을 예방하는 지름길이다. 그
렇지 않고 타인의 아이디어를 도용하는 것은 독창적인 연구를 가
로 막는 행위이다. 만약 자신의 연구결과가 누군가에 의하여 도용
된다면, 밤을 지새우면 연구에 몰두하지 않을 것이다. 특히 인문
학의 경우 문장 하나를 쓰기 위해 노력한 시간들을 생각할 때, 함
부로 타인의 아이디어 도용이나 표절을 생각해서도, 있어도 안 된다.

●

체육공부와 반성적 글쓰기[7)]

우리가 살아가는 삶 가운데에서 배움의 기간은 적어도 인생의 삼분의 일에 해당한다. 물론 이 보다 더 긴 교육을 받는 사람이 있는가 하면 아주 짧은 교육을 받은 사람도 있다. 그 교육이 제도화된 교육을 통해서든 아니면 제도권 교육에서 벗어난 교육을 받든 인간의 삶은 끊임없는 배움의 연속과정이기 때문에 배움 그 자체라고 말할 수 있다.

공부는 인간의 생존을 위해서 필요한 실용적인 기술공부가 있는가 하면 자신의 삶의 교양을 쌓기 위한 교양공부가 있다. 그것도 아니면 수학이나 영어와 같이 대학을 진학하기 위하여 문제를 풀고 정답을 맞추기 위한 공부가 있다. 이 글에서 말하는 공부는 이런 공부가 아니라 인간다움의 길에 관한 성찰을 의미하는 사람

---

7) 2003년 한국체육학회지 42(4)에 발표함.

됨의 참된 공부이다. 지금까지 우리가 알고 있는 공부는 수학이나 영어공부에서 벗어나지 않았다. 그래서 항상 공부라는 말은 우리들의 의식 속에 영어 혹은 수학공부라는 말로 차지하고 있기 때문에 공부는 지적학습이란 의미가 강하게 작용하고 있다.

이런 공부에 대한 오해에서 좀더 벗어나서 참된 공부는 자신의 몸(정신과 육체가 분리되지 않는 총체적인 상태)의 성장과 성숙을 수행, 즉 **사람됨의 공부**에 대하여 말하려는 것이다. **사람됨**이란 체육공부 뿐만 아니라 모든 공부가 지향해야 할 이상이며, 가야 할 최고의 목적지이다. 이런 차원에서 체육공부 역시 가야할 길은 사람됨의 공부이다. 공부는 다른 말로 수양, 수련, 도야, 수행 등이라고 불린다.

공부(工夫)라는 원뜻은 "덕(德)을 득(得)함을 지향하는 훈련"을 의미한다. 우리말의 공부(工夫)의 중국발음이 kung－fu 이며 이것을 우리말로 개화하여 표기한 것이 곧 "쿵푸(후)"다. 인간의 몸의 달인적 경지에 대하여 광범위하게 두루 쓰이는 표현으로서 우리가 지금 "쿵푸(후)"라는 부르는 무술이 한 형태는 쿵푸(후)라는 일반명사의 개념에 포섭되는 광범위한 개념중에 하위개념이다. 이 쿵푸(후)는 오랜 시간의 축적을 통하여 고수의 몸이 얻은 덕(德)인 것이다(김용옥, 1994 : 48－49).

우리는 공부를 학습으로 오해하는 경우가 있다. 그것은 공부(工夫)와 학습(學習)의 차이를 이해하지 못하기 때문이다. 공부는 일종의 지혜를 추구한다면 학습은 지식을 추구하는 의미의 가지기 때문에 목적의 차이를 발견할 수 있다. 학습은 원리를 찾는 차원에서 배우고 익히는 것을 의미한다. 여기서 익힌다는 것은 잘 듣고, 잘 읽고, 잘 말하고 잘 쓰기 등을 의미한다. 이 모든 것은 외우기에 의존한다. 이에 비하여 공부는 설명하기가 쉽지 않지만 정성을 다함 혹은 혼(魂)을 쏟아 부어서 무엇을 해나감을 의미한다(임무수, 1994, 2002: 1). 이런 차원에서 운동학습은 기능의 원리를 찾는 배움이라고 할 수 있다. 그렇기 때문에 이 글에서 말하는 체육공부와는 구별해서 사용함이 필요하다.

이 글의 필요성은 학교체육이 학생선수 중심의 엘리트체육에 중점을 둔 반쪽 공부에 머무르고 있고 경기력향상과 이를 통해 학교의 명예를 알리는 것에 치중한 나머지 보통학생들을 위한 체육, 학생선수들의 인성교육은 현실에서 멀어지고 있기 때문에 학교체육의 정상화를 유도하는데 있다. 특히 학원스포츠는 학교 교육의 테두리 안에 있으면서도 학교가 지향하는 지·덕·체를 고루 갖춘 이른바 전인교육의 성취와는 관련 없이 오히려 학교 교육의 취지와는 동떨어진 기이한 형태로 자라나고 있는 것이 오늘의 실정이다(강신복, 2003: 104).

학교체육의 정상화를 위해서, 강신복(2003)은 학교체육의 문제는 특히 학생선수의 경우가 심각한 문제로 나타나는데 자녀의 전인적 성장에 관심이 없기 때문이며, 비교육적인 학원스포츠의 문제, 능력만능주의에 대한 올바른 이해가 부족하기 때문에 비정상적인 학교체육이 행해지고 있다고 지적하였다. 특히 천안초등학교 합숙소 화제와 같은 문제들이 발생한 것은 그 동안의 학교체육의 위험이 표면화 되었을 뿐이지 이와 같은 유형의 사고는 지금도 학교체육에 잠재하고 있다고 볼 수 있다.

그렇기 때문에 체육공부의 이론과 실천, 장자의 용어로 사용한다면 기의 습득과 도의 체득의 합일이 이루어지고 있지 않는 현실에서 운동학습, 즉 운동기능만을 교육하고, 과잉경쟁을 부추치고,

결과만능주의, 승리지상주의로 치닫고 있는 현재의 체육공부에 문제점이 있음을 발견할 수 있다. 뿐만 아니라 체육에서 교육은 사라지고 학생선수들의 경기력 향상만을 강조되고 있다. 적어도 학교체육에서 개성과 독창성, 도전정신과 비판적이고 합리적인 사유능력, 자유와 평등과 평화의 체험을 지닌 높은 도덕적 품성을 갖춘 체육인 또는 교양인을 육성하기 위해서는 기능교육을 넘어서는 사람됨의 교육이 요구되어진다.

이 글의 목적은 첫째, 체육공부의 목적은 무엇인가? 이에 대한 문제의 해결은 장자의 공부론에서 시작된다. 장자에 의하면 공부는 실천으로 자유자재에서 찾고 있다. 성심(誠心)이란 선입견을 버리고 소요, 좌망, 무대의 경지에 도달하는 것에 공부의 목적을 두고 있다. 둘째, 체육인이라고 자부하는 우리는 체육에서 무엇을 공부한다는 것인가? 기의 습득(실기)이냐 아니면 도의 체득(이론), 그것도 아니면 기의 습득과 도의 체득의 합일인가. 셋째, 체육공부의 방법은 무엇인가? 기와 도의 합일을 통한 사람됨에 도달하기 위한 방법으로 반성적 차원의 글쓰기, 혹은 인문학적 글쓰기에서 찾을 수 있을 것이다. 이 글에서는 세 가지 문제에 대한 과제를 해결하는데 있다.

이 글의 연구방법은 아무래도 우리가 살고 있는 이 땅의 사상의 중심을 형성하는 동양고전(노장철학)의 문헌에 나타난 공부론을 바탕으로 체육공부를 재해석하는 해석학적 방법을 사용하였다. 방법론적 절차는 공부의 일반이론에 대하여 검토하고, 체육공부란 무엇을 의미하는지를 장자가 말하는 기의 습득과 도의 체득과의 관계에 대하여 알아보았다. 그 다음으로 체육공부의 방법으로서 반성적 글쓰기에 대하여 구체적인 예를 들어 설명하고, 마무리는 전체의 요약과 향후의 과제를 제시하였다.

공부론

　우리의 일상용어 속에서 몸은 어떤 존재자의 본체라는 의미를 지니고 있다. 몸체, 몸통 등이 여기에 해당한다고 볼 수 있다. 컴퓨터 본체는 바로 컴퓨터 몸체와 동일한 의미이다. 몸체가 본체와 동일한 의미라면 그것은 존재자의 중심이라는 의미와 거의 동일하다. 몸체가 중심이라는 의미로서 사용된다면 그것은 마음과 동일하다란 의미를 지니게 된다. 즉 몸=마음=맘이라는 등식이 성립될 수` 있다(김성태, 1995: 37).

　우리가 일상적으로 사용하는 체육공부는 몸의 공부이기도 하다. 이런 차원에서 몸=마음의 등식이 성립하기 때문에 몸 공부와 마음공부를 말하는 것이다. 이와 같이 체육공부 역시 마음의 공부에서 벗어나지 않는다. 체육공부의 구성은 이론과 실천의 영역으로 나눌 수 있는데, 그 이론과 실천이 분리되지 않고 함께 할 수 있는 종착점이 '사람됨'이다. 사람됨은 다른 말로 인간형성을 의미하는데 이는 동양철학의 궁극적 도달 목적인 성인(聖人)에 해당하기도 한다.

　체육공부는 자신의 움직임의 과정 그 자체에서의 도(道)의 깨달음을 일상의 삶에서 실천으로 이행하는 것이다. 즉, 몸으로 배우는 것은 항상 실천의 문제로 귀결된다고 할 수 있다. 이러할 때 앎과 삶이 소통하는 사람됨의 공부로서 체육공부는 제자리를 찾는 일이 될 수 있다. 그렇다면 이러한 의미에서 공부론 일반에 대한 학자들의 견해를 살펴볼 필요가 있다.

　김용옥은 그의 저서 《태권도 철학의 구성원리》에서 공부란 개념적 조작에 의한 지식의 체계만을 의미하는 것이 아니라 몸의 길의 덕을 얻는 모든 학문을 의미하는 것이라고 하였다(1989: 137). 몸은 기의 유기적 단위이며, 몸은 생명이다. 따라서 몸은 움직인다. 움직임이 없으면 그것은 죽음을 의미하는 것이기 때문이다. 몸의 움직임에는 반드시 '길'이 있다. 그 길을 우리는 '도'라고 말한다. 그리고 이 도가 반복되어 몸에 쌓인 것(畜)을 덕이란 한다. 달리 말해서 도는 생겨난 대로 자연스러운 것이고(道生之), 德은 道를 몸에 축적하여 얻는 것이다. 德은 곧 得(얻음)이다(老子, 38章).

　한편 동아시아 학문론은 우선 윤리적 주체와 지식을 분리하지 않는다. 주체는 지식 속에 내면화되며, 지식은 주체의 한 역동적 과정이다. 그래서 안과 밖, 몸과 마음이 통일적으로 이해된다. 더 나아가 천지만물과 우주는 인간의 '몸-마음'과 서로 연결되어 있다는 전제 위에 서 있다. 그러므로 동아시아 학문론에서 지식은 죽은 지식일 수 없으며, 윤리적 주체의 심신(心身)과는 물론 이려니와 천지만물의 역동적 움직임과 살아있는 연관을 맺지 않으면 안 된다. 이점에서 체득(體得) 곧 몸으로 깨닫는 것이 중시된다. 몸으로 깨닫는 것은 동시에 마음으로 깨닫는 것이다. 마음으로 깨닫는 것은, 그저 지식을 대상화하여 바라보는 것이 아니라 지식과 윤리적 주체를 통합함을 의미한다. 이것이 이른바 **공부의 활법**이다…뿐만 아니라 공부(工夫)란 특별한 것이거나 억지로 해야하는 것이 아니며, 살아있는 동안에 끊임없이 해나가면서 그것을 통해 자신의 인격을 향상시키고, 세상을 밝히며, 인간과 우주의 도를 깨달아 가는 과정이다(박희병, 1997: 6-7).

현재 체육에서 이론과 실천의 분리는 체육의 위기의 한 단면을 잘 볼 수 있다. 이런 의미에서 김영민의 말은 시사하는 바 크다고 할 수 있다. 삶과 앎의 소통, 이론과 실천의 이음매 없는 순환이 나름의 무늬를 만들어 자연스럽게 허위의식이 사라지고 이른바 '평상심의 도'라는 지경에 이를 것이다…만남도, 사귐도, 시간도 없었고, 관념과 논리에 위계로 환원된 건조하고 성마른 경합의 공간만이 있었을 뿐이다…인식주의에 빠져있는 우리는 늘 그러하듯이 논리의 일관성, 관념의 정합성, 이해의 확실성에만 연연한다면 당연히 오해란 답답하고 성가시며 심지어 불쾌한 경험일 것이다 (김영민, 1998).

또한 이진수의 체육공부는 체육에서 **몸 닦기**에 해당한다. 몸을 닦는 행위는 수신이요, 마음을 닦는 것은 치심이다. 과거와 현재의 용어는 다르지만 오랜 옛날 우리의 조상들은 몸과 마음이 하나라고 언제나 생각하였기 때문에 몸 닦기는 그대로 마음을 닦는 것이었다. 수신이 바로 치심이었던 것이다(이진수, 1999 : 21).

이러한 의미에서 체육공부는 마음 닦기라는 말로 연결된다. 이러한 지적은 지금까지 체육에서는 몸 닦기에 대한 오해를 지적하는 것으로 몸 닦기=신체단련이라는 인식에 근거하여 신체단련에 치중했음을 알 수 있다. 이 말은 기술의 습득에만 몰두하였다는 것인데 기(技)의 습득은 도(道)의 체득이라는 마음의 수행이 뒤따르는 않으면 온전한 기술이 되지 않는다는 것을 간과한 것이다. 그러므로 체육에서의 몸 닦기는 바로 체육공부가 무엇인가를 답하는 것이다.

최의창은 운동을 가르치는 방법을 **기법**(技法)과 **심법**(心法)으로 구분하여 사용하고 있다. 그의 기법과 심법에 대하여 알아보자: 운동은 기능, 전술, 규칙으로 구성되어 있기도 하고, 진선미로 이루어져 있기도 하다. 전자의 경우 우리는 기능과 전술을 잘 활용하도록 지도하며, 후자의 경우 우리는 운동을 형이상학적 가치, 윤리적 의미, 미학적 아름다움을 느끼고 발견할 할 수 있도록 한다. 운동은 하나이되 그것을 바라보는 시각은 두 가지이며, 어떤 시각을 갖는가에 따라 우리는 운동을 전혀 다른 실체로 이해하고 대면하게 된다. 게임으로서의 운동에서 배워야 할 중요한 것은 기능과 전술이나, 삶의 형식으로서의 운동에서는 그 운동종목에 담겨져 있는 그 운동만의 "전통, 정신, 안목"에 자신을 맡기고 그것을 온몸으로 체험하는 것이다. 우리가 운동을 가르칠 때 우리가 전달하는 내용은 기능, 전술, 규칙일 수도 있고, 전통, 정신, 안목일 수도 있다(최의창, 2002 : 258). 이처럼 기법과 심법은 장자의 공부론에 아이디어를 얻어서 운동 혹은 체육에서 구분하여 사용한 것이다. 최의창의 구분처럼 지금까지 우리는 기능중심의 학습에만 체육공부의 모든 것인지 알고 있었다. 물론 실기와 이론으로 구분하여 가르치고 있지만 어떻게 보면 실기와 이론은 모두가 기능중심의 학습에 지나지 않았다. 왜 우리는 그동안 최의창이 말하는 심법에 대하여 관심을 가지지 못했는가. 그것은 결과, 기록, 경쟁, 승리의 틀 안에서 학습이 이뤄져왔기 때문이다.

이상에서 알 수 있는 것은 공부의 궁극적 지향점은 사람됨에서 찾을 수 있을 것이다. 그냥 생존을 위한 공부가 아니라 공부일반 속에서 배우게 되는 마음공부 즉 덕(德)의 공부가 필요하다는 말이다. 이런 의미에서 학생운동선수들에게 필요한 것 중에 하나가 인성교육이다. 승리, 기록, 결과, 경쟁에 대한 강박 관념으로 사로잡혀 있는 이들에게 덕의 공부인 체육공부가 절실하다고 할 수 있다. 즉 사람됨이 형성되지 않는 학생선수는 운동기계에 지나지 않는다. 승리보다는 사람됨이 더 중요하다는 사실을 학생선수들에게 인식시킬 필요가 있다. 그렇다며 체육공부란 무엇인가?

체육공부란 무엇인가?

체육을 행하는 사람의 목적에 따라 운동행위 혹은 신체활동은 기술의 습득이 될 수도 있고 혹은 도의 체득이 될 수도 있다. 여기서 기술의 습득은 신체기법을 몸에 익힌다는 말이다. 예를 들어 수영을 한다는 것은 수영의 여러 영법을 몸에 익혀 자신의 기술로 체현함을 의미한다. 이처럼 끊임없이 시행착오의 체험을 통해 자기화 하는 작업이 체육에서 실기를 배우는 일이다.

이에 관하여 존 듀이의 경험의 개념에서 차용하여 해석한다면 시행착오식의 기술의 습득은 경험의 성장과 확장에서 도움이 되지 않는 무의미한 활동이라고 할 수 있다. 반면에 자기화 하는 지성의 작용을 통한 기술의 습득은 경험의 성장과 연결된다. 이때 배운다는 것은 기술을 습득한 것에 지나지 않지만, 보다 더 낳은 체육공부를 위한 토대가 된다고 할 수 있다.

장자의 의하면 무엇보다도 기술에 대한 습득을 일종의 수행과정으로 받아들임으로써 기술을 삶의 행위로부터 따로 분리시키지 않았다는 점을 들 수 있다. 기술을 익히거나 기술을 쓰기 위해서는 내면의 성숙이라든가 마음을 재계하는 수행이 필수적이라는 것이 장자의 확고부동한 입장이다. 장자에게 기술이란 삶과 떼어 놓을 수 없는 행위로서 인간 내면의 성숙을 도모하는 일종의 수행이다.

또한 기술 연마를 통해 도를 겸해야 한다는 장자의 말은 수행을 통해 도를 얻는 것과 기술의 연마가 조금도 다름없음을 제시하고 있다. 기술을 익히거나 쓸 경우 옳고 그름, 칭찬이나 비난, 다른 사람과의 경쟁심, 자기 자신의 몸과 마음 등을 잊어야 제대로 기술을 발휘할 수 있다는 말이다.

이처럼 기술 쓰는 법은 마음으로 터득하는 것이지 단지 손놀림이나 몸놀림으로 익히는 것은 결코 아니다. 기술의 터득과 발휘는 몸이나 손의 간단한 움직임이 아니라 자기존재 전체를 불어넣는 마음의 문제이다. 그래서 [천도편]의 명공도 수레바퀴를 알맞게 깎는 것은 자기 자신이 직접 손으로 터득하고 마음으로 감응해야지 입으로 전할 수 있는 것은 아니라고 말한바 있다. 기술을 부리는 나의 천성과 재료에 부여된 천연의 품성이 합일되어야 한다는 것이다. 이런 맥락에서 체육의 목적은 어디에서 찾아야 하는가. 기술의 습득에 있는가 아니면 도의 체득에 있는가.

우선 체육공부의 대상에 대하여 알아보아야 한다. 체육공부는 <몸>을 대상으로 하는 <몸>공부에 해당하는데 여기서 몸을 어떻게 보느냐 하는 문제가 제기된다. 몸은 정신과 육체를 구별할 수 없는 실체이다. 둘로 나눌 수 있는 대상이 아니라 하나의 실체라고 할 수 있다. 따라서 <몸>공부에서 말하는 공부는 몸을 통한 기술의 습득이냐 아니면 몸 자체의 공부인 도의 체득이냐의 문제로 나누어 질 수 있다. 결론을 말하면 저자는 체육공부는 기술의 습득과 도의 체득의 합일이라고 본다.

이처럼 기와 도의 합일을 지향하는 체육공부는 사람됨의 공부에서 벗어나지 않는다. 체육의 구성은 이론과 실천의 영역으로 나눌 수 있다. 그 이론과 실천이 분리되지 않고 함께 할 수 있는 것이 '사람됨'이다. 사람됨은 다른 말로 인간형성이다. 인간형성은 동양철학의 궁극적 도달 목적인 성인(聖人)을 말하는데 자신의 움직임의 과정 그 자체에서의 도의 깨달음(體得)은 일상의 삶에 실천으로 이행되는 것이다. 즉 몸으로 배우는 것은 항상 실천의 문제로 남는다. 이러할 때 앎과 삶이 소통하는 사람됨의 공부로서 체육공부는 제자리를 찾는 일이 될 수 있다.

좀 더 이해를 돕기 위해서 체육공부를 기술의 습득과 도의 체득으로 구분한다면, 기술의 습득은 운동기술을 배우는 것 자체를 의미한다. 예를 들어 수영을 배운다고 한다면 수영의 영법들을 배우는 것 그것이 기술을 습득하는 것이다. 기술의 습득 자체가 수영을 잘하고 못하는 평가의 기본이 되지만 우리는 그 이상에 대해서는 망각하고 있는데 그것은 체육공부라는 것이 기술의 습득만을 의미하지 않음을 말하는 것이다. 그 무엇은 바로 도를 의미하며 체육의 의미라고 할 수 있다. 여기서 도는 덕을 의미한다. 달리 말하면 도의 체득은 다름 아닌 덕의 체득이다.

도와 덕의 관계에 대하여 살펴보면, 천지가 순환하고 만물이 생성 변화해 가는 '길 자체'가 도라면 덕은 그러한 길을 한 개체가 얻은 것, 곧 체득함이다. 도와 덕의 이러한 관계에 대해서 우리는 먼저 《도덕경》 51장을 왕필주와 함께 살펴 볼 필요가 있다. "도는 생성하는 것이다. 덕은 쌓는 것이다. 사물은 형성된 것이다. 세는 이루는 것이다."란 구절에 대해 왕필은 다음과 같이 풀이했다: "사물이 생성된 이후 길러지고 길러진 이후 형성되고 형성된 이후 이루어진다. 무엇으로 인해서 생성되는가? 도(道)이다. 무엇으로 인해서 길러지는가? 덕(德)이다. 무엇으로 인해서 형성되는가?

사물(事物)이다. 무엇이 그렇게 이루어지게 만드는가? 세(勢)이다"
(老子翼, 王弼註 3卷 "物生而後畜, 畜而後形, 形而後成, 何由而生 道也, 何得而畜,
德也. 何由而形, 物也. 荷使而成, 勢).

　　59장에 '덕을 거듭 쌓는다(重積德)는 말리 나온다. 그러므로 덕은
결국 한 사물이 생성해 가는 길이 반복하여 자신에게 쌓인다는 의
미가 된다. 왕필의 명확한 풀이로 볼 때도 한 사물이 이루어지기
위해서 그 길의 거듭 그 사물자신에게 점점 쌓여가야 한다. 이것
이 현덕인데 현덕에 관해 장자는 "태초에 무가 있었다. 있음도 없
고 이름도 없었다. 그런데 하나가 생겨났는데 하나는 있지만 아직
형성되지는 않았다. 만물이 이 하나를 얻어 생성하는 것, 이것을
덕이라 한다. 또한 이것을 현덕이라 하고 큰 순응과 같다고 한다."
고 설명하였다.(天地, "泰初有無 有無無名 一之所起 有一而未形 物得而生 謂之
德……是謂賢德 同乎大順).

　　덕을 체득한다는 것은 사람됨, 인간다움의 길을 간다는 것이다.
사람다움, 운동선수다움, 아버지다움이 바로 도의 체득이라고 설
명할 수 있다. 이러한 의미에서 체육공부의 도는 어디서 찾을 수
있을까. 그 도의 목적은 사람됨, 인간완성, 인간형성의 길을 말한다.

　　또한 도를 체득한다는 말은 다른 말로 한다면 덕을 함양하는
것을 의미한다. 덕성의 함양은 덕을 체득한다는 의미를 내포하고
있다. 체육을 통해서 체득될 수 있는 덕의 내용은 인의예지의 습
득이다. 이러한 맥락에서 도의 체득이 무엇을 의미하는가에 대해
서는 다음의 글에서 찾을 수 있다: "노장의 개념으로 말한다면 도
는 곧 덕의 문제이다. 덕으로 돌아간다는 노자의 궁극적인 수양의
목표도 그 형평의 질서를 자신 속에 구현하는 것이라고 할 수 있
고, 같은 맥락에서 자아의 완성도 자아로 하여금 늘 그런 형평의

상태에 있게끔 하는 것을 의미한다고 정리해도 무방하다. 왜냐하면 그처럼 덕(德)을 끌어안고 화(和)를 길러 세상에 대해 순응하는 사람이 바로 최고의 인격체인 진인이기 때문이다(박원재, 1996: 97-105)."

이처럼 체육공부를 하는 우리는 운동장이 혹은 예술가, 장자가 말하는 진인(眞人)이 될 수 있다. 이들의 차이에 대하여 알아보자. 극장에서 영화간판을 그리는 사람은 영화주인공을 실사하는 손재주로 간판을 그린다. 우리는 그를 예술가 혹은 화가라고 하지 않고 간판장이라고 한다. 왜 우리는 그런 사람을 화가 혹은 예술가로 평하지 않는가. 왜냐하면 그의 그림에는 어떤 사상이나, 관념의 표현도 들어있지 않기 때문이다. 단지 그가 그린 그림은 손 그 자체를 사용한 전문적 기술로 그린 그림일 뿐이지 그 이상과 그 이하도 아니다. 반면에 화가의 그림은 개성과 독창성의 정신세계를 손을 통하여(도구) 표현한 것이다.

이에 관하여 오진탁은 다음과 같이 말하였다: "기술 쓰는 법은 마음으로 터득하는 것이지 단지 손놀림이나 몸동작만으로 익히는 것이 결코 아니며, 기술의 터득과 발휘는 몸이나 손의 간단한 움직임이 아니라 자기 존재 전체를 붙어놓는 마음의 문제라고 한다. 그래서 장자의 [天道]편의 명공도 수레바퀴를 알맞게 깎는 것은 자기자신이 직접 손으로 터득하고 마음으로 감응해야지 입으로 전할 수 있는 것이 아니라고 말한 바 있다. 이와 같이 기술의 터득은 당사자의 마음과 관련된 것이므로 마음으로 익혀야 한다(오진탁, 1987: 335)."

이와 같은 의미에서 운동선수 또한 기술의 습득만을 공부한다면 그도 역시 간판장이 같은 운동장이, 혹은 운동기계일 뿐이다.

왜냐하면 그에게는 마음의 문제가 별로 중요하지 않게 생각되기 때문이다. 체육 하는 사람들이 염두에 두어야 할 사실은 만약 체육공부가 단지 기술의 습득에만 머문다면, 체육인은 운동기계가 될 수밖에 없다는 것이다. 따라서 운동수행의 중요성을 인식하고 도의 체득, 즉 사람됨의 공부에 관심을 가져야 한다. 이러한 과정을 통해서 운동선수, 체육인은 인간다운 훌륭한 인간(聖人)이 될 수 있는 것이다. 이러한 맥락에서 브라질의 펠레와 아리헨티나의 마라도나의 비교를 통해서 쉽게 기의 습득과 도의 체득의 차이를 발견할 수 있다.

"2000년 12월에 FIFA는 20세기 최고의 축구선수로 펠레와 마라도나가 공동수상자로 선정했다. 1970년 이탈리아 월드컵 결승전에서 펠레가 기도하는 자세로 터뜨린 헤딩 동정골과 1986년 월드컵 준준결승전 잉글랜드와의 경기 때 마라도나의 이른바 '신의 손'에 의한 득점은 이 둘 사이의 차이를 상징적으로 보여준다. 금지약물과 마약복용으로 지금도 화제를 뿌리고 다니는 마라도나는 인간적으로 실패한 삶을 살고 있다고 봐야할 것 같다. 반면에 펠레는 사업가로, 행정가로 이미 성공했고 대통령 출마설까지 나돌고 있다(조선일보, 2001년 1월 4일자)."

이상에서 살펴 본 체육을 행하는 두 가지 의미가 있는데 그것은 기의 습득과 도의 체득이다. 만약 체육공부의 목적을 기의 습득에서 찾는다면, 몸의 기계적인 훈련과정을 통해서 얻게 된 기술의 완벽성과 신체의 탁월성의 완성에 불과하다. 이러한 예는 축구선수 마라도나의 예에서 알 수 있었다. 기의 습득과 도의 체득이 함께 해야 하는 이유가 바로 거기에 있다. 따라서 체육공부는 기의 습득과 도의 체득의 합일이라고 할 수 있는데 여기서 말하는 합일은 사람됨을 의미한다.

체육공부와 반성적 글쓰기

사람됨은 기의 습득과 도의 체득의 합일에서 가능하다. 이 말은 이론과 실천의 조화와 일치에서 사람됨에 다가갈 수 있다는 의미이다. 그렇다면 지금까지 살펴본 것과 같이 체육공부의 길은 사람됨이라면 이 길에 가까이 갈 수 있는 방법은 무엇인가. 그 방법은 반성적 글쓰기 혹은 인문학적 글쓰기에 해당할 것이다. 인문학적 글쓰기는 자신의 내면적 체험세계를 잘 들러낼 수 있기 때문에 체육공부에 적합한 방법이다.

체육학이 다른 학문과 구분할 수 있는 방법은 운동자의 체험세계를 연구대상으로 하는 방법일 것이다. 이 점에서 김정명(1995: 9-11)은 삼자적 관점의 실증주의 연구방법보다는 운동자 자신의 관점에서 현장속에서 이루어지는 질적연구 내지는 체험연구가 활성화 될 필요가 있다고 한다. 그 근거에 대하여 그는 다음과 같이 제시하고 있다: "체육학은 실기가 중요시되고 그것을 통하여 타주지학문과 차별화 되는 이유는 바로 우리에게 운동자의 관점상 연구가 요구되기 때문이다. 그 구체적인 방법으로는 현상학적 체험연구법, 상징적 상호작용론에 입각한 접근법, 참여관찰, 사례연구, 심층면담, 민속학적 접근법 등 연구자의 의미 있는 체험을 바탕으로 연구될 수 있는 질적 연구 방법들이 있고 그 타당성은 학문 공동체에서 이미 인정받고 있다(김정명, 1995: 11)."

이러한 질적연구 혹은 현상학적 연구방법들에서 요구되는 것은 자신의 현장이나 체험을 논리적으로 서술할 수 있는 글쓰기 능력이다. 이러한 글쓰기는 운동경험을 가진 이들에게는 쉽지 않은 일이다. 그 이유는 글쓰기에 대한 교육의 부족과 운동자들의 게으름이 그 원인일 것이다. 이 문제는 차후의 과제도 남겨놓고 이 글에서 해결해야 할 기의 습득과 도의 체득을 가능하게 하는 것이 다름 아니라 글쓰기이다.

사람됨의 공부를 위한 구체적인 방법을 찾는다면 아마도 기의 습득과 도의 체득을 함께 추구할 수 있는 방법들 중에 그 하나가 글쓰기일 것이다. 글쓰기란 자신의 행위를 돌아볼 수 있는 반성적 차원의 형태를 지닌 행위이다. 이러한 맥락에서 박기동(1999)은 몸의 교육인 체육, 그 중에서 체육인문학에서 글쓰기에 대하여 다음과 같이 제시하고 있다: "우리가 체험현장연구를 비켜갈 수 없다면 여기에 필요한 최소한의 글쓰기로부터 나온다고 생각된다. 그러므로 우리 체육인문학에서 이러한 실천적인 글쓰기의 시급한 적용이 필요하다고 나는 여기서 주장한다. 궁극적으로 몸의 길은 공부론으로 귀결되며, 따라서 몸의 교육학이 성립할 수 있는 것이다. 몸의 교육학이라는 운동장을 가로지르는 지름길은 글쓰기라고 할 수 있겠다."

이러한 글쓰기는 자신의 몸의 움직임의 길을 확장하는 것은 물론 사람됨의 길을 인식하는 차원으로 전이 될 수 있다. 그렇다면 어떻게 글을 써야 한다는 문제인데 이점에 대해서는 다음의 글에서 찾을 수 있을 것이다: "체육에서의 참된 글쓰기는 스포츠체험을 통하여 진리를 체득한 운동하는 주체의 반성적 행위이며 사람됨의 지향활동이다. 이것은 이론과 실천의 통합적 행위이며, 살아 있는 우리(나)가 현실을 직시하고 그 속에서 대두되는 스포츠의 문제점을 발견하고 그것에 대하여 비판하고 대안을 제시하는 행위이다(이학준, 1999)."

글쓰기에 대하여 좀더 알아보기 위해서 사르트로의 예를 살펴볼 수 있다. 그는 글쓰기에 대하여 글쓰기는 다시 쓰는 작업(다시 생각하고, 다시 고찰하고, 다시 인식하는 과정)이라는 복합적인 과정을 거쳐야 한다고 보았다. 특히 그는 글을 쓰고, 다시 쓰는 것이 어떻게 깊이 있는 글쓰기를 지향하게 되는지에 대해 다음과 같이 말하고 있다: "계속해서 고쳐 나가고, 의미를 중층적으로 쌓아 나아감으로써 본질적인 의미의 모호성은 유지한 채 어떤 진실을 드러나게 하는 것이다. 이와 같이 글쓰기는 일사천리로 단번에 이루어지는 것이 아니다. 글을 쓰고(개정하고, 편집하는 과정까지 포함해서), 다시 쓰는 과정은 오히려 하나의 예술품을 만들어 내는 예술적인 행위를 연상시킨다(신경림·안규남 역, 1994: 175).

이상과 같이 진정한 체육공부를 위한 방법으로 글쓰기에 대하여 알아보았다. 여기서 말하는 글쓰기란 인문학적 글쓰기로서 개인의 운동경험에 대한 체험기술의 방법으로 글쓰는 자신의 일인칭화법으로 읽기, 수상록, 운동일기 등 개인중심의 글을 의미한다. 자유롭게 자신이 경험한 바를 활자화하는 작업이다. 이를 통해서 자신의 덕을 쌓는 반성적 행위를 수반할 수 있다. 그래서 사람됨을 위한 방법으로 글쓰기를 제시하고 싶은 것이다. 다음의 글에서 글쓰기의 목적을 알 수 있다: "글쓰기 혹은 자서전 쓰기를 통해 자신의 삶을 밀도화 시키자는 것이다. 글쓰기는 삶을 수세에서 공세로 수동성에서 능동성에로 전환시키는 탁월한 방법이다. 사회와 역사 안에서 자신의 삶과 존재를 돌보는 사람됨의 공부를 실천하자는 것이다(이왕주, 1998)."

요약

이 글에서 해결하고자 하였던 과제는 체육공부란 무엇인가였다. 이에 대하여 알 수 있었던 사실은 체육공부는 기의 습득 혹은 도의 체득, 어느 한쪽만을 의미하지 않고 모두를 의미한다는 것이었다. 이와 같은 사실은 지금까지 우리가 해왔던 체육공부를 살펴보면 잘 알 수 있다. 우리는 단지 체육공부는 기의 습득이라고 이해하고 이를 공부하여 왔을 뿐이다. 이 같은 공부는 한마디로 말한다면 반쪽공부에 지나지 않는다. 적어도 제대로 된 진정한 체육공부는 기의 습득과 도의 체득, 이 모두에서 찾아야 할 것이다.

우리가 체육에서 찾아야 하는 것은 경쟁을 통해 승리하고, 국위선양하고 자신의 명예를 얻는 차원에서 벗어나서 모두가 함께 더불어 즐겨야 한다는 생각을 가지고 체육을 통한 사람됨을 추구하는데서 체육공부의 목적을 찾을 수 있어야 할 것이다. 그 방향이 체육공부의 핵심이며 중심체이다. 이러한 목적을 이루기 위한 구체적인 작업 중에 하나로 저자는 반성적 차원에서의 글쓰기를 제안하였다.

글쓰기는 일반적으로 자신의 행위를 돌아볼 수 있는 반성적 차원의 행위를 요구하기 때문에 체육공부에서 요구되는 글쓰기 형태는 일기 형식에 해당되는 것이 아마도 적당할 것이다. 왜냐하면 일기 형식의 글쓰기는 자신의 움직임에 대한 체험을 진솔하게 표현할 뿐만 아니라 자신의 행위를 돌아볼 수 있는 성찰의 형태를 지닌 행위로서의 글쓰기 종류이기 때문이다. 이러한 글쓰기는 움직임의 길뿐만 아니라 사람됨의 길을 인식하고 실천하는 차원으로 전이 될 수 있다.

결국 체육공부는 기의 습득 혹은 도의 체득 어느 하나를 가르치는 것이 아니라 양자의 함께 공부하는 것이다. 여기서 기의 습득은 몸의 성장을 지향하고 도의 체득은 인간의 내면의 성숙과 개인의 인성함양을 지향하는 몸의 성숙에 해당한다. 여기서 도의 체득은 덕의 체득이라고 바뀌어 말할 수 있는데 덕은 사람됨을 의미한다.

체육공부는 사람됨 혹은 인간다움의 길에 대한 공부, 움직임의 길의 공부이며 깨달음의 공부이기도 하다. 이와 같은 체육공부는 현재의 체육이 '보다 빠르게, 보다 높게, 보다 강하게'라는 이념에서 자기자리를 상실하고 있는 현재에서 제자리를 찾을 수 있는 방법 중에 하나이다.

이와 같은 체육공부는 체육적 앎과 삶에서 技의 習得과 道의 體得을 실천하는데서 찾을 수 있다. 다음은 체육공부의 방향을 이해할 수 있는 글이다: "배움은 사람됨의 공부에서 시작해야 한다. 우리는 배운 만큼 달라지고 아는 만큼 변화할 수 있어야 한다. 앎 따로 삶 따로인 존재의 역사를 청산하지 않으면 안 된다(이왕주, 1998)."

PART 04
•

사람됨의 지향과 서사적 글쓰기[8)](8)

    최근에 발표된 <읽는 스포츠의 매혹: 서사적 글읽기를 통한 스포츠이해>를 읽은 후에 나의 생각을 이 글을 통하여 표현하려고 한다. 최의창의 <읽는 스포츠>에[9)](9) 대하여 많은 것들을 공감할 수 있었지만 아쉬운 점이 있다면 스포츠에 관한 글을 읽고 싶어도 우리의 구미에 맞는 책을 찾기란 쉽지 않다는 것이다. 이와 같은 경험을 해본 사람들은 아마도 알 것이다. 물론 최의창의 노력에 의하여 여러권의 번역 서적들을 읽을 수 있지만 우리의 운동선수들 자신의 운동체험에 대하여 직접적으로 언급한 책들은 쉽게 찾아볼 수가 없다. 그 이유는 운동선수에게 글쓰기가 쉽지 않은 일이

---

8) 2002년 움직임의 철학: 한국체육철학회지 10(2)에 발표함.

9) 읽는 스포츠란 스포츠에 관해 쓰여진 글을 읽는 것을 말한다. 스포츠에 관한 글의 종류는 다양하다. 신문에 실리는 짧은 스포츠기사로부터 장편으로 쓰여진 스포츠소설에 이르기까지 다채로운 모양새를 하고 있다(최의창, 2001: 3).

기 때문이다.

이런 점에서 나는 읽기보다는 쓰기가 더 필요하다고 말하고 싶다. 읽기는 쓰기 이후의 이차적인 문제이다. 물론 쓰기가 먼저냐, 읽기가 먼저냐 하는 문제는 닭이 먼저냐 계란이 먼저냐 하는 풀리지 않는 문제일 수 있다. 그러나 나에게 있어서는 쓰기가 읽기보다 선행한다는 것이다. 그 이유는 쓰기 스포츠가 제대로 된다면 읽는 스포츠의 즐거움은 그 다음 차원에서 다양하게 즐길 수 있기 때문이다.

운동선수들이 **운동체험**을 쓰지 않고는 도저히 그들의 수준 높은 스포츠체험의 깊이를 알아 낼 방법이 없다. 그들의 체험의 깊이를 알기 위해서는 내가 그들과 같은 수준의 스포츠 수준에 도달해야 하는데 그것은 불가능한 일이기 때문이다. 이런 차원에서 운동선수 혹은 스포츠참여자의 글쓰기가 제대로 이루어지지 않는다면, 우리는 읽기 스포츠의 즐거움을 경험할 수 없을지도 모른다.

우리는 그들의 체험에 대하여 제대로 이해 할 수 있는 방법이 없다. 가장 시급한 일은 **읽는 스포츠** 이전에 글쓰기가 필요하다는 것이다. 제대로 된 글쓰기가 쉽지 않은 운동선수들에게 이것은 어려운 과제라고 할 수 있다. 물론 이와 같은 사항은 정상적인 교육을 받지 않고 파행적으로 치닫고 있는 한국의 학교교육의 문제일수 있다. 왜냐하면 최의창이 소개한 글 속에서 그가 인용한 대부분의 책들은 미국의 예기들 뿐이다. 물론 예외적인 사항으로 양선규에 대하여 얘기하고 있지만 그는 글쓰는 일을 주업으로 한 소설가이지 운동선수는 아니라는 것이다. 그 만큼 우리 현실에서는 서사적 글쓰기를 제대로 하는 이들이 별로 없다는 얘기다. 특히 최의창이 말하는 서사적 스포츠는 아직은 미국에 국한된 것이고 우리에게 먼 나라 얘기에 불과하다.

　이와 같은 현실의 원인을 학생들의 공부형태에서 찾아 볼 수 있다. 학생들에게 과제를 내주면, 학생들은 오려내고 오려붙이기 식의 리포트에 익숙해져 있기 때문에 자신의 얘기를 논리적으로 쓰기란 어려운 일이다. 자신이 이해한 것과 자신의 생각을 자신의 언어로 표현하는 것이 무엇보다도 필요하고 그것이 자신의 주체성을 확립하는 일이기도 하다. 그럼에도 불구하고 제대로 된 글쓰기를 배우기가 어렵다는 것이다. 특히 운동선수에게 있어 글쓰기는 쉽지 않다. 정규 수업시간 뿐만 아니라 각종시합과 시합준비를 위한 수업결손은 운동선수들에게 공부할 시간을 빼았고 있는 현실에서 그들에게 글쓰기 교육을 시킨다는 것은 아주 어려운 일이다.

　한학기의 학생들의 제출한 수백편의 리포트를 읽다보면, 대부분이 다른 사람의 글을 자신이 쓴 글인 것처럼 적고 있다. 자신은 어디에 두고 남의 얘기만을 하는 경우가 있다. 이렇게 훈련된 학생들에게 정상적인 글쓰기란 어려운 일이 아닐수 없다. 그러므로 나는 운동선수 혹은 체육을 전공하는 학생들에게 글쓰기 교육이 필요하다고 생각한다. 이런 차원에서 우선적으로 체육의 참된 글쓰기의 조건에 대하여 알아보고, 다음으로 체육의 참된 글쓰기는 어떻게 해야 하는가에 대하여 다루고자 한다.

체육의 참된 글쓰기 조건

　글을 쓴다는 것은 어려운 일이다. 체계적인 글쓰기의 훈련도 없이 글을 쓴다는 것은 아무튼 힘든 일이다. 그것도 자신의 생각을 말과 글을 통해 표현한다는 것은 여간 힘들지 않을 수 없다. 그러나 우리의 현실은 어려운 과정 속에서나마 많은 글들이 발표되고 있다. 이런 글들에 대한 문제점은 여전히 유효하다.

여기서 문제점이란 무엇인가? 이러한 글들 가운데에는 자의식이 없고, 무엇을 말하려고 하는지 논의에 대한 빛깔을 잃고 있는 국적, 정체불명의 글들을 발견할 수 있다. 이런 종류의 글들은 고민의 흔적과 치열한 노력의 과정을 찾아보기가 어렵다. 단지 글을 위한 글에 불과하고, 다만 편집의 세련미를 찾아 볼 수 있을 뿐이다.

여하튼 우리는 우리의 말과 글을 가지고 우리의 생각을 표현해야 하는 것을 주임무로 하고 있다. 그것은 우리가 체육에 대한 사랑과 열정을 가지고 맺어진 상태에서 비롯된다. 현실적 경험을 통해 잉태한 생명체(글)는 소중한 우리의 지적 자산이 된다. 그렇지 않고 국적불명과 우리현실을 벗어나 이루어진 결과물(글)에 대하여 우리는 좋은 시선을 보낼 수 없다. 그것들은 우리들의 현실에 대하여 외면하고 먼 나라의 얘기에 불과하기 때문이다. 우리가 공부를 하는 것이 현학적이기보다는 현실적인 문제에 대한 해결과 그 결과를 통해 사회변혁을 시도하여 보다 좋은 삶을 이루려고 하는데 있다. 이런 관점에서 이성용은 다음과 같이 말한다.

오직 서구화됨으로써 모든 한국의 문제는 해결된다는 것이다. 우리의 주체성은 없다. 이런 사고는 주입식 암기 위주 교육방식에 의해 더욱 강화되었다. 결과적으로 외국 사회과학이론을 목표로 삼고 우리 사회 현상을 수단으로 삼을 경우, 이론과 실제의 괴리는 영원히 해결될 수 없는 숙제로 남기 쉽다. 그러한 비현실적 사회과학은 우리 국민에게 실망만을 안겨주는 학문이 되기 쉽다(이성용, 1999 : 263).

이와 같이 우리체육 혹은 한국체육의 이론을 위해서 우리가 어떻게 체육에서 글쓰기를 해야 하는가에 대한 생각들을 모아서 나름대로의 의견을 다룬다.

첫째, 글쓰기는 머리와 기교가 아니라 마음 속의 심안과 느낌의 감동으로 써야 한다고 말하면 무슨 괴변이라고 반박하는 사람들이 있을 것이다. 지금까지 우리는 논리와 형식에 고려하여 글을 써야 한다고 배워 왔기 때문이다. 어째든 여기서 말하고자 하는 바는 머리와 기교의 논문 쓰기는 형식에 고정되어 내용과 뜻을 죽일 수 있음을 경계하여 극단적으로 말한 것이다. 논문은 뜻의 전달에 있지 형식에 치우쳐 보기 좋은 모습으로 치장하는 것에 있지 않기 때문이다.

둘째, 체육, 스포츠에 사랑과 열정이 없이 쓰여지는 글은 죽은 글이다. 글 속에 고민의 흔적이 베여있어야 한다. 자의식 없는 글자의 나열은 생명력이 소실된 무표정한 허수아비의 모습을 한 글자로 남을 뿐이다. 이러한 글은 논문을 위한 논문, 평가, 업적을 위한 글 일뿐이다. 또한 읽히지 않는 글은 글의 생명력이 손실된 미아이다. 우리는 홀로된 시간과 공간 속에서 치열한 자기 투쟁의 과정에서 산모가 아기를 분만할 때의 산모의 고통에는 버금가지 못하지만 일정한 고통 속에서 글에 생명을 부여한다. 만약 그러한 글이 읽히지 않는다면, 그 글은 생명을 잃고 성장하지 못하고 쓰레기통 속으로 사라져 버리고 말 것이다. 글은 읽히고 그것을 토대로 논의와 비판을 통해 성장하고 성숙한 생명체로 존재할 수 있어야 한다. 그러한 글들은 다시 현실과 결합하여 새로운 생명체를 탄생시킬 수 있다. 그렇지 않고 홀로 존재한다면 글은 현실인식이 결여된 이유로 더 이상 존재하지 못하고 배제 당하고 만다.

셋째, 더 이상 자기를 죽이지 말자. 우리는 자신의 목소리 심지어 자신을 죽이고 심지어 학대를 한다. 우리가 생산하는 글 속에는 서양학자들의 이름이 즐비하게 나열되어 있다. 과연 그들의 목소리에 우리는 순종하고 그들을 학문적 아비로 불러야 하는가. 엄연히 우리는 이 땅에 아비와 어미를 가지고 있는데 그러한 모순을 자초하지 말아야 한다. 더 이상 자기를 죽이는 일은 하지 말아야 한다.

자신의 목소리를 내자. 자신의 살아있는 생동감 넘치는 목소리로 자신이 경험하고 고민한 결과와 후배에게 들려주고 싶은 이야기를 술자리가 아니라 글을 통해 말할 필요가 있다. 그러기 위해서 우리는 우리의 문화와 학문을 위해 분투해야 한다. 그 긴 시간 동안 힘없이, 아무 저항 없이 우리의 아들딸들에게 또 다시 학문적 식민지의 노예로 만들지 말아야 한다. 그들이 살아야 할 곳은 자유와 해방된 공간에서 우리의 아비와 어미의 자양분을 가지고 살아갈 수 있는 토양이다. 그래야 한국적 체육이론이란 풍성한 곡식을 거두어들일 수 있다. 그렇다면 참된 글쓰기란 무엇인가?

체육의 참된 글쓰기

참된 글쓰기는 고전과 현대, 전통과 미래 사이에서 균형을 잡는다. 사유한다는 것, 그것은 사유의 역사와, 철학사와 끊임없이 대화하는 것이며, 동시에 변화해 가는 현실과 닥쳐오는 미래를 응시하는 것이

다. 철학사와의 대화가 없는 사유(비사유)는 문명비판, 평론, 수필 등
은 될지 몰라도 철학은 아니다. 반면 지금 살아 움직이고 있는 현실
에의 응시가 없는 사유(비사유)는 죽은 언어를 나열하는 훈고학이다.
사유는 문화평론도 훈고학도 아니다. 참된 사유는 철학사와 끊임없이
대화하면서 지금 우리의 현실을 응시할 때 성립한다. 그것이 살아있
는 사유의 글쓰기이다(이정우, 1997: 185-186).

이정우의 말처럼 우리는 서양 양아비를 섬겨야 하는가. 우리가
하고 있는 학이란 선진학문을 접한 이들의 수입된 수입품이다. 그
것들을 진리로 여기고 우리 현실과는 괴리가 있는 것을 우리 현실
에 적응시키려고 분투한다. 외국인의 멋있는 신발은 그들의 발에
맞는 신이지 우리에게는 신을 수 없는 무용지물에 불과하다. 학이
란 그 시대의 상황과 맥락에서 크게 의존하는 것이다. 그러한 씨
를 우리 땅에 뿌린다고 같은 수확을 기대할 수 없다. 토양과 기후
가 맞지 않은 상태에서 더 이상 성장을 바라는 것은 무모한 짓이
다. 우리는 더 이상 현실에서 벗어난 죽은 언어를 나열하는 훈고
학을 해서는 안 된다. 그러한 행위는 아무런 도움을 줄 수 없는
맹목적이고 현학적인 글쓰기의 태도이다. 그것은 죽은 언어이고
아무도 관심을 가지지 않는 버려진 것에 불과하다.
　우리 주위의 논문들에 대하여 관심을 가지고 한번이라도 본 사
람이라면 이상한 점을 발견할 수 있을 것이다. 무조건 사대주의적
사고에서 비롯된 글쓴이들의 모습(글)을 볼 수 있을 것이다. 참고
문헌은 영어로 된 글들이 태반이다. 우리가 50년 이상 이 땅에서
체육이란 것에 고민하고 생산해 놓은 글들이 많은 데 우리는 스스
로 그런 글들을 텍스트로 삼지 않는다. 그 글들은 우리의 현실을
통하여 잉태해 낸 결과물들인데도 불구하고 우리는 그것들을 홀

대한다. 그리고 외제만을 선호한다. 외제가 우리 몸에 맞지 않아도 외제상표를 과시하고 현학적이고 싶어서 상표를 항상 우리 몸에 감싸고 생활한다. 그렇다고 우리가 외국인이 되는 것은 더군다나 아니다. 우리의 몸은 우리의 몸에 맞는 옷을 입히자. 그래야 멋이 나고 기품도 생기는 것이다. 이런 의미에서 참된 글쓰기에 대하여 알아보자.

> 참된 글쓰기는 미국의 패권주의에 저항한다. 미국문화에서 하루빨리 벗어나야 한다. 오늘날 한국의 지식인들은 미국분교에서 강의하고 있다. 그들이 사용하는 교제, 구사하는 어휘, 나아가 사고 방식 자체까지도 철저히 미국적이기 때문이다. 우리는 영어 지상주의에서 벗어나지 못하고 있다. 오늘날 한국에서 참된 글쓰기란 이러한 영어 지상주의, 미국 패권주의에 대항하는 것이다. 이는 미국을 배제하는 것이 아니라 세계문화에 대한 균형 잡힌 시각을 가지고서 학문해야 함을 의미하는 것이다(이정우, 1997: 183).

이상으로 인문학에서 논의되고 있는 글쓰기에 대한 이정우의 생각을 교감하면서 체육에서 글쓰기를 어떻게 해야 하는가 하는 생각들을 나열했다. 글쓰기는 현실과 현상을 직시하여 과거와 교감하고 미래를 투시할 수 있는 것이 되어야 한다. 더 이상 한국적 현실을 떠나는 글을 써서는 안 된다. 왜냐하면 우리는 이곳 한국에 살고 있고, 한국인의 삶의 질과 문화에 일조 하여야하기 때문이다. 그래서 한국적 상황에서 고민과 사랑으로 체육을 위해 글쓰기를 통하여 서로의 고민을 토해내어야 한다. 이러한 관점에서 이정우는 다음과 같이 말한다.

참된 글쓰기는 과학, 철학, 예술의 교차점에서 성립한다. 무엇보다도 참된 글쓰기는 철학적 깊이를 갖춘 글쓰기이다. 논리적 분석, 개념의 명료화, 사유의 깊이를 담고 있는 글이야말로 참된 글쓰기인 것이다. 철학적 글쓰기는 언어의 뼈대를 형성한다. 나아가 참된 글쓰기는 과학적 정확성을 추구한다. 자신이 하는 말의 실증적 근거를 추구하는 것이다. 과학적 글쓰기는 언어의 살을 형성한다. 더 나아가 참된 글쓰기는 문학적 생동감을 추구한다. 참된 글쓰기는 음악적 율동과 기의 응축을 담고 있는 문학적 글쓰기를 추구한다. 문학적 글쓰기는 언어의 피이다. 철학적 뼈대, 과학적 살, 문학적 핏기가 제대로 갖추어졌을 때, 이상적인 글쓰기는 이루어진다. 철학적 깊이, 과학적 정확성, 문학적 생동감을 동시에 갖춘 글쓰기의 이상적인 글쓰기로 나아가야 한다(이정우, 1997: 186−187).

이러한 참된 글쓰기를 위해서는 자기 목소리를 가지고 글쓰기를 할 필요가 있다. 그리고 자의식 있는 글쓰기가 되어야 한다. 자기도 모르는 글을 나열하거나 현학적이 되어서는 안 된다. 독자를 생각하고 읽기 쉽게 글쓰기를 하여야 한다. 글은 한번에 만들어지는 것이 아니다. 끊임없는 문제의식과 고민과 그리고 체육의 사랑과 열정 속에서 글쓰기는 시작될 수 있다. 그리고 지속적인 수정과 첨삭의 퇴고과정을 거쳐 글의 생명을 얻고 세상에 나올 수 있어야 한다. 거기에는 거짓도 허위의식도 개입하지 말아야 한다. 글쓰는 사람의 양심을 기준으로 삼아 표절과 남을 현혹하는 글쓰기 철학은 버려야 할 것이다.

현재 체육에 관련된 601권의 도서가 발행되어 유통되고 있다.[10] 이 중에서 연구서적은 좀처럼 찾아보기 어렵다. 대부분이

---

10) 2002년 11월30일 현재, 교보문고(www.kyobobook.co.kr)에서 체육 247권의 도서와 스포츠 354권의 도서를 찾을 수가 있었다.

개론서들로 주류를 이루고 있다. 문제는 개론서의 내용이 상호간 비슷하다는 것이다. 아니 그 보다 문제는 같은 내용의 서적도 볼 수 있다. 많은 책들이 발행되는 것은 좋은 일이다. 그러나 자신의 지식이 아닌 것을 자신의 지식인양 표절하여 짜깁기로 엮어 놓은 책들이 유통되는 현실이 마음을 아프게 한다. 또한 교수평가제로 인한 업적 쌓기를 위한 책 만들기가 횡행하고 있다. 책은 학문적 열정에서 생산되어야지 업적과 이익을 위한 수단으로 생산되어서는 안 된다. 다음의 글은 우리가 어떤 입장에서 책을 생산해야 하는가를 자세히 나열하고 있다.

내가 보기에 너는 일찍 죽을 것 같지도 않은데 무엇이 바빠서 저술에 급급해 하는가? 육십 이전에 책을 쓰지 말아라. 꾸준히 논문을 써 가되, 너의 학설을 결론짓지 마라. 지금 너의 학문이 대성한 양 저술을 하면 이 담에 늙어서 후회하게 된다. 그때 가서 너의 지난날의 저술을 수거하거나 고치는 데 어려움을 겪을 것이며, 그보다도 중요한 문제는 너의 글이 결국은 남을 속이고 남에게 미혹을 주는 것이 될 것이니 그 책임을 어떻게 지려하는가?(김충렬, 1994 : 4) [11]

사람됨의 지향과 서사적 글쓰기

문장이 정확한지 그렇지 않은지 하는 문제는 그 문장을 생성한 인격의 가치를 시험하는 수단이 될 수 있다. 언어가 정확하다는 것은 삶의 중요한 목표이다. 언어가 정확하지 않다면 아무 것도

---

11) 스승 방동미 선생님이 저자의 40대의 처녀 출판한 책을 봉정 받고 한 말이다.

유효하게 전달할 수 없기 때문이다. 바른 문장을 쓸 수 있다는 것은 어떤 의미에서는 인격 연마의 결과라고 할 수 있으며 문장에 대한 훈련은 인간성 교육의 시작이라고 할 수 있다. 우리는 글쓰기를 전쟁에 비유해 볼 수도 있을 것이다. 전쟁에 과학적인 장비와 원활한 병참 체계를 갖추어야 하듯이 정확한 지식과 많은 훈련이 필요하듯이 글짓기도 독자가 이해하기 쉽게 표현되어야 한다. 나폴레옹은 총으로 싸우지 않고 병사들의 발로 싸웠다고 말했지만, 글쓰기에도 단순한 지식만이 아니라 몸소 겪는 체험이 중요하다. 한 지점에 화력을 집중해야 하듯이 핵심을 향해 한 방울도 남김 없이 집중할 수 있어야 하며, 분산 고립된 적을 공격한 후에 집결된 적을 공격하듯이 용이한 내용을 먼저 논술하고 심오한 내용을 논파해야 한다.12)

글짓기는 관련문헌의 숙지도가 필요하다. 읽지도 않고 말할 수 없다. 같은 문제도 누군가 발표했던 것을 다시 반복하는 경우도 생긴다. 이것은 시간낭비라고 말할 수 있다. 우리는 글짓기를 하기 전에 관련 논문이나 서적을 철저히 읽는 것이 참된 글쓰기의 지름길이다. 그러한 절차가 필요하다. 이러한 일련의 절차를 하지 않고는 글쓰기를 잘하려고 생각하는 자체도 무리한 바람이라고 할 수 있다. 읽고 말하고 써야한다. 이것이 참된 글쓰기의 핵심이다. 더불어 선배와 동학들에 대한 글을 쓰는 예의이기도 하다.

또한 글쓰기를 잘하려면 현장체험이 필요하다. 운동을 잘하려면 몸의 훈련과정이 필요한 것처럼 그 만큼의 글쓰기 훈련이 필요하다는 뜻이다. 자신을 죽이는 일보다는 자기를 살리는 글이 필요

---

12) 고려대학교 대학국어편찬실(1995). 언어와 표현. 서울: 고려대학교 출판부.

하다. 이것은 체육에 대한 사랑과 열정에서 비롯되는 자의식이 투철한 글쓰기이다. 더 이상 자의식이 상실된 글쓰기는 지속되지 말아야 한다. 그것은 사생아를 낳는 것과 다르지 않다. 그래서 풍부한 인문학적 토양을 쌓아야 할 것이다.

이 외에도 참된 글쓰기는 한 번에 완성하는 것이 아니라 여러 번의 개작 작업을 통하여 하나의 의미체를 만들어 내는 일이다. 다시 말해서 글쓰기 작업은 다시 쓰는 작업(다시 생각하고, 다시 고찰하고, 다시 인식하는 과정)이라는 복합적인 과정을 거쳐야 한다. 사르트로는 글을 쓰고, 다시 쓰는 것이 어떻게 깊이 있는 글쓰기를 지향하게 되는지에 대해 다음과 같이 말한다. "계속해서 고쳐 나가고, 의미를 중층적으로 쌓아 나감으로써 본질적인 의미의 모호성은 유지한 채 어떤 진실을 드러나게 하는 것이다." 이와 같이 깊이 있는 글쓰기는 일사천리로 단번에 이루어지는 것이 아니다. 글을 쓰고(개정하고, 편집하는 과정까지 포함해서), 다시 쓰는 과정은 오히려 하나의 예술품을 만들어 내는 예술적인 행위를 연상시킨다. 그 예술품은 작가의 개인적인 서명이 들어가는 정교하게 다듬어진 작품의 경지에 도달하기 위해서 어느 방향에서든지, 전체와 부분의 조화를 살피면서 계속 접근해야 할 대상이다[13].

또한 글쓰기는 반성적 행위에서 비롯되는 일이다. 반성적 차원의 과정을 거치지 않고는 참된 글쓰기에 도달하기가 어렵다. 인문학의 글쓰기(서사적 글쓰기)는 주관적인 글쓰기이며 이는 철저한 반

---

13) 밴 매넌(1994). 체험연구. 신경림, 안규남 역. 서울: 동녘. pp.175-176. 글을 쓴다는 것은 의미 있는 관계를 만들어 가는 것을 의미한다. 의미 있는 관계들의 패턴은 이른바 이론이라고 부르는 담론적 전체로 응집된다. 글을 쓰고 이론화된다는 것은 의미 있는 관계를 언어로, 텍스트로 옮기는 것이다.

성적 행위에서 비롯된다. 이는 철학사에서 일관된 모습을 볼 수 있다. 플라톤, 데카르트, 하이데거, 니체의 글들은 주관적인 글쓰기의 결과물이다. 자신의 반성적 고찰을 통해 자신을 연구의 주제로 선택하여 반성하고 그 가운데 얻는 결과로 글을 쓴 것이다. 체육에서도 역시 개인의 스포츠 참여를 통하여 얻게 되는 스포츠 체험의 세계를 바탕으로 반성적 행위에서 글쓰기는 시작되고 그 가운데 참된 글쓰기가 이루어진다.

요약

지금까지의 내용을 정리한다면 체육에서 참된 글쓰기란 "스포츠 체험을 통하여 체득된 지식을 가진 운동하는 주체의 반성적 행위이면 그것을 통해 사람됨의 지향 활동이다. 이것은 이론과 실천의 통합적 행위이며, 살아있는 우리(나)가 스포츠현실을 직시하고 그 속에서 대두되는 스포츠의 문제점을 발견하고 그것에 대하여 비판하고 대안을 제시하는 행위이다."

이와 같이 참된 글쓰기(서사적 스포츠)를 위해서는 운동하는 이들의 글쓰기 교육이 일차적으로 선행되어져야 한다. 제대로 된 글쓰기 교육을 받지 않고서 참된 글쓰기란 먼 나라의 이야기에 불과하다. 지금부터라도 운동선수 혹은 운동하는 사람들의 현장체험의 바탕으로 한 글쓰기가 이루어질 필요가 있다. 그런 다음에 읽는 스포츠의 즐거움을 향유할 수 있다.

이를 위해서는 학교체육, 교양체육 수업을 듣는 학생들에게 자신의 운동일기를 적게 해서 그들의 운동학습의 문제점을 반성할 수 있는 계기를 만들어 주어야 한다. 그래야 각자 스스로 문제를 제기하고 그것을 해결하고, 자신의 사람됨을 형성하는데 도움을 받을 수 있다. 운동일기는 적어도 형식적 일기가 아니라 진실한 운동경험에 대한 자신의 평가를 스스로 할 수 있는 운동일기가 되어야 한다. 그것이 인문학적 혹은 서사적 글쓰기의 이유이며 사람됨을 형성할 수 있는 토대이다. 쓰기 스포츠가 제대로 이루어진다면, 그 다음으로 최의창이 말하는 읽기 스포츠의 즐거움이 가능하다. 늦었다고 생각될 때가 가장 빠른 시기라는 옛말을 상기해보자.

수행과 체육학 글쓰기14)

　최근 체육논리 및 논술이 체육교육과 또는 체육계열 학과 교과
과정으로 개설되면서 글쓰기에 대하여 많은 관심들을 보여주고
있다.15) 다른 분야에도 역시 교과논리 및 논술 과목이 개설되어
있다. 체육학 글쓰기는 다른 교과와 어떤 성격에서 차이를 들어내
고, 그 차이를 부각시키기 위하여 글쓰기를 어떻게 활용할 것인가
에 대한 관심이 높다. 차이를 발견하고 활용할 수 없다면 체육논
리 및 논술은 일반적 글쓰기와 차이가 없다. 차이는 문제 대상이
체육이라는 것뿐이다. 체육과 다른 분야에서 행하는 글쓰기의 차
이는 무엇인가. 분명히 체육은 신체활동이라는 체험현상이 존재하
기 때문에 몸으로 배우는 공부로서 다른 교과와 차이점이 있다.

---

14) 2012년 스포츠인류학연구 11(1)에 발표함.
15) 김동규, 2002; 이학준, 신현군, 2002; 박기동, 2004, 2006; 이학준, 2006; 서장
　원, 2007, 2008; 최원준, 김진희, 2009.

이 체험을 가지고 글쓰기와 연결시킬 수 있다면, 체육학 글쓰기는 독창성을 가질 수 있다.

체육학에서 글쓰기는 과제나 시험문제 풀이를 하는 데 필요한 것인가 혹은 그 이상의 쓰임이 없는 것인가 하는 문제를 제기할 수 있다. 그것도 아니면 대학원에 진학하여 만나게 되는 체육학연구법과 논문작성법의 하나로써 연구논문을 위한 학술적 글쓰기를 생각할 수 있다. 이 모든 것이 체육학 글쓰기의 전부라고 할 수 있을까? 과연 체육학 글쓰기를 통해서 우리가 얻을 수 있는 것은 무엇인가. 기존의 글쓰기와 체육학 글쓰기는 어떻게 다른가. 그 다른 것은 어떤 쓰임이 있는가를 밝힐 수 있다면 해결될 수 있는 문제들이다.

체육학 글쓰기의 효용으로 **소통능력**을 강화하고 **표현능력**과 논리력 증가를 말한다. 이 외에는 설득력을 강화할 수 있는 효과로 '**수행으로써 체육학 글쓰기**'를 말하려고 하는 것이다. 체육이나 무도를 하는 사람들은 일종의 신체를 통해서 고통을 체험하고 그 과정을 극복하는 수행의 과정을 만나게 된다. 그 수행은 운동과 글쓰기를 통해서 자아를 발견하게 된다.

운동하는 과정에서 체험하게 되는 신체의 고통은 크다. 그 고통 때문에 때로는 운동을 포기하는 선수들과 사람들이 생겨난다. 마라톤 선수가 혼자 외롭게 42,195 km 달리는 고통은 엄청나다. 물론 '러너 하이(runner high)'라는 절정체험이 존재하지만 즐거움만 있는 것이 아니라 고통과 싸워야 한다는 것이다. 고통과 싸운다는 것은 일종의 자기 극복 과정이며 깨달음의 과정이다. 깨달음은 종교인의 경우만 해당하는 것이 아니라 전문선수와 일반인 모두에게 해당된다. 성숙을 향한 깨달음은 정신적 성숙뿐만 아니라 신체

적 수행을 통한 깨달음을 통해서도 얻게 된다. 그 깨달음은 신체
활동으로 끝나는 것이 아니라 반성적 행위로서 글쓰기를 통해서
한층 강화될 수 있다.

이 글의 목적은 일반적인 글쓰기의 효과를 검토하고 '수행으로
써 체육학 글쓰기'를 알아보는 데 있다. 물론 글쓰기 수행은 소홍
렬(2009)의 생각에 의존하고 있다. 그는 "글쓰기가 또 하나의 수행
방법이 될 수 있다"고 말한다. 수행으로써 글쓰기가 어떻게 체육
학 글쓰기에서 활용되고 체육학 글쓰기의 새로운 효과라는 것을
입증해야 한다. 이를 위해서는 기존의 글쓰기 효과를 검토해 보고
이것들과 차별화 할 수 있는 글쓰기로 '수행으로써 체육학 글쓰
기'에 대하여 알아본다. 방법으로는 기존의 글쓰기 관련 서적 및
논문과 체육학 분야에서 연구된 선행연구들을 검토하여 글쓰기의
효과를 확인하였고, 다음으로 수행으로써 체육학 글쓰기에 대하여
탐구하였다.

수행과 글쓰기

수행의 목적은 득도(得道)이다. 도를 얻는 것, 그런데 도를 얻는
것은 다른 말이 아니라 나를 찾는 길이다. 도의 내용은 참된 자신
의 모습이고, 얻는다는 것은 그것을 발견하는 것이다. 참된 자신
의 모습을 발견하는 일이 바로 도를 깨우치는 일이다. 도를 깨우
치기 위해서는 도를 닦아야만 한다. 그래서 수행을 수도(修道)라고
도 부르는 것이다. 이렇듯 수행은 손쉽게 행해지지 못하는 일로
서, 선택된 혹은 선택한 소수의 사람들에게만 적용되던 표현이요,

용어이다. 수행이란 그만큼 보통 일이 아니었던 것이다(최의창, 2010: 127).

수행은 우리말로 하면 몸 닦기라고 할 수 있다. 몸을 닦는 것은 목욕탕에서 때를 닦는 것만이 아니라 우리 내면에 쌓인 때(시기, 질투, 미움)를 닦는 행위이다. 몸을 닦는 행위는 몸에만 한정된 것이 아니라 마음과 연결되어 있기에 궁극적으로 인성을 함양한다는 목적을 가지고 있다. 동양에서 몸과 마음은 하나라는 심신일여의 생각이 지배적이었다. 그렇기 때문에 몸을 닦아서 마음을 높이는 일이 가능하다고 생각했다. 인간이 지향하는 것은 인격이라는 인성을 함양하는 것이다. 이 지상의 다른 피조물과 인간이 차이를 가지는 것은 인성이라는 부분이다. 인간은 자아초월성이라는 자기를 객관화 할 수 있는 능력을 가지고 있기에 자아를 닦아서 인성을 도야할 수 있는 것이다.

운동 자체를 통해서 수행이 가능하다는 최의창(2010)의 주장이 있다. 그는 "현대 생활 속에서 자기를 찾기 위하여 할 수 있는 자기 수련의 활동으로서 운동은 최적격이라고 할 수 있다"고 주장한다. 그 가능근거는 운동을 하면서 마음 자세를 잡는 것에서 찾고 있다. 그래서 그는 "신체의 수련과 정신의 수양을 통하여 영혼의 수행이 이루어짐으로써 자아의 발견이 완성될 수 있으며 이것이 자기수행으로써 운동수행이다."라고 강조한다. 이 같은 주장은 일리가 있는 주장이다. 따라서 저자는 운동수행과 병행해서 운동 이후의 글쓰기에서 수행의 가능성을 찾고자 하였다. 운동 그 자체도 수행이 가능하지만 마음공부라고 할 수 있는 성찰이 가능한 글쓰기에서 수행의 가능성을 엿보는 것이다. 분명 글쓰기와 운동은 수행과 관련성이 있음을 알 수 있다. 그 외에도 글쓰기는 여러 효과가 있다. 대표적인 것이 논리력과 표현력이다.

글쓰기의 효과로 말해지는 것들은 논리력과 표현력의 향상이다. 이외에 다양한 효과를 제시하고 있지만 앞의 효과에 대한 부연 설명이라고 보면 된다. 최근에는 소통능력 향상이라는 효과를 내세운다. 어떻게 보면 소통능력 역시 표현력의 확장이라고 할 수 있다. 자신의 생각을 글로써 잘 들러낼 수 있다면 상대와 오해 없이 소통을 빠르게 진행할 수 있다. 그렇기 때문에 소통능력 역시 일종의 표현력이라고 할 수 있다. 글쓰기 효과에 대하여 구체적으로 알아보자.

첫째, 논리력의 향상에 대하여 알아보자. 글쓰기는 논리력 향상에 기여한다.[16] 글은 논리와 리듬으로 구성되어 있다. 주어와 술어가 불일치하며 애매한 문장이 되기 때문에 무슨 뜻인지 도저히 알아 낼 수가 없다. 전후논리가 일치해야 뜻이 분명하게 전달된다. 글쓰기는 그 자체가 논리이다. 논리적으로 언어를 표현하는 것이기 때문에 자연적으로 논리력이 향상된다. 논리가 없는 글은 무의미하며 아무런 뜻을 전달하지 못한다. 소통하기 위해서 논리가 필요하며 그 논리가 소통을 가능하게 한다. 자신의 주장을 상대에게 설득시키기 위해서는 근거를 제시하여 설득해야 한다. 근거 찾기와 그 근거를 가지고 논리적 체계를 구성해서 쓰는 글쓰기 과정을 통해서 논리적 향상을 가져올 수 있다.

논리력은 일상생활에서 합리적인 문제 인식과 문제를 해결하는 데 유용하다. 논리력은 사고훈련 혹은 생각연습을 통해서 향상시킬 수 있는 부분이다. 논리력은 유전적으로 타고나는 것이라기보

---

16) 강순전, 2009, 2010; 서정혁, 2008; 이재훈, 2008; 하병학, 2005; 윤상철, 2007; 김광수, 2006: 박정하, 2003, 2007; Temizkan, Mehmet, 2011.

다는 일종의 **생각연습**을 통해서 가능한 것이다. 트레이닝은 신체에 준 부하(운동 강도)의 극복과정이라고 한다면, 글쓰기는 신체에 부담(고민, 문제의식)을 주고 그것을 극복하도록 독려하는 행위이다. 생각연습이 철저하게 행해지면 도움을 얻을 수 있는 것이 글쓰기이다. 글 쓰는 자체는 일종의 **논리연습**이며 그 연습이 길어지게 되며 자연적으로 논리력이 향상된다.

둘째, 표현능력의 향상이다. 글쓰기는 표현능력을 향상시킨다.[17] 표현능력은 글쓰기 훈련을 통해서 다양한 표현방식을 익히고 훈련하는 과정에서 체득될 수 있는 부분이다. 소통능력은 내가 얼마나 잘 표현할 수 있느냐에 따라서 결정된다. 감성의 동감을 얻기 위해서는 문학적 글쓰기가 맞고, 이성적 설득을 위한다면 논리적 글쓰기가 필요하다. 독자와 상대가 누군가에 따라서 다양한 표현방식을 동원해서 사용하면 분명히 자신의 생각을 오해 없이 바로 전할 수 있다. 이 점에서 글쓰기의 표현능력이 요구된다. 표현능력은 글쓰기 훈련을 통해서 향상될 수 있다는 것은 부인할 수 없는 사실이다.

앞의 주장들은 일반적인 글쓰기의 효과라고 할 수 있다. 글쓰기 훈련을 통해서 논리와 논술능력을 강화시킬 수 있을 뿐 아니라 표현능력의 향상을 기대할 수 있다. 체계적인 글쓰기 훈련을 통해서 표현력과 논리력 향상은 가능하다. 문학적 글쓰기는 천부적인 재능이 필요하지만 논리력과 표현력 강화를 위한 논증적 글쓰기는 훈련을 통해 가능한 부분이다. 이외에 체육학 글쓰기에서 다른 글쓰기와 차별화 할 수 있을 뿐만 아니라 체육학 글쓰기의 특징을

---

17) 배석원, 2007; 이광모, 2007; 한귀은, 2007a, 2007b; 박구용, 2007; 김용석, 2006; Behrmen, Edward H, 2004.

가장 잘 살릴 수 있는 글쓰기는 '수행으로써 체육학 글쓰기'라는
점이다. 이에 대하여 상세하게 알아보자.

수행으로써 체육학 글쓰기

체육학의 참된 글쓰기는 서사적 글쓰기를 통한 사람됨에 목적
이 있다. 사람됨은 모든 공부의 목적이다.[18] 수행으로써 체육학
글쓰기 역시 마음의 성숙에 도달하려고 하는 것은 사람됨과 일치
한다. 창조적 글쓰기는 수행의 과정이다. 고통을 창조 작업으로
승화시켜 가는 수행으로 글쓰기는 하나의 수행방법이 될 수 있다.
글쓰기를 통하여 수도자가 성취하는 깨달음이나 자기성찰 또는
자아발견이 이루어 질 수 있다는 것이다. 수행으로써의 글쓰기가
강조되는 이유이다(소홍렬, 2009). 수행으로써 체육학 글쓰기의 효과
는 고통의 창조적 승화, 자아의 발견, 마음의 성숙에서 찾아보았다.

◉ 고통의 창조적 승화

우리가 불행하다는 것은 고통의 순간이 쾌락의 순간 보다 더
자주 만나기 때문이다. "고통은 괴로움과 아픔의 의미를 함축한
다. 일반적으로 괴로움은 정신적 차원의 고통을 뜻하고, 아픔은
신체적 통증을 뜻하지만 고통은 이 두 가지 차원을 모두 포함한
다"(강영욱, 2007: 63). 행복한 것은 쾌락의 시간이 더 많이 접한다는
것이다. 누구나 고통보다는 쾌락을 추구하게 된다. 쾌락이라는 말

---

18) 이학준, 신현군, 2002; 이학준, 2006.

이 육체적 쾌락 및 성애로 오해할 수 있기 때문에 재미의 추구로 환언하여 표현하게 된다면 고통은 창조적으로 승화 될 수 있다. 모든 문화나 창조물은 고통의 산물이다. 수준 높은 스포츠 기술은 수많은 고통과의 싸움에서 승리하여 도달할 수 있는 단계이다. 고통에 좌절하게 되면 접근 할 수 없는 것이 신체의 탁월성으로 대변되는 단계이다. 고통이 고통으로 끝나게 되면 아무런 의미를 찾지 못한다. 의미 있는 것으로 만들기 위해서는 고통을 창조적으로 승화시켜야 한다.

운동선수 혹은 운동을 하는 사람에게 넘어서야 하는 것 중에 하나가 바로 고통의 순간이다. 일종의 사점(dead point, 죽을 것 같은 고통스러운 순간)이라고 하는 죽음의 순간을 넘어서야 운동하기 좋은 상태에 도달하게 된다. 고통의 순간은 피할 수 없는 것이 운동하는 과정이다. 고통을 극복하지 못하면 다음 고통으로 인한 부담감을 가질 수 있다. 고통은 완성된 동작을 향한 과정이라는 인식과 고통을 넘어서려는 의지가 함께한다. 순간의 고통을 미래의 모습과 창조적인 행위로 승화시킬 수 있는 순간이다. 고통의 단계를 넘어서지 않고 발전은 없다. 꾸준한 연습과 노력하는 과정에서 고통을 극복하고 한 단계 성숙한 과정으로 나갈 수 있다.

고통은 인내력을 요구한다. 고통 없이 얻어지는 일은 소중하지 않다. 모든 것을 성취하기 위해서는 고통이 따르기 마련이다. 고통의 순간을 이겨서 자기 자신의 생각을 명확하게 가질 수 있다. 지구력 스포츠(endurance sport)는 바로 인간의 가장 힘든 고통스러운 순간을 극복하고 자신의 의지에 따라서 행동하게 한다. 고통은 항상 나쁜 것이라고 하기 보다는 자신을 단련하는 최고의 기회라는 인식이 필요하며 그 기회를 살릴 수 있다면 효과를 기대할 있다. 고통을 즐길 수 있다면 무엇인가 성취하는 것이 있다. 고통 때문에 좌절하고 중도에 포기하게 되면 남는 것은 아무것도 없다. 그렇기 때문에 고통의 창조적 승화가 필요하며, 이를 위해서 수행으로써 체육학 글쓰기가 요구된다.

🔘 자아의 발견

나는 누구인가. 인간은 누구인가. 참된 자아를 발견하는 것은 쉽지 만은 않다. 하이데거(Martin Heidegger, 1928)에 의하면, 인간은 세인(Das Man)으로 고독하고 고통스러운 자아는 홀로된다는 것에 두려움을 가지고 있다. 그리고 죽을 수밖에 없다는 죽음에 대한 공포를 가지고 있기 때문에 이 순간을 모면하기 위하여 자극적인 쾌락에 빠진다. 그래서 영화를 보거나 음악을 듣고, 술을 마시고, 잡담을 하게 된다. 그러면 죽음과 외로움의 고통에서 일시적으로 벗어나는 효과가 있다. 하지만 언제나 혼자 남아야 하는 시간과 만나게 된다. 그래서 나는 누구인가를 생각하게 되며 인간에 대한 생각, 삶과 죽음, 이성, 종교, 신 등 모든 것에 대하여 의심을 가지고 심각하게 고민에 빠지게 된다.

운동하는 과정에서 고통과 싸우게 된다. 그 싸움에서 참된 자아를 만나게 되고 그 동안 망각하고 있던 자아를 발견하게 된다. 이때 만난 자아는 글쓰기를 통하여 확인되고 자신이 가야 할 길에 대하여 고민하게 된다. 그 고민을 글쓰기와 함께 하여 진정한 자아와 만날 수 있다. 이때는 철저히 혼자되고 그리고 활자화 된 글 속에서 만나게 된다. 과장되지 않고 진정성이 담긴 일기와 같이 내면의 소리를 적어낼 수 있다면 쉽게 자아와 접할 수 있다. 이

점은 바로 수행으로써 체육학 글쓰기를 통해서 얻어 낼 수 있는 장점이다.

글쓰기는 생각을 정리하게 하고 창의적 생각을 가능하게 한다. 이보다 더 큰 효과는 자아를 발견할 수 있다는 점이다. 운동하는 나는 누구인가를 찾을 수 있는 참 나를 발견할 수 있는 시간과 공간이 만들어 질 수 있다. **신체훈련**의 어려운 고통 과정에서 강인한 정신력뿐만 아니라 나는 누구인가를 분명하게 인식하여 참된 나를 찾아 갈 수 있다. 참된 나는 자신을 돌아볼 수 있는 시간과 글쓰기를 통해서 다가갈 수 있는 부분이다. 형식적 자아 혹은 사회적 자아는 참된 자아이기 보다는 주변의 기대에서 형성된 자아라고 할 수 있다. 주변의 시선에 의식하지 말고 자신의 소신을 가지며 자아를 찾는 작업을 해야 한다. 그 작업은 운동 후에 할 수 있는 수행으로써 체육학 글쓰기로 역경 가운데 참된 자신과의 만남의 시간을 가질 수 있다. 이 시간을 통해서 자신이 누구인가를 알게 된다.

◉ 마음의 성숙

마음의 성숙은 자아초월성이라는 능력을 가진 인간들이 이성의 반성적 사유능력을 통해서 가능한 부분이다. 자아를 초월하여 자아를 객관화하여 바라 볼 수 있으며 그 과정을 통해서 잘못된 행위를 반성할 수 있다. 그렇기 때문에 반성적 차원으로서 글쓰기는 분명 마음의 성숙을 가져다준다고 할 수 있다. 마음의 성숙은 단순한 지식공부를 통해서 얻게 되는 것이 아니라 성찰공부를 통해서 얻어야 하는 부분이다. 이 부분은 반성적 차원의 글쓰기 혹은 서사적 글쓰기를 통해서 훈련하고 향상시킬 수 있다. 몸으로 배우는 체육공부는 타자에 대한 자신의 행위, 도덕적 차원에서의 행위, 경기간의 행위 등 다양한 체험을 하게 된다. 이 과정에서 느끼게 되는 것들은 수행으로써 체육학 글쓰기를 통해서 정리되면서 깨달음의 길에 이르게 된다.

격렬한 신체훈련은 폭력성과 연결될 수 있다. 선수가 정상적인 방법으로 폭력성을 정화시키지 못할 경우 사회에 악 영향을 미칠 수 있다. 한 가지 예로 전 해태 타이거즈 이호성은 2008년 3월 '4모녀 살인사건'의 용의자로 경찰의 추적을 받다 한강에 투신자살했고, 2011년 6월에는 한화 이글스에서 뛰던 최진호는 뺑소니 치사사건을 저질렀다. 그리고 2012년 5월 26일 전 축구 국가대표 김동현은 부채를 갖기 위해 부녀자를 납치해 돈을 갈취하려다 구속됐다(아시아투데이, 2012년 5월 30일자).

이는 일부 운동선수의 경우라고 단정할 수 있지만 운동선수의 폭력성은 중요한 사회문제가 될 수 있다. 운동과 폭력성의 관계는 양면적이다. 운동은 폭력성을 증가시킬 수도 있고, 폭력성을 정화시킬 수도 있다. 그러므로 운동선수의 신체훈련은 언제든지 무서운 폭력성과 연계 될 수 있다. 만약 이 폭력성을 통제하고 관리하지 못하면, 언제든지 사회적 폭력으로 나타날 가능성이 높다. 그렇기 때문에 운동 후에는 운동일기 혹은 운동일지를 작성하여 자신을 돌아보고 수행할 수 있는 자신만의 시간을 가질 필요가 있다. 그래야 마음의 성숙을 가져오며 폭력성에서 완전하게 벗어날 수 있다. 운동선수들은 폭력에 노출되어 있고 폭력에 익숙하기 때문에 언제든지 상황이 좋지 않은 방향으로 진행되면 폭력을 행사할 수 있다.

앞에서 알아본 수행으로써 체육학 글쓰기의 효과는 체육에서 글쓰기가 왜 필요한가를 정당화하는데 필요한 근거들이다. 글만 잘 쓰는 것이 아니라 글쓰기와 함께 고통을 창조적으로 승화하고 자아를 발견하고 그리고 마음의 성숙을 도모할 수 있어야 한다. 운동은 몸으로 하기 때문에 정신 혹은 마음과 아무런 관련이 없는 것처럼 보이지만 몸과 마음은 불가분의 관계이기 때문에 몸 수행과 마음 수행은 별개가 아니라 함께 수행해야 한다. 몸으로 하는 공부의 최종 목적은 마음의 성숙(인성)을 함양하는 것이다. 몸 공부만 한다고 몸의 기능에만 중점을 두고 운동을 한다면 기능 향상은 가능하지만 마음의 성숙과는 거리를 두게 된다. 성숙을 위해서 운동과 반성적 차원의 글쓰기를 병행하다면, 운동 기능은 물론 마음의 성숙을 가져 올 수 있을 것이다.

요약

지금까지 글쓰기의 효과와 수행으로써 체육학 글쓰기에 대하여 알아보았다. 체육학 글쓰기의 효과는 논리력과 표현능력의 향상에 있음을 검토할 수 있었다. 수행으로써 체육학 글쓰기의 효과로써 고통의 창조적 승화, 자아의 발견, 마음의 성숙에 대하여 알아보았다. 수행으로써 체육학 글쓰기는 고통을 창조적으로 승화하기 위해서 운동하는 사람들에게 필요하다. 운동만 하고 반성과 수행이 따르지 않는다면 내적 고통과 외부적으로 나타나는 폭력을 통제하지 못한다. 강한 신체적 능력은 다름 아니라 폭력으로 나타날 수 있기에 평소에 운동 후에 반성과 수행의 과정이 있어야 인성과 연계된다. 만약 운동으로 다져진 신체에서 발생하는 힘을 절제하지 못하면, 공격성으로 드러날 위험성은 상존한다. 운동 후의 반성과 수행은 글쓰기를 통해서 가능하며 이를 통해 공격성을 다스리고 내면의 고통을 극복하여 사람됨으로 승화시킬 수 있다는 장점을 가진다.

다른 분야의 글쓰기와 체육학 글쓰기가 갖는 차이를 찾을 수 있는 것은 바로 체험과 고통이라는 부분이다. 몸으로 하는 공부이기 때문에 체험은 소중한 자산이다. 신체의 최고 경지에 오른 선수의 깊이를 우리는 알 수가 없다. 그 체험을 몸소 체험해 보지 않았기 때문이다. 단지 그 선수가 자신의 체험에 대하여 말과 글로 표현한 것에 의존하여 간접적으로 나마 그 세계의 깊이를 가름할 수 있을 뿐이다. 그 깊이는 즐거움의 추구로 나타난다. 단순히 재미를 추구하는 쾌락보다는 고통을 창조적으로 승화해서 얻을 수 있는 희락과 열락의 단계에서 즐거움을 알게 된다. 즐거움의 깊이는 어떤 과정을 통하여 재미를 얻느냐에 따라서 달라진다. 열락은 운동과정에서 만나게 되는 고통을 극복하고 운동 후의 글쓰기라는 수행을 통한 움직임의 길에 대한 깨달음의 즐거움이다.

고통은 운동하는 과정에서 피할 수 없다. 매 순간 고통과 대면하면 어떻게 그 고통을 극복할 것인가 하는 생각을 하게 된다. 극복과 포기의 사이에서 고통은 우리를 좌절하게 하기도 하고 더 용기를 주어 극복가능하게 한다. 그러므로 고통은 삶을 성숙하게 한다. 고통을 인내를 요구하고 그 인내는 인성과 연계된다. 인성은 인내와 자기규율이라고 할 수 있다. 지구력스포츠를 통해서 인내하는 것을 배우고 그 배움이 일상적 삶으로 이어지게 되며 한 개인의 인성을 고양할 수 있다. 우리가 글쓰기를 통해서 인성함양을 할 수 있고 운동을 하는 과정에서 만나게 되는 고통에 대한 인내에서도 인성함양의 가능성을 엿볼 수가 있다.

체험과 고통에 대한 글쓰기는 운동행위에 대한 자기반성이며 그것을 계기로 자기성숙의 길로 인도한다. 자기행위에 대한 반성이 없이는 인성의 성숙을 가져오기는 어렵다. 그 과정에서 살아가는 맛을 경험하게 되는 것이다. 성숙하는 과정에서 오는 희열이 있기에 삶은 지속되어진다. 아무런 반성과 성숙이 없는 일상적 삶의 반복은 아주 지루하고 재미가 없는 삶에 불과하다. 생존을 위한 삶은 의미를 찾을 수가 없는 무의미한 기계적인 일상의 반복으로 끝나고 만다. 우리가 삶의 의미를 부여하고 살아갈 수 있는 일은 반성과 성숙이 있기 때문이다. 이 과정은 글쓰기를 통해서 접근할 수 있는 부분이다.

이미 몸은 모든 것을 알고 있다. 몸은 체험을 통하여 과거의 모든 행위를 기억하고 있을 뿐만 아니라 미래를 지향한다. 일상적 삶에서 몸으로 배우고 익히는 모든 것은 아주 오래 동안 몸속에 각인되어서 우리의 판단과 사유의 깊이를 인도한다. 그 앎의 세계를 바탕으로 반성적 차원에서 자기 자신을 정리할 수 있는 글쓰기가 필요하다. 체험하고, 느끼고, 생각하고, 고통과 싸우고, 극복하는 일련의 과정이 운동하는 몸에서 나타난다. 고통을 극복하고 자기와의 싸움에서 승리하는 것은 운동하는 몸과 글쓰기 수행을 통해서 강화된다. 수행은 어려움과 고통이 따른다. 그 만큼 자아발견과 마음성숙을 얻을 수 있다는 점에서 가치가 있다.

CHAPTER 02

논리
: 논증구성능력

PART 06 ─────────────────────────────

•

비판적 사고

학술적 글쓰기에는 어떤 주제에 대해 비판적으로 사고하는 능력과 다른 사람의 글을 비판적으로 읽는 능력이 필수적으로 요구된다. 학술적인 글쓰기를 한마디로 특징짓자면 비판적 글쓰기라고 하겠다. 비판적인 글쓰기는 비판적인 읽기와 비판적인 사고하기와 밀접하게 연관되어 있다(김영정외 2003).

비판적 사고의 특징

비판적 사고에 대한 연구 전통은 인간 사고가 그 자체로 놓아두었을 때 종종 편견, 과도한 일반화, 일상적 오류, 자기기만, 생각의 편협함 쪽으로 이끌린다는 우리의 인식, 즉 자기중심주의에 사로잡힌다는 인식을 반영한다. 비판적 사고 전통은 이러한 사고의 '오류, 실책, 왜곡'을 최소화하기 위해 사고의 과정에 대한 이해와 지성의 훈련을 추구한다. 그 전통은 훌륭한 추론을 할 수 있는 인간의 능력이 곧바로 그 목표를 지향하는 교육과정에 의해 개발될 수 있다고 가정한다(한상기, 2007).

비판적 사고란 생각을 더 잘하기 위해서 생각하는 동안 생각에 관해 생각하는 사고이다. 비판적 사고는 서로 얽혀 있는 세 국면을 포함한다. 즉 비판적 사고는 생각을 분석하고, 평가하며, 개선시킨다(Richard Paul, 2006). 김희정과 박은진(2008)은 비판적 사고를 다음과 같이 규정하였다. 첫째, 어떤 주장을 적극적으로 더욱 깊이 폭넓게 이해하려는 것이다. 둘째, 추리, 즉 이유를 근거로 한 합당한 사고이다. 셋째, 어떤 주제나 주장에 대해 능동적으로 분석하고 종합하며 평가하기 위한 사고로, 의식적이고 반성적인 사고이다.

비판적 사고의 요소

🔵 목적(purpose)

어떤 글을 읽을 때 우리가 유심히 봐야 할 것은 글의 목적과 목표가 무엇인지 파악하는 것이다. 목표는 목적을 달성하기 위한 구체적인 하위 목적이다. 목표를 파악하면 궁극적인 목적이 무엇인지를 이해하는데 도움이 된다. 목적이 명확하지 않으면 글은 모호성을 띄게 된다. 그렇기 때문에 비판적 읽기에서 목적을 우선적으로 고려하여야 한다. 목적이 무엇인지, 어떤 목적을 가지고 있는

지를 읽는 것이 비판적 읽기의 하나이다.

🔵 전제(presupposition)

전제가 무엇이냐에 따라서 결론이 다르게 된다. 전제 혹은 가정에서 비판적 사고는 시작하기에 전제를 파악하는 것이 중요하다. '우리는 항상 어떤 배경지식을 가지고 시작한다. 비판적으로 사고하려면 우리가 어떠한 가정을 전제로 하고 있는지 파악해야 한다. 이러한 가정은 명시적으로 진술되기도 하지만, 대개 진술되어 있지 않다'(김희정, 박은진, 2008). 전제를 파악하는 것이 주장의 핵심을 이해하는 길이다.

🔵 관점(point of view)

관점의 차이 때문에 발생하는 대표적인 경우가 논문심사의 경우이다. 어떤 관점을 가지고 있느냐가 오해를 발생하고 차이를 가져온다. 어떤 관점을 가지고 있느냐에 따라서 해석의 차이가 발생한다. 어떤 사실이나 주장에 대하여 민족주의적 관점, 자유주의 관점에서 바라보기 때문에 차이가 발생한다. 관점의 차이를 인정하고 어떤 관점에서 해석하고 주장하고 있는 가를 분석하는 것이 중요하다.

🔵 문제(problem to solve)

연구논문에서 우리가 풀어야 할 문제가 무엇인지에 대하여 구체적으로 연구절차에서 밝혀주어야 한다. 우리는 해결해야 할 현안이나 문제를 알고 있어야 비판적 사고가 가능하다. 문제인식 없이 문제 해결은 어렵다. 예를 들어 한국스포츠의 4대 악의 해결방안을 알아보는 것이 해결해야 할 문제라고 할 수 있다. 이처럼 연구문제는 우리가 해결해야 하는 현안이자 과제가 된다.

🍩 정보(information)

비판적으로 사고할 때 마다, 사고가 대상으로 삼고 있는 어떤 '제재' 어떤 현상들이 있다. 이 때, 사고가 기반하고 있는 경험, 자료, 증거, 관찰이 잘못되었을 때, 그것은 문제 발생의 원천이 될 수 있다. 우리들은 필자가 필요한 자료를 제공하고 있는가, 그리고 또 제공될 자료들이 분명하고 공정하고 정확한 것인지에 주목하여야 한다. 그 자료는 적절한가? 그 정보는 필자의 목적을 달성하는 데 적합한가? 그것은 일관되게 적용 되었는가 아니면 필자가 자신의 관점에 맞게 왜곡하였는가? 등을 살펴보아야 한다(김영정 외, 2003).

🍩 함축(implication)

함축은 글 속에 명시적으로 나타나지 않는다. 함축은 글 속에 암묵적으로 내포되어 있으므로, 독자가 스스로 찾아나가야 한다. 우리가 어느 지점에서 사고를 멈추든 상관없이 사고는 언제나 더 나아간 함축과 귀결을 갖게 될 것이다. 사고가 전개되어감에 따라, 어떤 함축들이 사고로부터 논리적으로 따라 나올 것이다. 우리가 하는 사고의 함축 또는 귀결에 포함되어 있는 '결함'은 문제 발생의 원천이 될 수가 있다(김영정외, 2003).

개념(concept)

개념은 우리가 경험을 분류하고 조직화하고 해석할 수 있도록 도와주는 관념의 범주에 해당한다(김희정, 박은진, 2008). 비판적인 사고를 하고 위해서는 비판적인 사고를 구성하고 있는 논증, 논리, 오류 등의 개념을 명확하게 이해하고 있어야 한다. 하나의 예로 체육, 스포츠, 운동의 개념에 대한 이해가 없다면 다른 사람과 소통하는데 어려움이 있다. 명확한 개념은 소통과 대화를 가능하게 한다. 상대방과의 오해를 없애기 위해서는 글이나 말, 대화에서 개념을 명확하게 정립하는 것이 우선이다.

결론(conclusion)

비판적으로 사고한다는 것은 어떤 주장이나 글의 결론을 파악하는 것이기도 하다. 즉 어떤 생각, 가정이나 전제로부터 추론하여 결론에 도달하는 것이다. 추론은 전제로부터 뚜렷한 결론에 도달하는 완결된 형태의 사고 과정이다. 그것은 흔히 "이것이 이러하기 때문에, 저것은 저러하다." 또는 "이것은 이래서 저렇다."와 같이 표현된다. 특히 이와 같은 추론이 언어로 표현된 것을 논증이라고 한다. 논증에서 얻은 결론은 궁극적으로 옹호되는 주장 부분이며, 전제는 결론을 정당화하기 위해 근거를 제공하는 부분이다(김희정, 박은진, 2008).

맥락(context)

비판과 관련하여 고려할 사항들은 상황에 따라 매우 다양하다. 예를 들어, "지금 창문이 열려 있다"는 말은 맥락에 따라 "우리가 하는 말을 남들이 들을 수 있으니 작은 목소리로 말하라"는 말일 수도 있고, "날씨가 서늘하니 창문을 닫으라"는 말일 수도 있다. 특히 글쓰기에서는 청중 및 독자와 같은 요소들이 맥락의 중요한 요인으로 고려된다(김영정외, 2005).

비판적 사고의 기준

비판적 분석의 9가지 구소요소에 알아보았다. 이제는 비판적 사고의 9가지 평가요소에 대하여 알아볼 필요가 있다. 김영정외(2003)는 비판적 사고의 9가지 기준에 대하여 다음과 같이 제시하였다.

분명함(clarity)

분명하다는 것은 애매하다는 것과 반대되는 개념이다. 진술이 분명하지 않으면, 우리는 그것이 정확한지, 명료한지, 적절한지 조차도 결정할 수 없다. 어떤 진술이 무엇을 뜻하는지 너무 막연하여 이해하기 어렵거나 여러 가지 뜻으로 해설될 수 있다면, 그것은 분명하지 않은 것이다(김영정외, 2003).

◉ 적절성(relevance)

진술이 적절하다는 것은 그 진술이 현안 문젯거리와 잘 관련되어 있고 잘 맞아떨어진다는 것을 말한다. 적절하게 사고하는 것은 논점이 일탈되지 않고 제 궤도에 머무르는 것을 말한다(김영정외, 2003).

◉ 폭넓음(breadth)

이 기준은 비판적 사고의 요소 중 무엇보다도 관점과 관련이 깊다. 한 가지 관점에서만 파악한 사고는 폭넓지 못하다. 우리는 비판적 사고를 하면서도 여러 관점을 취할 준비가 되어 있어야 한다. 한 관점을 취해 충분히 깊이 사고한 다음, 대안이 되는 다른 관점을 취해 또 충분히 깊게 사고해야 하는 것이다(김희정, 박은정, 2008). 장님이 코끼리 다리를 만지고 그것만으로 코끼리의 모든 것처럼 말할 수 있다. 코끼리 일부분만을 가지고 코끼리가 어떻게 생겼다고 말하는 편협한 사고의 예가 된다. 선입견과 편견에서 벗어나서 다양한 관점에서 현상과 물체에 대하여 바라봄이 필요하다.

◉ 정확성(accuracy)

정확하다는 것은 어떤 사물이나 사건을 있는 그대로 실제에 맞게 나타낸다는 것이다. 분명하기는 하지만 정확하지 않은 진술의 예는 다음과 같다. "대부분의 개들은 150kg이 넘게 나간다." 이 진술은 무슨 뜻인지 이해할 수는 있으나, 참이 아니다. 비판적 사고를 하기 위해서는 사실인 것과 사실이 아닌 것에 대한 기술을 제대로 판별할 줄 알아야 한다(김영정외, 2003).

🔘 중요성(importance)

우리가 어떤 쟁점과 관련하여 사고할 때, 우리는 사고에 있어 가장 중요한 정보에 집중하고 가장 중요한 개념들을 고려하려고 한다. 여러 개념들이 문제에 적절하다고 해서 그 개념들이 모두 똑같은 정도로 중요하다는 것이 따라 나오지 않는다는 것을 깨닫지 못하기 때문에 우리는 종종 사고하는 데 실패하기도 한다. 그리고 종종 우리는 문제를 피상적인 견지에서만 생각함으로써 앞으로 더 나아가지 못하고 중요한 질문을 제기하는데 실패하고 만다(김영정외, 2003).

🔘 충분함(sufficiency)

어떤 목적에 충실하도록 그 문제를 철저히 추리하고 필요한 요소를 모두를 적절히 고려했을 때에만 그 사고가 충분하다고 할 수 있다(김희정, 박은정, 2003).

🔘 명료성(precision)

명료성은 모호성의 반대 개념으로, 명료하다는 것은 어떤 진술의 의미를 확실하게 이해하는 데 필요한 세부 사항을 제공하고 있다는 것이다. 분명하고 정확하기는 하지만 명료하지 않은 진술의 예는 다음과 같다. "철구는 과체중이다." 이 진술에는 과체중의 정도가 언급되어 있지 않다(김영정외, 2003).

<예시>
· 철수는 키가 크다.

키가 크다는 것은 얼마정도가 되어야 한다는 논의가 없기 때문에 명료하지 못하다. 키가 크다는 상대적 개념일 수 있다. 그렇기 때문에 180cm 이상이면 키가 크다거나 아니면 190cm를 넘어야 키가 크다는 전제가 제시되어야 명료하다고 할 수 있다.

🔘 논리성(logicalness)

논리적으로 사고한다는 것은 결합된 사고들이 상호 지지하고 있으며 결합을 통해 유의미성이 확보된다는 것이다. 그 사고의 결합이 상호 지지하고 있지 않고 모순적일 때, 혹은 의미가 통하지 않을 때, 그 사고는 논리적이지 않다(김영정외, 2003).

🔘 깊이(depth)

깊게 사고한다는 것은 주제를 피상적으로 다루지 않고, 더 깊숙이 들어가 그 안에 복잡한 사안을 파악해서 본질까지 다루는 것을 말한다. 그러려면 주제에 포함된 어떤 문제에 대해 설명해야 한다. 깊이 있는 사고는 핵심을 다룰 수 있기 때문이다. 이런 이유에서 깊이는 비판적 사고를 평가하는 데에 중요하다(김희정, 박은미, 2008).

●

PART 07

논증

논리학

　논리학이란 논증이나 명제들의 형식과 법칙들에 대해 연구하는 학문이다. 명제란 참이나 거짓일 수 있는 문장의 의미이다(송병홍, 2008). 이를 더 축약하면 논리학은 논증의 형식에 관한 학문이다.

명제

　명제는 참이거나 거짓으로 구분될 수 있는 문장이다. 그러므로 참이거나 거짓으로 구분될 수 없는 질문, 명령, 감탄문은 명제라고 할 수 없다. '이 꽃은 아름답다.', '이 꽃의 이름은 무엇인가?' 그리고 꽃을 꺾지 마라! 이러한 문장은 참과 거짓을 구분할 수 없다는 점에서 명제라고 할 수 없다.

논증

어떤 주장과 그 주장에 대한 근거로 구성되어 있는 것이 논증이다. 즉 논증은 어떤 주장을 담은 명제와 그 주장의 근거에 해당하는 명제(들)로 이루어져 있어야 한다(김희정, 박은진, 2008). 논증은 명제들을 가지고 어떤 주장을 하는 것을 말한다. 주장과 그것의 근거, 또는 지지를 하는 것을 논증이라고 한다. 논증에서 주장하는 명제를 결론이라고 하고, 그 주장을 지지하는 명제를 전제라고 한다. 논증이 아닌 글들은 믿음(의견), 기술, 보고, 해설, 예시, 설명 등이 있다.

추리

논증에서 전체로부터 결론에 이르는 절차나 행위를 말한다. 추리가 올바른지 알기 위해 논증의 각 명제들 간의 관계를 살펴보아야 한다. 전제와 결론을 지칭하는 말이 다음과 같은 접속어가 주로 사용된다. 전제를 지칭하는 말은 ~때문에, ~까닭에, ~이니까, ~이므로, 이기에 등이 있다. 결론을 지칭하는 말은 ~결과적으로, ~결론지어 말하면, ~에서 추론하면, ~을 보여준다, ~을 증명한다, ~을 의미한다.

실증

실증은 확실한 증거와 정확한 데이터를 제시하는 것이다. 출처가 정확하고 신뢰할 수 있는 근거자료의 제시를 통해서 주장을 입증하는 하나의 방법이다. 정부의 공식자료나 선행연구의 실증연구의 결과를 들어서 사용할 수 있다.

예증

어떤 사실에 대해 실례를 들어 논증하는 것이다. 가장 흔하게 사용하는 방법이라고 할 수 있다. ~예를 들어 설명하는 방식으로 사용된다. 어떤 주장을 정당화하기 위하여 쉬운 예를 들어 설명하는 방식이다. 독자의 수준을 고려하여 눈높이에 이해할 수 있는 구체적인 사례를 들어 설득을 하는 것이다.

반증

어떤 주장에 대하여 그것을 부정하는 증거를 드는 것이다. 어떤 주장과 상반된 주장으로 반론이나 반박이라고 할 수 있다. 주장에 반하는 근거를 통하여 주장을 무력화시키는 것이다. 실례를 들어 보자. "스포츠는 신체미, 표현미, 형식미를 갖추고 있기에 예술이라고 할 수 있다." 이러한 주장에 대하여 반증을 하면, "스포츠는 승리라고 목적을 갖고 있기에 예술과는 분명히 차이가 있다."

PART 08

연역추리와 귀납추리

우리가 논리라는 단어에서 연상되거나 배운바가 있는 것이 연역법과 귀납법이다. 연역법은 삼단논법이 대표적이다. '인간은 죽는다. 소크라테스는 사람이다. 따라서 소크라테스는 죽는다.' 귀납추리는 구체적인 예들로부터 일반화된 결론을 도출한다. 반면에 연역논리는 공리 또는 당연하게 인식되는 명제, 일반적인 법칙에서 구체적인 사항을 도출한다.

귀납논증

귀납논증은 구체적인 예들로부터 그것들에 대한 일반화된 의견을 끌어내는 논증이다. 예를 들어 A팀에게 이미지 트레이닝을 1개월 하였다 그 결과로 경기력 향상에 도움을 받았다. B팀에게 역시 이미지 트레이닝을 1개월 하게 하였다. 그 결과 역시 경기력 향상에 도움을 받았다. 이를 통하여 이미지 트레이닝과 경기력 향상과의 상관관계를 밝혀낼 수 있다.

<예시>
· 전제: 철수는 이미지 트레이닝을 1개월 해서 경기력을 높였다. 민철이는 이미지 트레이닝 하여 효과를 보았다.
· 결론: 따라서 이미지 트레이닝은 경기력에 영향을 미친다.

연역논증

연역논증은 전제의 참이 결론의 참을 절대적으로 보장하는 논증이다. 연역은 일반적인 법칙을 토대로 특별한 예나 사례를 예측하는 것을 포함한다. 일반적인 법칙으로부터 특정한 사례를 이끌어내는 것을 말한다. 연역논리에서 다루어져야 할 여섯 가지 기본 개념들이 있다. 논리적 진실, 논리적 거짓, 우연명제, 논리적 일관성, 논리적 동치, 타당성 등이다(손병홍, 1998).

<예시>
· 전제: 스포츠는 일종의 놀이다. 무도는 놀이가 아니다.
· 결론: 그러므로 스포츠는 무도가 아니다.

◉ 논리적 진실

하나의 명제가 거짓일 가능성이 없다면, 명제는 논리적 진실이다. 일정한 논리적 형식을 가진 명제들은 그 내용과 관계없이 논리적 진실이다. 예를 들어 '태권도는 한국의 전통무예이거나 그렇지 않다'는 예는 명제의 내용이 논리적 진실이냐의 여부와는 무관하게 'A이거나 A가 아니다.' 라는 논리적 진실이라고 할 수 있다.

논리적 거짓

하나의 명제가 참일 가능성이 없다면, 명제는 논리적 거짓이다. 한 명제가 논리적 거짓이냐의 여부는 명제의 내용의 진실여부에 의해서가 아니라 명제의 형식에 의해 결정된다. 예를 들어 '농구공은 배구공보다 크고, 농구공은 배구공보다 크지 않다'는 예는 내용 때문이 아니라 형식 때문에 논리적 거짓이라고 할 수 있다. A이고 A가 아니다. 이러한 형식을 가진 명제는 논리적 거짓이다.

우연명제

한 명제가 논리적 진실도 논리적 거짓도 아니면, 명제는 우연명제이다. 한 명제가 실제로 참이냐의 여부와 관계없이 참일 가능성도 거짓일 가능성도 있으면 그 명제는 우연명제이다.

논리적 일관성

명제들로 구성된 하나의 집합 A를 구성하고 있는 모든 명제들이 동시에 참일 가능성이 있으면, 집합 A는 논리적 일관성이 있는 집합니다.

◉ 논리적 동치

명제 A와 B가 서로 다른 진리치(참이나 거짓)를 가질 가능성이 없으면, A와 B는 논리적 동치이다. A가 참이면 B도 반드시 참이어야 하고, A가 거짓이면 B도 반드시 거짓이어야 한다.

◉ 타당성

전제들의 집합이 논리적 일관성이 있는 집합이면, 그 논증은 타당한 논증이다.

논박에 의해 논증하기

논박은 어떤 사람의 논증을 반박한다는 것을 의미한다. 주장하는 자의 논증의 약점을 드러내는 것을 주위 깊은 비판적 사고를 통하여 찾아 낼 수 있다. 찾아 낸 부분에 대하여 반박을 하는 것이다. 예상되는 논박에 대해 반박하는 근거를 제시하는 것이다.

•

PART 09

좋은 논증의 조건

논증은 전제들과 결론으로 구성되어 있다. 좋은 논증이 이루어 질 수 있는 조건은 관련성, 전제의 참, 충분한 근거, 반박 잠재우 기 등이 있다.

관련성

관련성은 타당성과 개연성의 관련으로 구분할 수 있다. 타당성 의 관련은 전제가 참이고 동시에 결론이 거짓일 가능성이 없는 관 계(전제를 참이라고 가정하면, 결론은 반드시 참이어야 한다)를 말한다. 반 면에 개연성의 관련은 전제를 참이라고 가정했을 경우, 결론이 참 일 가능성의 정도를 인정하는 관계이다(송병홍, 1998).

전제의 참이나 거짓이 결론의 참이나 거짓에 영향을 미치면 관련성이 있다고 말할 수 있다. 한 사례를 들어 설명해 보자. 태권도는 한반도의 역사와 그 궤를 같이 한다. 삼국시대, 고려시대, 조선시대, 대한민국에서 맨손무예가 있었다. 그 명칭은 다르지만 오늘날 태권도 같은 맨손무예라고 할 수 있다.

· 전제:
　　① 고려에는 수박이라는 맨손무예가 있었다.
　　② 조선시대에는 권법이라는 맨손무예가 있었다.
　　③ 식민지 시기에는 택견이라는 맨손무예가 있었다.
· 결론: 대한민국에는 태권도라는 맨손무예가 있다.

전제의 참

좋은 논증의 전제가 참이어야 한다는 것은 너무나 당연한 예기 같다. 거짓인 전제에서 결론을 이끌어내서는 안 되기 때문이다. 아무리 관련이 있는 전제라 할지라도 전제가 참이 아니라면 그 전체에 바탕을 둔 결론은 무너질 수밖에 없다. 전제의 참은 보통 사실을 확인하는 문제인데 일상생활에서는 사실이냐 아니냐가 중요하기 때문일 것이다(탁석산, 2001).

· 전제:
　　① 운동은 건강에 이롭다.
　　② 미국의 저명한 박사의 보고에 따르면 아침 운동보다 저녁 운동이 건강에 더 좋다고 한다.
· 결론: 건강을 위해서 저녁에 운동을 하자.

충분한 근거

자신의 주장을 정당화하기 위해서 필요한 것은 충분한 근거를 제시하면서 주장하는 것이다. 충분한 근거가 없는 주장은 헛된 주장이라고 할 수 있다. 우리가 신뢰할 수 있고 객관적으로 입증할 수 있는 근거를 많이 제시하면 그 주장은 타당한 주장이 될 수밖에 없다. 왜냐하면 제시된 주장들을 반박할 수 없다면 제시된 근거만으로 주장을 정당화 할 수 있기 때문이다. 하지만 충분한 근거라고 제시하는 설문조사 내용은 내용의 진위 문제와 검사의 타당성 검사를 철저히 거쳐야 한다. 우리가 대부분 어떤 사태에 대하여 판단을 할 때 인용하는 것이 설문조사 결과이기 때문이다.

반박 잠재우기

자신의 주장에 대하여 예상되는 반박을 반박하여 그 반박을 잠재울 수 있다면 그 주장은 정당한 주장이 될 수 있다. 주장을 하고 그 주장에 대한 반박에 대하여 재반박을 하지 못할 경우 자신의 주장은 설득력을 얻을 수 없다. 그렇기 때문에 좋은 논증이란 예상되는 반박을 잠재울 수 있어야 한다. 이러한 과정을 거쳐서 좋은 논증이 형성되는 것이다. 글을 쓰거나 말을 할 때 항상 주의해야 할 것은 자신이 하고 있는 주장이 충분한 근거를 가지고 있으며 예상되는 반박을 반박할 수 있느냐에 대한 검증과 확신을 갖고 있는가이다. 검증하고 확신을 가지고 있다면 좋은 논증을 갖춘 주장과 글이 될 수 있다.

좋은 논증을 갖춘 글을 논증적 글쓰기라고 한다. 논증적 글쓰기의 원칙을 알아보자. 첫째, 비판정신으로 무장하라. 둘째, 주장하는 바를 한 문장으로 요약하라. 셋째, 자기 자신을 가장 강하게 비판하라. 넷째, 장황한 서론은 아예 쓰지 마라. 다섯째, 짧고 간결한 문장을 구사하라. 여섯째, 최대한 구체적으로 서술하라. 일곱째, 하나의 단락에 하나의 이야기를 담아라. 여덟째, 애매하고 모호한 표현은 절대 금물이다. 아홉째, 감정이 실리는 순간 논증은 끝이다(채석용, 2011).

●

PART 10

오류 : 잘못된 논증

오류는 잘못된 논증이다. 토론이나 논문에서 반박하기 좋은 방법은 논리적 오류를 발견하는 것이다. 논리에 대한 이해를 하지 못한 상태에서 말을 하거나 글을 쓸 때 우리가 범하기 쉬운 것이 논리적 오류이다. 자신의 주장을 강화하는 방안 중에 대표적인 것이 논리적 허점과 오류를 없애는 일이다. 토론이나 공론에서 상대방의 말과 글에서 논리적 오류를 찾을 수 있다면 손쉽게 상대방의 주장을 반박하고 토론에서 승리할 수 있다. 논증을 할 때 범하기 쉬운 논리적 오류에 대하여 알아보았다.

◉ 힘에 호소하는 오류

힘에 호소하는 논증은 문자 그대로 힘에 호소하거나 권력이란 힘을 사용하겠다고 위협함으로써 자기 입장을 받아들이도록 강요할 때 범하는 오류를 말한다. 이것은 보통 합리적인 논증이나 증거가 없거나 통하지 않을 때 사용되는 방법이다. 대표적인 경우가 어떤 논제나 안건에 대하여 토론을 하는 경우에 모임의 대표가 대표라는 이유로 자신의 주장을 정당화하는 과정에서 안건에 동의하지 않을 경우에 회원에서 제외시키겠다고 엄포를 하는 경우라고 하겠다. 합리적인 논증 절차를 거치지 않고 자신이 이 모임의 대표이기 때문에 자신의 말이 진리라는 주장에서 흔하게 나타난다.

<예시>

· 전제: 나를 한국체육학회장에 뽑아주지 않으면, 여러 회원들이 학회 활동을 하는데 어려움이 있을 것이다. 여러분은 불이익을 당하고 싶지 않다.

· 결론: 나를 한국체육학회장에 뽑아주어야 한다.

◉ 인신공격의 오류

상대방의 주장을 반박할 때, 그 주장의 내용과 무관하게 그 사람의 성품이나 하는 일에 대해 모욕적인 발언을 함으로써 그 사람의 주장이 정당하지 못하다는 것을 보여주려는 경우가 바로 인신공격에 의한 논증이다. 이것은 잘못된 논증이다. 다시 말해서 이 논증은 상대방의 권위, 인격, 정실관계, 재산, 사상, 행실, 평판 등을 부정적으로 언급해서 상대방의 주장을 정당하지 못한 것으로 증명하려는 것이다(김희정, 박은지, 2008).

인식공격의 오류를 어떤 문제에 대하여 토론을 할 때 흔하게 경험하게 된다. 어떤 주장에 대하여 반박을 하면 그 반박을 당하는 입장에서 "당신이 운동선수의 경험이 없는데 어떻게 알 수 있느냐" 선수출신이 아니기 때문에 신뢰할 수 없다고 말하며 말을 하지 못하게 하는 경우에 해당한다. 태권도 정체성을 논의하는 자리에서 태권도를 수련하지 않은 학자가 반론을 하면 그때 마다 알지도 못하면서(태권도 유단자) 말하지 말라고 말 자체를 하지 못하게 막는 경우에 발생하는 오류이다.

<예시>

· 전제: 태권도의 기원은 삼국시대에서 찾을 수 있다는 것이 진리이다. 당신은 태권도를 가라테에서부터 시작되었다고 주장하고 있다. 당신은 분명히 매국노라고 할 수 있다.

· 결론: 당신은 그렇게 말해서는 안 된다.

◉ 성급한 일반화의 오류

몇 가지 사실이나 전체의 일부만을 가지고 전체가 문제가 있다고 말하는 경우에 볼 수 있는 오류다. 귀납적 일반화의 과정에서 표본이 전체 집단을 대표하지 못할 때 발생한다. 일부의 사실만을 가지고 확대해석하는 경우라고 할 수 있다. 예를 들어 프로축구에서 오심이 발생하였다. 프로농구에서 오심이 발생하였다. 그러므로 국내 프로스포츠에서 오심은 흔하게 발생하고 있다. 프로농구와 프로축구가 국내 프로스포츠를 대변하지는 못한다. 프로야구, 프로배구도 있기 때문이다.

<예시>

· 전제: 국내 프로축구, 프로야구, 프로농구에서 승부조작이 발견되었다.

· 결론: 그렇기 때문에 국내 프로스포츠에 승부조작이 만연되어 있다고 할 수 있다.

◉ 잘못된 권위에 호소하는 오류

자신의 주장이 옳다는 것을 증명하기 위하여 권위자의 권위를 끌어들여 자신의 주장을 정당화하는 과정에서 나타나는 대표적인 오류이다. 어떤 권위자의 말을 인용하면 이런 주장을 했다는 사실을 가지고 자신의 주장을 정당화하는 데 이용한다. 권위자가 어떤 맥락과 맥락사이에서 주장했는지에 대한 전후맥락을 고려하지 않고 자신의 주장을 정당화 하는데 도움이 될 수 있다고 생각하여 관련 내용만 인용하는 경우에 발생하는 오류이다. 자신이 주장하려는 문제에 정통한 권위자인지 우선적으로 고려해야 한다. 그렇지 않고 자신의 주장과 관련성이 없는 권위자의 권위에 의존해서 주장을 정당화하려고 할 때 오류가 발생한다.

<예시>

· 전제: A는 국내 최고의 체육학자였다. 그가 한국의 야구기원을 1905년이라고 하였다.

· 결론: 그러므로 한국의 야구기원은 1905년이 맞다.

앞의 예시는 한국 야구기원에 관련된 논쟁에서 발견될 수 있는 오류이다. A라는 학자가 주장한 기원설이 지금까지 진실로 인정되어 왔고 여기에 반론을 주장하는 학자는 없었다. 왜냐하면 A라는 학자는 신뢰할 수 있는 한국의 대표적인 체육사학자였기 때문이다. 그래서 그의 권위에 의존해서 한국의 야구기원을 1905년이라고 주장하였다. 최근 들어서 야구에 관련된 사료들이 발견되면서 야구기원은 1904년이라는 것이 밝혀지고 있다. 이러한 사료를 근거로 한 주장은 정당성을 얻을 수 있지만 권위자의 권위에 의존해서 주장하는 것은 권위에 호소하는 오류를 범할 수 있다.

◉ 연민에 호소하는 오류

연민에 호소하는 잘못된 논증은 논증자가 자신이 처한 어려운 상황을 근거로 하여 어떤 결론을 정당화하려고 하는 것이다. 이때 논증자는 결론을 받아들여야 하는 합당한 근거를 제시하지 못하고 그 대신 동정심을 불러일으켜 상대방이 자신의 주장을 받아들이게 한다(김희정, 박은진, 2008). 상대방의 동정심에 호소해서 자신의 주장을 설득하려 할 때 범하는 오류이다. 법정에서 변호사가 자신의 변호인을 위해서 '배심원들의 동정심'을 일으켜서 소송 의뢰인이 무죄판결을 받도록 하려는 경우, 그 변호사는 연민에 호소하는 오류를 범하게 된다.

> <예시>
> ・전제: 000는 주변 동료들의 희생해서 한국체육학회 회장에 세 차례나 출마했지만 학회장에 떨어졌다. 지금 그의 나이가 65세가 되었기 때문에 이번이 마지막 기회가 될 것이다. 그의 나이를 고려해서 더 이상 학회장에 출마하기 어렵다고 본다. 그는 지금 낙담한 상태에 있다.
> ・결론: 학회장 선거에서 000를 찍어야 한다.

🌀 무지에 호소하는 오류

이것은 어떤 명제가 참이라고 주장하면서, 그 이유로서 그것이 거짓임이 증명된 바가 없다는 사실을 들 때 범하게 되는 오류이다. 김희정과 박은진(2008)에 의하면, 무지에 호소하는 오류는 어떤 현상이나 사건에 관해 지금까지 어떤 방식으로든 아무것도 증명되지 않았다는 사실이 전제가 된다. 이런 전체를 근거로 해서 내린 결론은 참이나 거짓이라고 단정적으로 주장할 수 없다. 이런 논증은 아직 증명되지 않은 문제들에 관한 논증에서 자주 일어난다.

<예시>
· 전제: 지금까지 어떤 선수도 4회전 점프를 한 선수가 없었다.
· 결론: 피겨스케이트에서 4회전 점프는 할 수 없다.

🌀 군중에 호소하는 오류

군중들의 감정을 자극해서 그들을 어떤 결론에 동조하도록 만들 때 범하는 오류이다. 또 많은 사람들이 어떤 신념을 갖고 있거나 어떤 행동을 하기 때문에, 그것이 옳다는 식의 주장도 이 오류에 해당된다.

<예시>
· 전제: 스포츠맨십은 지금까지 제시된 모든 스포츠윤리의 근거가 된다. 또 모든 운동선수들은 그것을 어떤 형태로든지 받아들이고 있다.
· 결론: 따라서 스포츠맨십이 건전한 스포츠윤리라는 것은 부정할 수 없다.

CHAPTER **03**

논 술
: 문제해결능력

PART 11

체육학 글쓰기의 핵심

우리가 글쓰기에 두려움을 가지게 되는 것은 아마도 글쓰기를 학교에서 배워 본 일이 없기 때문이다. 글쓰기를 잘 하기 위해서는 교양국어나 전문작가들이 하는 공통된 말이 있다. 많은 읽고, 많이 생각하고, 많이 써봐야 한다는 말이다. 이 말은 글쓰기에서 상식이다. 상식이 지켜지지 않기 때문에 글쓰기에 대하여 걱정하게 된다. 걱정만 하지 말고 일단 무엇이든 써보는 것이 중요하다. 대학에서 교양국어 시간에 배우지만 그것은 이론교육으로 끝나는 경우가 많다. 하지만 글쓰기는 대학과 대학원에서 빼놓을 수 없다. 그럼에도 불구하고 대학과 대학원들은 글쓰기교육을 체계적으로 하지 않고 있다. 최근에 와서 글쓰기 교육이 필요성을 인정하여 여러 대학에서 글쓰기교육을 강조하고 있는 실정이다.

이외에도 글쓰기는 너무 어렵게 생각하기 때문에 글쓰기가 제대로 안 되는 경우이다. 자신과 글쓰기는 아무런 관련이 없고 해도 안 된다는 부정적 인식이 지배적이기 때문이다. 시작해 보지도 않고 걱정이 앞서는 경우라고 하겠다. 글 쓰는 방법만 배우면 연구도구로서 자신의 생각과 주장을 자유롭게 표현할 수 있다. 우리가 통계를 배우는 것은 써먹기 위함이다. 글쓰기도 역시 기초를 충실하게 배워서 써먹기 위해 배워야 한다. 그런데 현실은 글쓰기 훈련을 제대로 하지 않고 잘 쓰기만을 바라고 있는 형국이다.

체육학 글쓰기

체육학 글쓰기와 다른 인접분야의 차이를 가진 것은 체험이라는 부분이다. 체육 현장에서 체험한 사실들을 가지고 연구자가 반성적 차원의 글쓰기를 하는 것이다. 글쓰기를 통해서 현장의 문제를 발견하고 그 해결 방안을 모색하는 일이다. 수많은 스포츠체험은 기록하고 표현하지 않으면 사라지고 만다. 물론 개인의 강한 추억 속에 남아있게지만 그것을 언어로 표현해 낸다면 스포츠의 정상과 진리를 좀 더 접근할 수 있다.

시중에 나와 있는 대부분의 책들은 운동기능과 연습만을 강조하는 책들이다. 이런 책들보다는 한 개인이 스포츠에 참여하게 되는 순간부터 일정한 숙달까지 행하는 과정을 1인칭 관점에서 운동일지를 쓰게 되면 그 자료는 질적 연구의 1차 자료가 될 수 있다. 뿐만 아니라 사람들에게 스포츠체험을 간접 경험하게 할 수 있는 책으로 출판할 수 있다.

이런 차원에서 나는 "쓰기 스포츠"의 발견이라는 말을 사용한다. 스포츠는 하는 것과 보는 것 이외에 읽는 것에 머물지 않고 쓰는 스포츠도 있다는 것이다. 글 쓰는 과정에서 스포츠의 즐거움을 얻을 수 있다. 그 결과로 읽는 스포츠 역시 가능하다. 글 쓰는 사람이 없다면 읽는 스포츠는 그 만큼 줄어 들 수밖에 없다.

글쓰기를 통해서 얻게 되는 것은 사고력이다. 체육학 전공자들은 체력은 강하나 지력이 떨어진다고 한다. 이 말도 개인차를 무시한 편견이 개입된 말이라도 어느 정도 일리가 있다. 하지만 평균적으로 다른 분야보다는 사고력이 떨어진다고 봐야한다. 그 떨어지는 부분을 글쓰기를 통해서 보완할 수 있다는 것이다. 글은 한 개인의 종합적인 지적 능력을 알 수 있을 뿐만 아니라 논리적 체계성과 구성력, 상상력, 창의력, 표현력 등을 확인 할 수 있다.

무엇보다 논리적인 사고력과 표현력을 키울 수 있다는 장점을 가지고 있다. 글쓰기는 논리적으로 생각하게 하는 힘을 가지고 있다. 체력을 기르기 위해서 훈련을 반복하는 것처럼 사고력을 기르기 위해서는 머리를 괴롭히는 연습을 반복해야 한다. 그 연습은 매일 글을 쓰는 것이다. 자신이 표현하고 싶은 내용을 지속적으로 글을 쓰는 과정에서 논리력도 얻게 되고, 사고력도 가지게 된다.

어느 순간에 글쓰기에 대한 내공을 쌓게 된다. 하루아침에 도달하는 것이 아니라 반복해서 연습을 거듭하다 보면 일정한 수준에 도달하게 된다. 그러기 위해서 연구논문을 써보고 학회지에 투고하고 자신의 논문이 무엇이 문제인지 객관적인 평가를 통해서 수정하고 다시 고쳐서 학회지에 게재할 수 있게 해야 한다. 이러한 과정을 통해서 자신감을 얻을 수 있고 지속적으로 체육인문학자 혹은 연구자로서 자리를 형성하게 된다.

올바른 인용과 연구윤리

올바른 인용과 연구윤리에 대하여 알아보자. 논문을 쓰는데 있어서 연구자가 지켜야 할 규칙이 있다. 운동경기에서 규칙을 지켜야 하는 것처럼 글쓰기 역시 규칙이 존재한다. 그 규칙은 정직한 글쓰기이다. 인용방법과 참고문헌 표기 방법에 규칙이 있다. 규칙을 모르면 아무리 훌륭한 능력을 가지고 있어도 그것을 무용지물로 만들 수 있다. 최소한의 피해를 방지하기 위해서는 인용방법과 표절에 대한 이해가 필요하다. 인용방법은 간접인용과 직접인용으로 구분된다. 간접인용은 연구자가 풀어서 사용하는 것이다.

예를 들어 김영정외(2004)는 학술적인 글쓰기는 어떤 주제에 대한 비판적으로 사고하는 능력과 다른 사람의 글을 비판적으로 읽는 능력이 필수적으로 요구된다고 말했다. 혹은 학술적인 글쓰기는 어떤 주제에 대한 비판적으로 사고하는 능력과 다른 사람의 글을 비판적으로 읽는 능력이 필수적으로 요구된다(김영정외, 2004). 이렇게 표기할 수 있다.

직접인용은 원 저작의 내용을 40자 내에 직접인용 표시로 " "을 사용해서 인용하는 방법이다. 원 저작의 내용이나 아이디어를 표기하지 않으면 그것도 표절에 해당된다. 아무것도 아닌 작은 것에 불과하지만 엄격한 인용방법에 맞게 표기하지 않으면 표절을 하게 된다. 표절은 인용표시 없이 무단으로 남을 글을 가져다 쓰는 경우이다. 우리가 인용을 해야 하는 이유는 선학에 대한 예의와 고마움의 표시라고 할 수 있다. 인용하지 않고 글을 쓰기는 불가능에 가깝다. 연구자보다 앞서서 연구한 연구자가 있고 그것을 바탕으로 조금 더 발전시키는 것뿐이다.

공정한 인용에 대하여 이인제(2007)는 다음과 같이 말한다. "첫째, 단순히 다른 사람의 저작물을 그대로 복사하지 않고, 해석, 분석 등을 통해 독창적인 방식으로 변형해야 한다. 둘째, 가급적 나의 저작물에서 타인으로부터 빌려온 양이 적으로 적을수록 좋다. 셋째, 타인의 저작물을 빌려와 이루어진 나의 저작물이 그 사람에게 지적 재산권의 피해를 줄 정도로 빌려온 것이라면 공정한 이용이라고 할 수 없다."

우리가 누구에게 무엇인가 빌려다 사용하면 고마움의 표현을 하는 것처럼, 다른 사람의 글을 인용해서 사용할 때 출처를 밝히는 것은 부끄러운 일이 아니다. 그것은 자신의 글의 신뢰성과 객관성을 높이는 방법이 된다. 혹시나 인용표시를 하지 않아도 모르겠지 하는 안일한 생각은 표절을 범하게 한다. 표절은 정신노동의 산물을 도둑질 하는 일에 비유하기도 한다.

인용표현은 정직한 연구 좋은 연구의 시작이다. 아무리 잘된 논문이라고 해도 인용을 제대로 사용하지 않았다면 좋은 연구물이 될 수 없다. 문제는 또 있다. 인용만 하면 표절이 되지 않는 다는 잘못된 생각이다. 인용만으로 짜깁기해서 논문을 만들 수 있다. 적어도 논문의 내용이 대부분 남의 글로 이루어졌다면 인용 표절이라고 할 수 있다. 자신의 생각이 조금도 들어가 있지 않다면 그것은 독창적인 연구물이라고 볼 수 없다.

연구논문은 어떤 문제를 해결하거나 문제를 제시하고, 새로운 것을 발견하는 것을 글로서 보고하는 것을 말한다. 그렇기 때문에 글은 연구자의 의사표현을 하는 일종의 연구도구에 해당한다. 특히나 인문학자의 경우에 연구도구는 외국어와 글쓰기가 전부라고 할 수 있다. 연구논문에 대하여 좀 더 이해를 돕기 위해 예를 들어 보자.

　의사가 환자를 만날 때 시작하는 것은 환자의 질병을 알아보기 위해서 다양한 방법을 사용한다. 현재 몸 상태와 고통이 심한 부분에 대하여 물어보고, 청진기를 가슴에 대어보는 등 다양한 검사방법을 통해서 질병을 찾는다. 그 이후에 정확한 질병이 발견되면, 어떻게 치유할 것인가를 결정하게 된다. 외과수술을 할 것인가. 아니면 약물치료를 할 것인가. 정신치료를 할 것인가를 처방하게 된다. 그 처방에 따라서 환자는 치료를 받게 된다. 일정한 시간을 통해서 건강을 회복하게 되어 정상적인 생활을 영위하게 된다.

　이처럼 논문도 역시 문제를 찾아내는 것이다. 그리고 그 문제를 어떤 방법으로 해결할 것인가를 결정하여 방법론을 적용하여 결과를 얻어내고 그 결과를 통해서 차후의 해결방안이나 대안을 제시하며 된다.

연구주제의 선정과정

　연구논문에서 처음에 해야 할 일은 논문주제를 선정하는 일이다. 논문주제가 잘 생각나지 않거나 막연하게 느껴지며 자신의 관심과 주변의 문제에 관심을 가져본다. 그것도 안 되면 전문저널(학회지)의 목차를 찾아보고 자신의 이목을 끄는 제목을 찾아서 한 번 읽어 보면 아이디어가 생길 수 있다. 이마저 되지 않는다면 한국교육학술정보원(www.riss4u.net)이나 한국학술정보원(www.kiss.kstudy. com)에 홈페이지를 방문하여 관심을 가지고 있는 핵심어를 쳐서 검색하면 관련된 선행연구목록이 나온다.

이들 제목에서 관심 있는 주제를 선정하고, 원문 그대로 다운받아 읽어볼 수 있기 때문에 주제를 선정하는데 유용하다. 그리고 참고문헌을 보게 되면 또 다른 자료를 찾게 된다. 그러는 과정을 통해서 연구 주제를 얻을 수 있을 것이다. 대개 논문은 자신의 관심과 고민에서 시작된다.

일단 아무것도 쓰지 않는 백지위에다 자신이 생각나는 주제를 10가지 정도 써본다. 그 10가지 주제를 하나씩 검토해보면서 자신이 진짜해보고 싶은 주제인지 혹은 관련 자료를 얻을 수 있는지, 자신이 해낼 수 있는 주제인지 검토를 거듭해서 남는 주제를 최종 연구주제로 채택하도록 하면 된다. 지어진 9개의 주제는 버리지 말고 가지고 있다가 연구에 자신감이 생기고 관련 주제를 찾게 되면 추후에 연구하기 위하여 보관해 둔다.

그럼 다른 연구자들은 어떻게 연구주제를 찾는지 알아보자. 김병준과 오수학(2008)은 연구자의 관심, 선행연구의 분석, 프로젝트 참여, 새로운 이론, 학술대회 참가, 현장 지도경험, 전문가나 지도교수 조언 등에서 찾을 수 있다고 말한다. 이 중에서 실제 할 수 있는 것을 시도하여 주제를 찾을 수 있을 것이다. 주제를 선정하는데 있어 막연하게 선정하는 것이 아니라 고려해야 할 사항들이 있다. 첫째, 주제는 자신의 관심과 흥미에 부응해야 한다. 둘째, 자신의 능력으로 해결할 수 있는 주제를 선정해야 한다. 셋째, 주제의 연구를 뒷받침해 줄 자료가 있어야 한다. 넷째, 독자의 입장에서 보아 읽을 가치가 있는 주제가 좋다. 다섯째, 발전성이 있는 주제를 택하라(김해식, 1993).

이러한 기준을 가지고 주제를 선정하면 된다. 선정하는 방식은 일단 막연한 주제를 설정하고, 그 다음으로 주제를 정리하고 범위를 한정해야 한다. 그리고 한정된 주제의 설정과 주제문의 작성하고 주제를 세분해야 한다(김해식, 1993). 그 다음으로 해야 할 일은 논문주제에 따른 구체적인 논문제목을 설정하는 것이다.

논문제목

논문 제목은 논문의 얼굴이다. 논문제목만 봐도 논문의 내용을 쉽게 이해할 수 있다. 눈에 확 들어오는 제목은 더 읽고 싶은 생각이 들게 만든다. 거기에는 개인의 취향과 호기심이 작용하기 때문이다. 시선을 끌 수 있는 제목이 그래서 필요하다. 꽃들이 화려한 것은 나비와 벌을 유혹하기 위해서라고 한다. 나비와 벌이 꽃에 날아오지 않으면 꽃은 생명을 다한다. 수정을 못하기 때문이다. 읽지 않는 논문은 글로서 생명력을 상실한 것과 같기 때문에 제목선정에 정성을 다해야 한다.

제목은 정확하고 간결하게 정하면 된다. 너무 길게 하는 것도 부담이 된다. 짧게 그러나 강한 인상을 줄 수 있고 논문 전체를 알 수 있게 하는 표현이 좋다. 요즘은 대개 ~연구, ~고찰, ~탐구 등의 단어를 사용하지 않는다. 이미 연구논문이기 때문에 연구라는 말을 반복할 필요가 없기 때문이다. 이러한 단어를 붙이지 않아도 연구제목으로서 문제가 없다. 그렇다고 너무 멋을 부리면 거부반응이 올 수 있다. 그냥 논문 내용을 가장 잘 표현한 간략한 제목이면 된다. 제목은 멋있는데 내용이 형편없다면 실망은 배가 된다. 화려하지도 않으면서 핵심내용을 들어내는 제목이 좋은 제목이다.

한국체육학회의 윤리지침 및 심사지침의 제목에 대한 규정은 다음과 같다. "논문의 제목은 논문 내용 전반을 함축적으로 나타낼 수 있는 최소한의 단어를 사용하여 간결하고도 구체적으로 표현해야 한다. 지나친 전문용어는 가급적 피하고, 부제 표현은 바람직하지 않다."

서론 쓰기

서론은 본론에서 언급할 내용들에 대하여 간단히 소개 혹은 안내 하는 역할을 하는 도입부분이다. 적어도 이 글(연구)을 쓰는 목적이 무엇인지 명백하게 제시해주어야 하며, 왜 연구할 필요성이 있는가를 밝혀주어야 한다. 그리고 어떤 방법을 가지고 어떠한 방향(절차)으로 글을 쓸 것인지에 대하여 친절하게 안내하는 것이 서론이다. 서론 없이 바로 본론부터 시작하는 논문이나 글이 있다. 단도직입적으로 워밍업 단계를 생략하고 본론부터 말하는 경우라고 하겠다.

큰 예외가 없다면 대부분 앞에서 제시한 연구의 목적과 필요성, 방법과 절차에 대하여 미리 알려주는 것이 독자들을 설득하는데 유리하다. 독자에 입장에 서론에서 언급할 내용이 없다면 읽는 데 어려움과 당혹감을 가질 수 있다. 글은 친절해야 한다. 아주 친절하게 독자를 배려하는 글을 써야 한다. 다음은 한국체육학회지 심사규정에서 밝힌 서론의 내용이다.

독창적이며 흥미로운 문제 제기가 가장 중요하며, 연구와 직접적으로 관련된 핵심적 배경과 이를 토대로 한 연구의 목적이 명확히 언급되어야 한다. 흔히 최근의 관련 연구 경향만을 나열하는 경향이 있으나 연구문제의 학문적 경험적 발전과정도 필요에 따라 간결하게 기술해야 한다. 교과서적이고 일반적인 설명은 완전히 배제되어야 하며, 참고문헌 인용은 가급적 일차 자료에 근거하여야 한다. 인용된 자료가 2차 자료인 경우에는 2차 자료 인용형식에 적절하게 제시되어야 한다(한국체육학회지 윤리규정 및 심사지점).

서론에는 문제 제기가 있어야 한다. 문제가 없다면 글의 방향을 상실하고 뒤죽박죽 될 공산이 크다. 문제를 해결하는 것이 논문이기 때문에 정확한 문제 제기 혹은 문제의식이 있어야 한다. 특히 이러한 문제가 중요하다는 언급이 필요하다. 치밀하게 서론을 작성하기 위해서 지금까지의 선행연구를 검토하는 것이 좋다. 이 문제는 이러저러하게 다루어 왔다는 점과 자신이 쓰는 논문과는 이러한 점에서 차이가 있다는 것을 밝혀주는 것이 독자를 설득하는 데 유리하다.

그리고 연구자는 다음과 같은 방법과 시각으로 이 문제를 다루겠다는 설명이 필요하다. 문제가 있다면 그 문제를 어떻게 해결할 것인가가 중요하다. 그래서 방법론이 있는 것이다. 어떤 문제에는 어떤 방법이 최적인지 파악하는 것이 실력 있는 연구자의 안목이다. 특정한 연구방법이 없이 연구할 수 있는 인문학적 연구에서는 어떤 시각으로 현 문제를 바라보면 해결할 것인가를 제시하는 것이 좋다.

비판적 입장, 성찰적 입장, 해석적 입장 등을 밝혀주는 것이 필요하다. 끝으로 글을 어떻게 짜겠다는 것을 보여줘서 독자들이 글이 어떻게 진행될 것인지 알 수 있도록 하는 것이 좋다.

본론 쓰기

본론에서는 서론에서 밝힌 문제의식을 해결하는 곳이다. 연구자는 자신의 입장에서 어떻게 문제를 해결할 것인가를 간략하게 서술한다. 문제가 어떻게 해결되는 가를 보여주게 되면 독자의 입장에서 본문을 읽는 데 도움을 얻게 된다. 가능한 서론에서 제기된 문제를 해결할 수 있는 다양한 해결책들을 모두 제시한다.

그리고 그 해결책 중에서 어느 것이 가장 최상의 해결책인지를 선택해서 왜 이 해결책이 가장 중요한가를 친절하게 제안한다. 또한 예상 가능한 반론들을 미리 생각해보고 그것에 대하여 대응을 준비해야 한다. 예상되는 반대 주장을 대비하면 그 만큼 글의 완전성을 높일 수 있는 장점을 가지게 된다.

가능한 해결책들을 공정하고 성실하게 진술할 필요가 있다. 자신의 입장만을 제시하는 것이 아니라 다른 사람들의 입장도 공정하게 제시하는 것이 자신의 글을 객관성을 높이는 일이다. 각각의 해결책이 가지는 장단점을 하나하나 밝히는 것이 효과적이다. 본론에서 제시한 해결책 중에서 자신의 입장이 설득력이 있다는 것을 부각하면서 본론에서 제시한 내용을 요약하고 문제가 해결되었음을 밝힌다.

결론 쓰기

결론에서는 서론에서 제시한 문제가 해결되었음을 요약으로 보여줘야 한다. 어떤 학생은 결론이 쓰기가 어렵다고 쉽게 할 방법이 없느냐고 묻는 경우가 있다. 결론은 어려운 부분이 아니라 앞

에서 전개한 사실들을 종합정리하고 차후의 과제를 제시하는 것
만 적어주면 된다. 어렵게 생각하는 것은 논문쓰기에 대한 경험이
부족하기 때문에 선입견을 가지게 된다. 결론쓰기에 대한 선입견
과 편견을 불식하고 편안한 가운데 전체내용을 요약하고 정리할
수 있는 시간이라는 인식이 필요하다. 특히 결론에서는 연구자 자
신의 주장을 재확인하는 절차를 가져야 한다.

다시 말해서 연구요약과 제언 그리고 향후 연구 방향 등에 대
하여 서술하는 것이 일반적인 단계이다. 요약은 짧게 하는 것이
좋다. 길게 하면 앞에서 서술한 내용을 반복하게 되어 읽는 입장
에서 보면 지루함을 준다. 연구목적과 연구결과를 밝히면 된다.
그리고 연구자가 연구를 수행하는 과정에서 가지게 된 문제점과
연구 상의 제한 등을 제시하면 좋다. 그리고 차후의 연구와 관련
성, 어떤 연구를 할 것인가를 제시하는 것이 순서이다.

참고문헌

참고문헌은 각 학회지의 논문투고 양식에서 제시하고 있는 지
침에 따라야 한다. 참고문헌은 일종의 연구자들이 합의한 규칙이
기 때문에 연구자의 입장에서 이를 지키는 것이 중요하다. 논문에
서 인용한 자료만 제시하는 것이 보통이다. 본문에서 인용하지 않
은 문헌을 참고문헌에 달아주는 것은 규칙에 어긋나는 행위이다.
자신이 읽고 참고한 자료만 출처를 밝혀준다. 불필요한 자료는 제
시할 필요는 없다.

참고문헌은 선행연구자에 대한 고마움의 대한 후학들의 표현이

면 자신의 연구가 얼마나 객관적인지를 보여주는 지표로도 사용
된다. 그렇기 때문에 인용하지 않은 문헌을 참고문헌에 다는 경우
가 있는데 이를 자신을 속이는 일이며 다른 연구자를 속이는 행위
이다. 무조건 참고문헌이 많다고 객관성이 높은 연구논문은 아니
다. 참고문헌의 양과 관계없이 얼마나 치밀한 논증을 통하여 논문
이 구성되었느냐에 따라서 논문의 완성도는 결정된다.

PART 12 ──────────────────────────────

•

체육학 글쓰기의 전략

글을 쓴다는 것은 어려운 일이다. 체계적인 글쓰기의 훈련도 없이 글을 잘 쓴다는 것은 아무튼 힘든 일이다. 그것도 자신의 생각을 글을 통해 표현한다는 것은 여간 힘든 일이 아니다.

여하튼 우리는 우리의 말과 글을 가지고 우리의 생각을 표현해야 하는 것을 주 임무로 하고 있다. 그것은 우리가 체육에 대한 사랑과 열정을 가지고 맺어진 상태에서 비롯된다. 현실적 경험을 통해 잉태한 생명체(글)는 소중한 우리의 지적 자산이 된다. 그렇지 않고 국적불명과 우리현실을 벗어나 이루어진 결과물(글)에 대하여 우리는 좋은 시선을 보낼 수 없다. 그것들은 우리들의 현실을 외면한 먼 나라의 얘기에 불과하기 때문이다. 우리가 공부를 하는 것이 현학적이기보다는 현실 문제에 대한 해결과 그 결과를 통해 사회변화를 시도하여 보다 좋은 삶을 이루려고 하는데 있다. 이런 관점에서 이성용은 다음과 같이 말한다.

"오직 서구화됨으로써 모든 한국의 문제는 해결된다는 것이다. 우리의 주체성은 없다. 이런 사고는 주입식 암기 위주 교육방식에 의해 더욱 강화되었다. 결과적으로 외국 사회과학이론을 목표로 삼고 우리 사회 현상을 수단으로 삼을 경우, 이론과 실제의 괴리는 영원히 해결될 수 없는 숙제로 남기 쉽다. 그러한 비현실적 사회과학은 우리 국민에게 실망만을 안겨주는 학문이 되기 쉽다"(이성용, 1999 : 263).

이와 같이 우리체육 혹은 한국체육의 이론을 창출하기 위해서 우선 우리 학술용어와 글쓰기가 시작되어야 한다. 이를 위해서 우리가 어떻게 체육에서 글쓰기를 해야 하는가에 대한 생각을 해 볼 수 있다. 이 생각을 모아서 나름대로의 의견을 제시해볼 것이다. 현실적으로 우리 체육 혹은 체육학이란 존재하는 것 같지도 않다. 식민지체육과 해방이후 미군정기 체육 역시 식민지 체육의 연속상에서 봐야 하기 때문이다. 우리체육 이론에 대한 연구들이 사실상 전무한 상태이다. 우리 것에 대한 생각은 하지만 어디서부터 해야 할지는 깜깜하다.

시작부터 우리체육이 아니라 외래의 체육을 수입하여 적용하였기 때문에 용어나 방법 등 우리 것이 없다. 그 중에서 이 땅의 현실을 바탕을 한 연구들이 있어야 하는데 현실은 따라 주지 못하고 있다. 이에 대한 고민에서 사유가 연유되어야 하는데 현실에 대한 깊은 고민이 배어나는 글을 만나기가 생각보다 어렵다. 그 많은 천재들과 학자들은 어디에 가고 없는 것인가. 아쉬움만이 남아 있다. 이제 어떻게 우리 것을 만들고 우리 생각을 정리해 나갈 수 있는지에 대한 방안을 중심으로 알아보자.

📀 글은 머리가 아니라 가슴으로 써라.

글쓰기는 머리와 기교가 아니라 가슴으로 쓰는 것이다. 마음속의 심안과 느낌의 감동으로 써야 한다고 말하면 무슨 괴변이라고 반박하는 사람들이 있을 것이다. 지금까지 우리는 논리와 형식에 고려하여 글을 써야 한다고 배워 왔기에 기존의 생각과 충돌하게 된다.

어째든 여기서 말하고자 하는 글쓰기는 머리와 기교중심의 글쓰기는 아니라 따뜻한 가슴으로 쓰는 것을 말한다. 형식에 고정되어 내용과 뜻이 살지 못함을 경계해야 한다. 가슴은 비유로서 일종에 극단적으로 말한 것일 뿐이다. 열정과 관심이 필요하다는 것을 의미한다.

글은 뜻의 전달에 있지 형식에 치우쳐 보기 좋은 모습으로 치장하는 것에 있지 않다. 형식을 강조하는 글쓰기는 직업을 유지하기 위한 글쓰기, 즉 논문을 위한 논문쓰기에서 나타난다. 시대를 걱정하고 이 땅의 사람들의 보다 나은 삶에 대한 관심이 없는 기계적 글쓰기이다. 사람을 생각한 글이 아니기 때문에 형식을 강조하는 글쓰기 현상들이 나타난다.

고민의 흔적이 베어나는 글은 형식이 어색해도 감동을 전해준다. 약간의 문법적 오류에도 읽는 사람은 관대해 질 수 있다. 감동의 울림을 보여주기 때문이다. 운동 혹은 스포츠에 대한 고민과 사랑에서 비롯된 진솔한 이야기는 글을 통해 표현된다. 말이 넘쳐나기 때문에 어떻게 할 방법이 없다. 쏟아내야 정신이 맑아진다. 고민이 녹아 있는 글은 독자를 공감대로 끌어 들일 수 있다. 함께 공동체를 구성하여 문제 해결의 가까이 다가 설 수 있다.

예시 학교선수 육성 재고할 때

결론적으로 운동선수도 학업을 병행해야 한다는 말이다. 학부모, 선생 차원을 벗어나 교육이 제도적 차원에서 이를 다뤄야 한다는 말로 결론을 냈다. 정작 중요한 선수 자신은 제외시켰다는데 한계가 있다. 수업을 할 수 없기 때문에 대학은 갈 수 없고, 대학을 가기 위해 운동선수는 부정한 방법으로 대학을 가는 것이 당연하다는 듯 현직 선생들은 인식하고 있다는 것으로 들린다.

왜 그래야 하는지 이해 할 수 없다. 왜 꼭 그렇게 해서라도 대학을 가야만 하는 것인가? 운동을 했으면 운동으로 승부를 해야 한다고 생각한다. 예를 들어 우리 학교에 골프선수 OOO이 작년인가 제 작년에 입학을 했다. 운동선수로서 어느 정도 부와 명예를 갖추었으니 이제 학벌까지 갖추려고 하는 것일까? 그것도 프로이면서.......

운동선수들의 이런 대학 행을 이해할 수 없다. 우리 시대가 학벌을 중시하기 때문에 이런 현상이 일어나는 것이라 어쩔 수 없다고 해도 운동선수는 먼저 운동선수로서 최선을 다하는 것이 중요하지 않을까. 그래서 그 나름대로 사회에서 인정받을 수 있어야 하고 그래서 나름대로 은퇴해야 할 시기가 되어 그 때에 대학에 가도 늦지 않다. 운동선수 하면서 대학을 다닌다고 해도 제대로 공부를 하는 것도 아니다. 그냥 졸업장 하나만 받게 되는데 그 졸업장을 가지고 석사, 박사를 한다고 그 사람이 정말 공부를 열심히 한 것이라고 누가 믿겠는가. 대학은 정말 공부 할 사람이 가야 한다.

그리고 그 전에 교육 개혁 차원에서 초, 중, 고에서부터 운동선수를 운동기계로만 키울 것이 아니라 운동을 그만두어도 다른 방면에 사회에 잘 적응할 수 있도록 교육시키는 것이 중요하다. 그리고 그것은 선수 개인의 의지력과도 연계된다.

어린 시절에는 흔히 운동이라는 것이 거의 전부로 받아들여진다. 다른 학생들이 흠모의 눈으로 쳐다보기도 하고 다른 사람의 주목을 받게 되니 다른 건 생각할 여력이 없는 것이다. 또 날마다 계속되는 훈련에 공부할 생각은 아예 하지 않게 된다. 내가 겪어서 잘 알지만 운동이라는 것이 정말 힘들다. 육체적으로는 몸이 피곤하고 아프기도 하지만 운동선수를 단순 무식쟁이로 보는 사회적인 시각으로 인한 정신적 고통도 함께 한다.

그래서 내가 운동선수를 할 때면 아버지가 절대 운동복을 입고 돌아다니지 못하게 했다. 운동선수는 행동거지가 올 바라야 사람들 입방아에 오로내리지 않는다면서.

이게 웃긴 게, 운동선수는 아무것도 하지 않아도 마이너스 요소를 안고 있다. 못하면 더 지탄받게 되고 잘하면 그나마 정상참작이 된다. 이런 좋지 않은 사회적 인식 속에 운동선수로서 좋은 이미지를 갖기 위해서는 선수 스스로 운동선수에 대한 사회적 편견을 인지하고 노력하는 수밖에 없으며 선수 스스로 자각 하지 못할 경우엔 감독이나 주위 사람들이 공부의 중요성을 인식시켜 주는 것이 중요하다.

내가 알고 있는 배구 선후배들의 경우 은퇴하고 나면 왜 그렇게 결혼을 빨리 하는지, 그것이 정말 신기하게 생각되었다. 능력 있다고 생각했기도 하고, 그렇지만 이제 와서 생각해 보니 운동을 그만두고 할 것이 없어 결혼을 한 것이 아닌가 하는 생각을 해 본다. 결혼을 한 것이 꼭 무능하기 때문이라는 것은 아니지만 운동선수를 하다가 그만 두더라도 사회에 잘 적응할 수 있는 교육을 같이 병행하는 것을 제도적으로 정립하는 것이 중요하다. (학생의 글)

실업 선수생활을 은퇴하고 늦은 나이로 대학을 다니는 한 학생의 글이다. 나도 이 학생의 글을 통해서 현실의 문제가 어떤 것인지를 잘 알게 되었다. 이 글은 자신의 경험을 바탕으로 한 진실성이 들어나는 글이다. 글은 머리가 아니라 가슴으로 쓴다는 저자의 생각과 잘 들어맞는 글이다. 자신의 경험을 바탕으로 운동선수가 공부와 운동을 병행해야 한다는 주장을 펼치고 있는 글이다.

◉ 사랑과 열정으로 써라.

체육, 스포츠에 대하여 사랑과 열정이 없이 쓴 글은 죽은 글에 불과하다. 현장 경험에 대한 관심에서 글은 시작된다. 고민 없이 쓴 글은 내용이 깊지 못하다. 글 속에 고민의 흔적이 아주 깊게 베여있어야 한다. 그래야 읽는 사람에게 깊은 감동을 줄 수 있다. 감동은 생각의 변화를 가져오고 나아가 행동의 변화로 이어진다.

독자와 저자의 교감은 진실성에서 비롯된다. 관념의 배설이 아니라 체험을 통한 진실한 의식에서 시작되는 글이 진짜 글이다. 허식에 찬 글은 독자에서 공감을 얻을 수 없고 글의 생명이 짧게 된다. 공감할 수 있는 내용이 지면에 꽉 차여 있어야 한다. 그래야 읽는 재미와 더불어 독자에게 도움을 줄 수 있다.

자의식 없는 글자의 나열은 생명력이 소실된 무표정한 허수아비의 모습을 한 글자로 남을 뿐이다. 이러한 글은 논문을 위한 논문, 평가, 업적을 위한 글 일뿐이다. 또한 읽히지 않는 글은 글의 생명력이 손실된 미아이다. 우리는 홀로된 시간과 공간 속에서 치열한 자기 투쟁의 과정에서 산모가 아기를 분만할 때의 산모의 고통에는 버금가지 못하지만 일정한 고통 속에서 글에 생명을 부여한다.

만약 글이 읽히지 않으면, 그 글은 생명을 잃고 성장하지 못하고 쓰레기통 속으로 사라져 버리고 만다. 글은 읽히고 그것을 토대로 논의와 비판을 통해 성장하고 성숙한 생명체로 존재할 수 있어야 한다. 그러한 글들은 다시 현실과 결합하여 새로운 생명체를 탄생시킬 수 있다. 그렇지 않고 홀로 존재한다면 글은 현실인식이 결여된 이유로 더 이상 존재하지 못하고 배제 당하고 만다.

사랑하는 마음이 넘쳐나는 열정으로 글을 쓸 수 있다면 그 글은 명문이 될 수 있다. 진정한 내용을 담고 있는 글은 살아 있는 글이다. 죽은 글이란 가식과 허황된 생각들을 담고 있는 글이다.

아무런 근거도 없이 자의식에 의한 글은 자기만족을 위한 글에 불과하다. 독자의 공감을 가질 수 있는 글은 아주 읽기 쉬운 글이다. 읽어서 이해가 되는 그런 글을 써야한다. 읽히지 않는 글은 죽은 글에 지나지 않는다. 너무 장황하고 전문용어를 사용하면 독자들은 외면한다.

◉ 더 이상 자기를 죽이지 말자.

우리는 자신의 목소리를 죽이고 심지어 학대를 한다. 우리가 생산하는 글 속에는 서양학자들의 이름이 즐비하게 나열되어 있다. 과연 그들의 목소리에 우리는 순종하고 그들을 학문적 아비로 불러야 하는가. 엄연히 우리는 이 땅에 아비와 어미를 가지고 있는데 그러한 모순을 자초하지 말아야 한다. 더 이상 자기를 죽이는 일은 하지 말아야 한다.

자신의 목소리를 내자. 자신이 살아있는 생동감 넘치는 목소리로 말할 필요가 있다. 자신이 경험하고 고민한 결과를 글로서 표현해야한다. 후배에게 들려주고 싶은 이야기를 술자리가 아니라 글을 통해 말한다면 지속적인 이해가 가능할 것이다. 시간과 공간을 초월하여 읽고 공감을 가져올 수 있다. 그러기 위해서 우리는 우리의 문화와 학문을 위해 분투해야 한다.

그 긴 시간 동안 힘없이, 아무 저항 없이 우리의 아들딸들에게 또 다시 학문적 식민지의 노예로 만들지 말아야 한다. 그들이 살아야 할 곳은 자유와 해방된 공간에서 우리의 아비와 어미의 자양분을 가지고 살아갈 수 있는 토양이다. 그래야 한국적 체육이론이란 풍성한 곡식을 거두어들일 수 있다.

자신의 목소리를 살리기 위해서 자신의 생각을 정리하는 것이 필요하다. 글쓰기에서 제일 중요한 사항은 자신의 생각을 일목요연하게 정리하는 일이다. 이런 정리 작업을 통하여 자신의 입장을 가질 수 있게 된다. 세상은 내가 선택하고 내가 결정하는 것이기에 자신의 잣대를 가지는 것이 중요하다. 이런 입장이 배우는 사람들에게 필요하다.

자신의 생각을 정리하기가 어렵다고 하는 소리는 평소에 자신의 입장에서 생각하기와 글쓰기가 이뤄지지 않았기 때문이다. 자신의 생각을 갖게 하는 것 중에 글쓰기가 하나의 방법이다. 그런데 다른 사람들의 생각을 종합하는 것보다는 자신의 입장에서 해석하는 훈련이 필요하다.

또한 글쓰기는 인격을 닦는 행위이며 자신의 마음을 닦는 일일 수 있다. 이를 위해서는 성찰적 글쓰기가 제격이다. 성찰적 글쓰기는 자신을 돌아볼 수 있는 글이다. 자신이 무엇을 배우고 그것이 왜 중요하고 자신에게 어떠한 영향을 주었는지에 대하여 묻고 생각하는 연습이 가능하다. 이를 위해서는 자신을 돌아보는 글쓰기 연습이 필요하다.

글 쓰는 일은 학문적인 입장이기도 하지만 자신의 인격을 키우는 인성교육의 역할도 한다. 선인들은 붓글씨 한 글자에 정성을 다해 글을 쓰면서 자신의 마음을 바로 잡는 공부를 병행하였다. 지금은 글을 쓰는 것이 타자연습에 불과하게 되었다. 이를 넘어서기 위해서는 고민하고 치열하게 글을 쓰는 것이다.

예시 우리에게 체육은 무엇인가.

　　나의 고등학교시절로 돌아가 생각해보면 체육학과 진학을 결정하려할 때 정말 많은 생각들을 갖고 진학을 했다. 그때와 지금은 체육에 대한 나의 생각들은 많이 변하고 현실적으로 변했다. 그때 만해도 대학에 진학만 하면 뭐든지 하고 싶은 데로 되는 줄만 알았다. 하지만 군대를 갖다 오고 복학해서 체육계열의 현장에 뛰어들고자 할 때 생각되는 건 정말 쉽지 않다는 것을 알게 되었다. 그렇다면 체육이 나에게 있어 무엇인가? 이렇게 쉽지 않은 길을 가고 있는 나에게 있어 체육이 가져다주는 의미는 무엇인가.

　　우선 내가 속해있는 체육학과에 대한 소속감이 주는 큰 힘에 매료되었다. 비록 저학년 일 때는 힘들고 의지하려는 힘이 컸지만 지금에 내가 선배가 되고 나서는 후배를 이끌어야 된다는 의무감과 내 스스로 무엇인가를 찾지 않으면 안 된다는 의지를 심어주고 있다. 이는 내가 앞으로 살아감에 있어 꼭 체육계열이 아니라 다른 일을 할 때에도 큰 원동력이 될 것이다.

　　그리고 체육학과에 다니면서 여러 가지 경험들을 하게 되었다. 아동체육, 유소년축구교실, 축구심판, 축구협회, 수영장, 스키장 등 다양한 경험들을 할 수 있었다. 분명 이러한 것들은 나에게 있어 큰 경력으로 남을 것이다. 또 하나 좋은 점은 체육계열은 체육계열에서 할 수 있는 일들이 많다는 것이다. 하려고 노력만 한다면 얼마든지 할 수 있는 일들이 많다.

　　이와 같은 이유로 나는 체육계열을 좋게 생각하고 기쁜 마음으로 참여하고 있다. 체육은 분명 나뿐만 아니라 다른 동료들에게도 분명 도전의 기회를 주고 있다. 앞으로의 사회는 체육을 바탕으로 보다 건강한 사회로 변하고 있기 때문에 앞으로 우리에게 주어진 기회는 한층 더 많아 질 것이 분명하다. 요즘 같이 어려운 시대에 체육을 전공함은 살아갈 길을 발견하는데도 큰 힘이 된다.

　　하지만 이러한 큰 장점들 뒤에는 분명 안 좋은 점이 있기 마련이다. 많은 사람들이 알고 있듯이 체육계열 직업이 갖는 짧은 생명력이다. 정말 노력하지 않고 안일하게 지내다 보면 도태 속도가 빠르고 살아남기 힘이 든다. 또한 전문직, 관리직의 수도 아주 적은 것이 사실이다.

그래도 이러한 장점과 단점을 이겨내는 것이 요즘 사회를 살아가는 재미가 아닐까 생각한다. 어려운 것을 극복하고 거기서 보다 나은 삶을 찾아내는 것은 분명 재미난 삶을 살 수 있는 기회일 것이다. 체육에 몸담고 이 길을 걷고 이 길에서 살아남기 위한 노력조차도 우리에게 주어지는 큰 행복이 아닌가 생각한다. (학생의 글)

위 글은 자신의 목소리를 일관되게 유지하고 있다는 점에서 자신을 살리는 글이라고 할 수 있다. 하지만 글의 호흡과 단순한 논리는 좀 부족하다. 전체 글이 자연스러운 흐름을 유지하지 못하고 있지만 자신의 마음을 열어 보이는 진솔한 글임에는 틀림없다. 체육학과 4학년 학생이 갖고 있는 고민을 잘 엿볼 수 있다.

◎ 표절은 자살행위이다.

어렸을 때 학교 앞 길거리나 혹은 구멍가게에서 팔던 불량식품이 생각난다. 그 때는 불량식품의 유혹에서 벗어나기 어려웠다. 강력한 색과 향기는 어린 나를 유혹하기에 최고였다. 길에서 만나면 외면할 수 없었던 불량식품은 자신의 건강에 치명적인 영향을 줄 수 있다는 것을 알고 있었지만 참지 못하였다. 왜 지금 불량식품을 말하는가. 표절을 말하려고 하다 보니까 불량식품이 생각난다. 논문 표절은 불량논문이라고 할 수 있다.

불량논문의 양산은 여러 가지 이유가 있겠지만 그 중에서 몇 가지만 얘기해 보자. 교수라는 직업의 생존보존을 위한 최소한의 연구실적을 요구하기 때문에 연구하고 있는 것은 없고 시간은 급하고 해서 만들어진 논문이 바로 불량논문이다. 논문을 위한 논문으로 최소한의 형식만을 갖추고 있다. 이전에 자신이 썼던 글이나 다른 사람들의 글이 서로 엉켜있다. 그래서 필요하기 때문에 어쩔 수 없이 투고 하게 된다.

이 외에도 연구비를 받은 논문의 경우이다. 연구비는 이미 사용했는데 결과를 보고해야 하는데 아무런 연구가 이뤄지지 않을 때 연구보고를 요구하면 어쩔 수 없이 급조된 논문을 쓰게 되는 것이다. 여기도 불량논문이 만들어 지는 과정을 볼 수 있다. 고민이나 심혈을 기울려 시간과 경제적 비용을 투자해서 발견의 기쁨을 얻기 보다는 어떻게 대충 해보려는 생각이 나타나기 때문이다. 이 역시 조급함에 의한 불량논문이 양산되는 것이다.

이는 특정한 가상의 상황을 생각해 본 것이다. 불량논문을 쓰는 교수나 학자는 없을 것이다. 자신의 명예를 최고로 알 고 있는 사람들에게 있을 수 없는 일이다. 어째든 불량논문은 양심불량과 깊은 관계가 있다. 표절을 하는 것은 양심불량으로 죄를 짓는 것이다. 구속을 되지 않지만 명예에 치명적이고 학자로서의 모습도 상실하게 된다. 그렇기 때문에 불량논문을 양산하지 말아야 한다.

불량논문은 후속 연구자들에 치명적 바이러스 역할을 한다. 권위 있는 교수의 논문이 불량논문일 경우 그 치명적 손상은 크다고 할 수 있다. 지금 한국 사회를 달구고 있는 논쟁은 바로 불량논문을 만든 어떤 교수의 사건이다. 이 역시 누구도 모른다고 생각하고 세계를 상대로 한 불량논문을 발표한 것이다. 이는 후속 연구자들에 의해서 규명될 수 있다는 생각을 하지도 않은 경우이다.

양심 있는 글쓰기가 필요한 이유는 글쓰기 자체만의 문제가 아니라 자신의 양심마저 사라질 수 있기 때문이다. 아주 조금만 일이라도 그것이 습관화되면 자신의 의지와는 상관없이 버릇이 될 수 있다. 귀찮지만 어린나이의 학생들에게 글쓰기에서 자신의 생각과 타인의 생각을 구분해서 쓰도록 하는 훈련이 필요하다. 처음에는 귀찮고 힘이 들더라도 나중에 아주 자연스럽게 출처를 밝히는 것이 당연한 것이 될 것이다.

⊙ 출처를 밝히자.

단행본으로 나온 책이나 혹은 논문을 유심히 보면 같은 내용의 중복된 부분을 발견할 수 있다. 물론 약간의 수정을 통하여 원본과 차이를 찾을 수 있지만 원칙적으로 원전과의 내용에서 큰 차이없이 그대로 출판한 경우다. 대부분이 비슷한 개론서의 경우 그 내용은 누가 누구의 것을 표절했는지 알 수 없다. 대개 우리나라에서 표절은 미국이나 일본의 원전을 베끼고 다시 국내에서 번역된 것을 베끼는 구조를 가지고 있다. 처음에는 번역서가 나중에는 편저에서 저서로 둔갑한다.

원조가 누구의 것인지 판별하기 어렵다는 얘기다. 심지어 표절 내용이 잘못된 것을 그대로 표절한 것을 금방 찾을 수 있다. 표절은 노력 없이 대가를 바라는 행위라고 할 수 있다. 인문사회학에서 밤을 지새워 가면서 인고의 과정 속에서 한 문장을 완성한다. 이를 무분별하게 도용하는 것은 문제다. 세상에 공짜가 없는데 공짜로 자신의 배를 불리는 경우이다. 이상한 부분은 가장 많은 부분을 베긴 책은 참고문헌에서 빠져있다.

표절이 왜 문제인가. 다른 사람들도 다하는 데 왜 문제인가 하는 의문을 제기할 수 있다. 그러나 모든 사람들이 표절과 도용만을 일삼는다면 밤을 새워가면서 누가 노력하려고 하겠는가. 학문적 발전과 인류의 진보를 위하여 창의적인 내용물에 대한 저작권을 인정해야 한다. 그래야 학문이 발전할 수 있다. 저작권이 보호되지 않고서는 누구도 자신의 역량을 발휘하려고 하지 않는다. 타인의 창의적 아이디어를 보호하는 것이 표절을 사전에 막기 위한 절차적 행위라고 할 수 있다.

표절은 창의성을 말살한다. 창의적인 아이디어는 순간적으로 떠오르는 것이 아니라. 많은 공부를 통하여 내공이 쌓여서 직관적으로 얻을 수 있는 노력의 결과이다. 지속적인 창의성의 실현은 창의성에 대한 저작권을 보호하는 것이다. 그렇지 않으면 그 누구도 창의적인 것에 대하여 관심을 가지지 않는다. 그래도 저작권의 보호를 받기 때문에 많은 시간을 투자하면서 시간과 비용을 쓰고 있는 것이다.

표절은 학자적 양심을 저버리는 행위이다. 학자는 학문적 양심으로 산다고 할 수 있다. 학자의 양심은 학자에게 남은 자존심이라고 할 수 있다. 학자이기 때문에 학문적 양심을 저버리는 행위를 해서는 안 된다. 이 말을 모르는 학자는 없을 것이다. 알고 행하지 않는 것은 모르고 행하는 것보다 나쁘다.

동려 학자들의 지식과 연구결과를 도용하는 것이 아니라 인용하고 그 가운데 좀 더 더 발전할 수 있는 계기를 만들 수 있는 것이다. 연구자들은 고마움의 표시로 참고문헌에 인용을 하는 것이다. 그러한 연구 성과를 통하여 자신의 연구를 수행할 수 있다. 인용은 상대방에 대한 존중의 표현이다. 그런데 표절을 하는 것은 상대방을 무시하는 무례한 행위라고 할 수 있다.

자신의 논문이나 책을 그대로 인용표시 없이 인용하는 것은 자기표절에 해당한다. 자신이 발표한 연구논문이라고 해도 인용구를 달지 않고 인용하는 것은 자기표절이다. 지금까지 자기표절에 대하여 관대하게 해왔는데 자기표절에 대한 교육과 인식의 변화가 있어야 한다. 새로운 내용 없이 자기논문을 계속해서 반복하여 발표하는 것을 막기 위해서는 자기검열이 요구되는 것이다.

◉ 모든 글에 제목을 달아보자.

모든 글에 제목을 달아보자. 작은 글에도 제목을 달면 주제의식이 명확해져서 글의 논리적 전개가 가능해진다. 제목은 상상력을 자극할 뿐만 아니라 생각을 힘을 길러주는 역할을 한다. 자신의 글에 이름을 부여하여 글의 생명력을 부여하는 일은 재미난 일이다. 이름은 작명가만 하는 것이 아니라 누구나 할 수 있다. 자신의 글에 자신이 이름을 달아주는 것이 좋다.

제목은 글의 목적을 명확히 하게 한다. 아무런 생각 없이 글을 쓸 수가 없다. 제목을 먼저 선정하고 그에 맞는 글 자료를 구하여 정리할 수 있기 때문에 시작은 제목을 다는 것이다. 일종의 어떤 용도의 글을 쓸 것인가를 결정해 준다. 제목은 글쓰기 시작의 반이다. 제목을 결정한 것이 글쓰기 전체의 반 정도라는 말은 그 만큼 생각이 정리되었다는 말이다.

글의 주제의식을 살리는 길은 제목을 다는 일에서 시작된다. 모든 글에 제목을 달게 되면 그 만큼 아이디어를 양산할 수 있다. 참신한 아이디어는 어디서 떨어지는 것이 아니라 제목을 다는 일에서 발견할 수 있다. 메모와 고민을 해서 제목을 결정하는 일은 신나는 일이다. 제목에 신경 쓸 시간이 있으면 내용에 신경을 더 쓰라는 말을 들을 수 있다. 하지만 제목에 많은 시간을 들여 고심

할 필요가 있다.

제목 없는 글은 내용도 부실하다. 제목이 없는 글은 자신의 생각을 모을 수 없기 때문에 내용 또한 부실하게 될 가능성이 높다. 이 점에 주목하여 보자. 이름이라는 것은 존재를 들추어내야 하는 것이기 때문에 이름에 따라 내용의 질이 달라질 수 있다. 제목을 가지고 그에 맞는 자료를 찾고 정리하는 순으로 글쓰기가 이뤄지면 글의 내용도 좋게 된다. 하지만 제목 없이 글쓰기는 채워 넣기 밖에 되지 못한다.

내용이 좋은 글은 제목부터가 다르다. 그렇다고 제목은 맞는 내용이 부실하면 문제가 있겠지만 제목을 잘 설정하면 글 내용도 그에 맞게 잘 쓰여 진다. 이제부터라도 작은 글쓰기에도 제목을 달아보자. 글이 다르게 보일 것이다. 개인이 쓰는 일기에서부터 학교의 숙제에도 자신만의 제목을 달아보자.

제목 다는 연습은 상상력을 키워준다. 제목 다는 일은 재미있는 놀이다. 어떤 제목이 이 글에 맞을까 아니면 많은 읽기를 유도할 수 있는 제목은 어떤 것일까. 이 생각 저 생각을 하게 함으로써 자신도 모르게 생각의 힘을 키우게 된다.

글 쓰는 감각이나 제목 다는 감각을 훈련하는 가장 좋은 소재는 신문과 잡지의 헤드라인 문구나 제목이다. 제목에 따라서 클릭하는 양이 정해진다. 이 때문에 제목에 따라서 독자는 읽지 않을 수 없게 한다. 독자를 유혹하는 제목은 관심을 끌 수 있지만 내용이 부실하면 이내 욕설을 듣기 쉽다. 제목도 중요하지만 제목을 충족시킬 수 있는 충실한 내용이 따라주어야 한다.

예시 환경과 더불어 느끼는 스포츠

　　한 인간으로 인생을 살아가면서 가장 중요한 것을 무엇이라 생각할까? 부귀, 명예, 건강, 사랑 등 사람들은 각기 다른 나름의 기준에 따라 중요시하는 요소가 있을 것이다. 하지만 그 무엇보다 인간이 삶을 영위하는데 가장 큰 영향을 미치는 것이 바로 환경이라고 생각한다. 아무리 높은 지위와 부귀를 누리고 있다한들 생태계가 파괴되면 인간은 그 모든 것들을 누릴 장소가 소멸됨을 의미한다고 생각한다. 지나치고 무분별한 개발로 인해 많은 생태계가 파괴된 요즘, 발달된 현대 생활 속에서 사람들은 어째서 더 이상의 난 개발은 인간 스스로를 파괴하는 것을 깨닫고 사람들은 친환경적인 요소가 얼마나 중요한지를 실감하고 환경 문제에 눈을 돌리고 있다. 유기농 식품, 슬로우 푸드, 웰빙 문화도 이런 것에서 파생한 하나의 문화가 아닐까? 이런 일련의 변화의 모습은 스포츠에서도 발견할 수 있는데 그 동안은 어떠한 문제점이 있었으며 그 해결책은 무엇인지 알아보도록 하겠다.

　　각각의 도시마다 거대한 종합운동장이 시민의 편의와 각종 대회 개최 등의 이유로 건설되고 있다. 시민들은 운동장을 이용하여 운동, 산책을 하고 그곳에 따른 부대시설을 즐기며, 운동선수들은 최신의 시설에 따른 시설을 이용할 수 있다. 각 지방자치단체에서는 대회를 개최할 경우, 그에 따른 부수적인 수입이 많은 것을 이용해 지자체의 재정적 기반 마련을 위해 대회 개최에 혈안인 경우를 볼 수 있다. 이밖에 정부차원에서 역시 대회를 개최하기 위해 노력하는 모습은 쉽게 볼 수 있다. 하지만 이런 장점에도 불구하고 많은 문제점은 있다. 올림픽, 월드컵, 유니버시아드 등의 큰 대회는 물론이거니와 작은 대회 역시 많은 시설이 필요로 한다. 기존의 시설을 이용하는 방안도 있지만 많은 부분 시설의 증가는 불가피하다.

　　특히 동계 스포츠가 발달하지 않은 우리나라의 현실에서 동계 대회를 치르기 위한 스키장, 빙상 시설 등은 계속되어 신설되고 있는 상황이다. 하지만 무엇보다 문제인 것은 바로 경기장 신설을 위해서 많은 생태계가 파괴되고 있는 것이 문제이다. 스키장을 건설하기 위해서 수십 년에 걸쳐 형성된 울창한 산림은 한 달도 안 되는 기간 동안 초토화된다. 산림의 파괴는 비판 스키장 건설뿐만 아닌 다른 경기장 신축에 있어서도 마찬가지이다. 스키장이 환경문제에 있어 가장 많이 비판의 도마에 오르는 이유는 산림의 파괴에 따른 부작용이 크기 때문이다. 산림을 파괴해 건설한 스키장은 경사를 이루는데 이 경우, 폭우에 따른 산사태의 위험 요소가 크다. 또한 산림의 식물은 파괴되고 동물들은 먹이 사슬이 깨지고 또 자신들의 보금자리를 잃게 되는데 스키장 건설에 따른 결과는 생태계 파괴하는 한 마디의 말로 정의가 가능 할 것이라 생각한다.

　　스키장 다음으로 화두에 오르는 장소는 골프장이다. 스키장만큼이나 골프장 역시 생태계 파괴에 많은 영향을 끼친다. 골프의 인기가 높아지면서 골프장 건설 역시 지속적으로 늘어나고 있다. 골프장의 가장 중요한 요소는 건강한 잔디의 보호이다. 골프장에서는 잔디를 보호하기 위해 엄청난 양의 농약을 살포하고 있다. 그야말로 잔디를 보호하기 위해 그 밖의 모든 것을 박멸하다 시피하고 있다고 생각하면 된다. 게다가 살포된 농약은 잔디를 보호하는 엄청난 의무를 마친 후, 토양에 흡수되고 최후의 종착점은 바로 지하수에 이르러 토양과 지하수마저 오염시키고 있다. 농약은 비단 지하수뿐만이 아닌 인간의 식수원을 오염시키고 있는 것이다. 토양에서 길러진 식물을 먹게 되는 자는 바로 사람이며, 그 지하수를 먹는 것 역시 인간이다. 이렇듯 인간은 자신의 여가활동을 위해 일어나는 상황 속에서 결국 그 피해자가 되는 자승자박의 결과가 일어나게 된다.

　　현대 사회를 살아가는 인간들에게 문명의 이기를 사용하고 자연을 등한시하는 인간의 모습을 서양의 이분법적 사고에서 발생한 것이란 이야기를 들은 적이 있을 것이다. 자연을 보호하기 위해서는 동양의 자연 친화적 사상을 해야 한다는 이야기 역시 들은 적이 있을 것이다. 그 동안 사람들은 자신의 편리를 위해서 산을 파헤치고 동물의 보금자리를 잃게 만들었다. 만약 인간이 자연의 입장에서 보았다면 그러한 행위를 하지는 못하였을 것이다. 모두가 인간의 이기심에서 발생한 것이다. 슈바이처는 "모든 생명을 귀하게 여겨라"라는 말을 하였다. 모두가 존귀한 존재임에도 불구하고 그동안 인간은 그것을 망각하고 살아 온 것이다. 인간은 자연의 일부분이다. 자연의 일부분인 인간이 자연을 파괴하고 있는 지금, 슈바이처의 정신, 그리고 동양적 사상을 바탕으로 생각하면 자연과 인간 모두가 함께 공생할 수 있는 공간을 만들 수 있을 것이라 본다. 자연과 인간이 함께 호흡할 수 있는 장소에서 모두가 더불어 스포츠를 할 수 있다면 이보다 좋은 것이 어디 있을까? 내 자녀가 축구공을 차면서 뛰어놀 장소가 콘크리트, 아스팔트가 가득 찬 곳보다는 풀벌레가 울고 푸른 산림이 울창한 곳이기를 바라는 것은 모두가 하나일 것이라 생각한다. (학생의 글)

🔵 비문을 잡아라.

글의 주목적은 독자를 이해시키는데 있다. 자신의 생각을 독자들이 공감하도록 만들어야 글이다. 그렇지 못하면 낙서에 불과하다. 목적을 달성하기 위해서는 글이 분명해야 한다. 분명한 글은 논리와 리듬이 조화로운 글이다. 그 중에서 논리의 중요성에 대하여 알아보자. 논리는 주어와 술어의 일치만 해도 논리를 유지하는데 별 어려움이 없다.

하지만 잘 지켜지지 않는 게 현실이다. 학생의 글을 읽다보면 생각보다 비문이 많다. 글을 길게 쓰는 경우에 생길 수 있다. 쓰다보면 자신도 모르게 주어와 술어가 일치하지 않는 것을 느끼게 된다. 글이 길면 자신도 모르게 주어와 술어의 불일치를 만들고 만다. 적어도 글의 목적을 달성하기 위해서는 이해가 전제 조건이다. 이해가 되기 위해서 주어와 술어의 일치가 중요하다.

주어와 술어의 위치는 가까울수록 좋다. 주어와 술어 간격이 벌어지면 그 만큼 복잡해지고 논리를 잃을 수 있다. 여하튼 주어와 술어는 간격을 좁혀 쓰는 것이 논리를 잃지 않을 수 있다. 또한 독자들의 이해를 빠르게 할 수 있다.

평소에 글쓰기를 할 때 짧게 끊어 쓰는 습관을 가지게 되면 별 어려움이 없다. 하지만 이런 훈련 없이 글을 짧게 쓰는 것은 쉽지 않다. 글쓰기는 어떻게 보면 개인적 양식에 따라서 다르게 보일수 있다. 이것에 대하여 왈가왈부하는 것은 참견이라고 할 수 있다. 그래도 글은 짧게 쓰는 것이 여러모로 많은 장점을 가지고 있다.

짧은 글이 명확하다. 이 말은 글을 쓰다보면 공감이 된다. 장문은 읽는 사람으로 하여금 혼돈과 글의 흐름을 막는 역할을 하기 때문에 짧게 글을 쓰는 것이 독자나 지은이 모두에게 유용한 도움이 된다. 짧은 글은 명료하다는 장점을 가진다. 반면에 글이 길면 그 만큼 논리와 명확함을 얻기가 어렵다.

학생들의 글을 접하다 보면, 많은 글이 아니지만 일부분의 글이 범하는 오류 가운데 하나가 글이 길어져서 이해를 어렵게 한다는 것이다. 무슨 말을 하려고 하는지 이해하기가 쉽지 않다. 좀 더 짧게 썼다면 이해하는데 별로 어려움이 없었을 것이다. 어렵게 쓰면 자신도 이해하지 못하는 어리석음을 범하게 된다. 되도록 짧게 내용파악이 쉽게 글을 써야 한다. 그래야 독자가 내용파악을 할 수 있다. 글은 자신만을 위한 것이 아니라면 이 같은 조건이 마련되어야 한다.

◉ 문단나누기가 필요하다.

문단 나누기는 독자를 위해 배려이다. 문단이 없는 글을 읽기가 너무 힘이 든다. 독자를 배려하는 차원에서 읽기 쉬운 글을 써야 한다. 읽기 쉬운 글은 문단이 잘 나누어진 글이다. 단락 구성의 치밀성이 독자를 유도 할 수 있다.

아무리 잘 된 글이라도 내용의 완벽성에 비하여 단락을 구분하지 않으면 독자의 접근성이 쉽지 않다. 읽기 전에 질려 버려서 읽기를 포기할 가능성이 높다. 아무리 좋은 글이라도 읽히지 않으면 생명력이 다한 것에 불과하다. 읽히기 위해서는 보기 좋게 단락 구분을 하는 것이 좋다.

힘들이지 않고 쉽게 읽기 위한 것이다. 단락이 구분되지 않는 글은 읽기가 쉽지 않다. 보기 좋은 글이 내용도 좋아 보일 가능성이 높다. 독자의 입장에서 세상에 넘쳐나는 정보가 너무 많은데 단락 구분이 되어 있지 않은 글을 읽으려고 하지 않는다. 무엇인가 독자를 유혹할 수 있는 글쓰기가 필요하다. 그 중에 하나가 바로 단락구분을 하여 독자로 하여금 글을 읽을 수 있도록 하는 것이다.

단락이 잘 구분된 글은 보기도 좋고 이해를 돕는데도 유용하다. 단락 구분이 잘 안 되는 것은 글쓰기 교육을 잘 받지 않았기 때문이다. 단락을 구분해야 글이 살 수 있다는 것을 모르기 때문에 나타나는 현상이다. 대학생의 경우 아직도 단락 구분이 안 되는 글이 있다. 답안지나 혹은 리포트를 볼 때 단락이 구분되어 있지 않아서 당혹스러운 경험을 하곤 한다.

글은 논리적 구성이 있어야 한다. 귀납법 혹은 연역적 논리로 구성할 것인지에 대한 생각이 있어야 한다. 그리고 서론, 본론, 결론 또는 기승전결의 순으로 글을 쓰는 훈련이 필요하다. 글의 순서가 정해지지 않았기 때문에 명확한 이해를 하기 어려운 경우가 생긴다. 자신의 주장을 독자에게 설득력 있게 다가가려고 한다면 글의 절차가 있어야 한다. 그래야 설득력뿐만 아니라 이해하기도 쉬워진다.

예시 국내 여자프로농구의 밀착 유니폼은 성차별인가?

　우리나라는 유교의 관습으로 노출이란 것을 꺼려한다. 노출이 심한 여자는 어른들의 욕지거리 대상이 되기도 한다. 그럼에도 불구하고 사회적으로 꺼려하는 노출이 여성스포츠 선수들에게 허용되는 것은 왜일까? 그것은 노출의 양면성 때문이 아닐까 한다. 혐오의 대상 동시에 관심의 대상, 한편으로는 혐오하지만 보고 싶은 욕구를 자극하는 것이다. 여성스포츠는 남성의 유니폼과는 다른 모습을 하고 있다. 남성들은 대부분 반바지를 입는다. 너무 붙지 않는 것으로. 그러나 여성은 짧은 치마, 밀착된 옷을 착용한다. 같은 종목을 참여함에도 있어서도 여성과 남성의 옷은 차별화 되어 있다. 똑같은 동작을 하는데 왜 다른 옷을 입어야 하는가. 우리나라의 여자 농구선수들의 유니폼이 문제가 되었다. 스포츠란 것은 박진감과, 스피드, 파워를 요하는 것이고 보는 이로 하여금 멋스러움과 참여하고픈 맘을 주며 흥미를 갖게 한다. 이렇게 볼 때 여성 스포츠는 동일 종목의 남성스포츠보다 인기가 떨어짐은 어찌 당연해 보일지도 모른다. 이렇게 인기가 떨어지고 농구연맹의 수입이 적어지자 그 대안 책으로 내어놓은 것이 유니폼의 변화였다. 연맹 측에서는 볼거리 제공이란 명목으로 선수들의 유니폼을 몸에 밀착된 수영복 형식으로 바꾸고 볼에도 색을 넣기로 한 것이다. 난 정말 이상했다. 중앙대에서 감독이 유니폼을 바꾸었을 때엔 오히려 바람이 잘 통하게 박스 형식으로 만들었는데 여자들의 유니폼은 오히려 갑갑해 보일정도로 몸에 붙게 만들었기 때문이다. 그리고 반대의 목소리도 높아져 갔었다. 선수들의 불편함과 여성 차별이 목소리를 말이다. 나도 반대 했었다. 그것은 여성의 성을 상품화했기 때문이었다. 연맹측은 볼거리 제공이라고 했지만 스포츠에 있어서의 볼거리 제공이란 스포츠내용의 충실함과 선수들의 최선을 다하는 모습, 그 경기를 치르기 위해 선수들이 연습한 것을 유감없이 발휘되는 것이 보는 이에게도 가장 좋은 볼거리라고 생각하기 때문이다. 연맹에서 말한 볼거리는 이런 것이 아니었다. 단지 그 순간에 보여 지는 여성들의 신체였던 것이다. 여성의 신체가 적나라하게 드러나는 수영복 같은 운동복은 뭇 남성들의 관심을 끌기 위한 도구처럼 사용된 것이다. 성이 상품화 된 것이다. 몸매가 드러나는 유니폼으로 인해 자신의 기량을 늘리기 위한 시간 중 일부를 자신의 몸매를 가꾸는 것에 투자를 하는 사람도 있었다고 하니 이번 유니폼이 선수들에게도 얼마나 스트레스였는지 알게 해준다. 스포츠 활동에서의 신체는 자신의 정체성과 사회성, 도덕성을 함양할 수 있는 방편이다. 활동을 통해 나를 알게 되고, 나와 다른 이들의 관계를 알게 되며, 나를 찾아가는 것이다. 이런 것들을 얻고 시련할 수 있는 신체를 단지 눈요기로써 사용한다는 것은 있을 수 없다. 그것도 남성 중심의 잣대를 여성에게 강요된다는 것도 있을 수 없다, 단지 농구에서만 얘기되는 것이 아니다. 필드하키에서 여성이 짧은 치마를 입는 다거나 비치발리볼에서 비키니 또는 수영복을 입는 것도 다시 한번 생각해 볼 일이다. 그중 비치발리볼은 이미 많은 사람들이 그 복장을 당연하게 여기고 있지만 그것이 정말 당연한 것인지는 다시 한 번 생각해 볼 일이다. 왜 꼭 짧고 몸매가 드러나야 하는지 일부 스포츠 예를 들어 피겨 스케이팅 같은 경우는 그 예가 다르다고 생각한다. 인간의 신체를 아름답게 표현하기 위한 노출인 것이다. 이런 미를 보여주기 위한 것이 아닌 다른 스포츠에서 여성들만 선정적인 복장을 강요받는 것은 있을 수 없다고 본다. 이런 문제는 우리나라 선수들이 지도자의 말에 복종하는데서 일어난다고 본다. 외국의 경우 선수 노조가 이런 일을 방지해 준다. 우리도 이런 조치와 같은 해결책이 있어야 할 것으로 생각된다. 그러기 위해서는 선수들의 생각의 변화와 각 스포츠연맹의 장들의 생각도 변화해야 할 것 같다. (대학생의 글)

이 글은 국내여자프로농구의 밀착 유니폼이 성차별인가에 대한 대학생의 글이다. 전체적으로 내용은 무난할 뿐만 아니라 자신의 생각을 잘 제시하고 있다. 하지만 단락 구분이 되어 있지 않기 때문에 독자의 입장에서 읽는데 어려움이 있다. 글은 표현과 소통을 위해서 쓰는 것이다. 자신만 알아볼 수 있는 글은 독백적인 글이며 소통을 거부하는 행위라고 볼 수 있다. 이 글은 문단을 구분해서 사용했다면 읽기도 편하고 내용도 좋은 글이 되었을 것이다.

◉ 균형적 사고를 유지하라.

글을 쓰는데 보이는 오류는 한쪽 시선에서 글을 쓴다는 것이다. 물론 한 쪽 시선은 자신의 입장을 유지하고 주장하는데 유리한 장점을 가지고 있다. 하지만 그것은 일방적인 강요에 불과한 경우가 있다. 아무리 좋은 주장이나 내용이라도 지나친 한쪽의 강조는 독자들의 균형적 사고를 유지하는데 방해가 된다. 독자가 판단할 수 있는 정보를 제공하는 글쓰기가 좋다. 어떤 것이든 장점과 단점을 분명히 가지고 있다. 그런데 일방적인 한쪽에 치우지는 것은 위험하다.

국내 체육학 연구는 우파적 경향이 강하다. 체육은 좋은 것이기 때문에 체육을 해야 한다는 주장을 담은 논문들이 많다. 체육은 문제가 있다는 좌파적 시선을 가진 연구논문을 찾기가 쉽지 않다. 이런 현상은 좌파적 시선에 대한 좋지 않는 편견을 가지고 있기 때문이다. 좌파적 입장에서 제기하는 비판을 우판적인 입장에서 방어할 수 있다면 그 논문은 훌륭한 논문이 될 수 있다. 무조건 좌파적 시선을 경계하고 배척하는 것이 능사가 아니다. 비판을 겸허하게 수용하는 자세도 필요하다.

우파니 좌파니 하는 편 가르기가 아니라 생각의 균형을 유지하는 차원에서 좌파와 우파를 균등하게 다루어 주는 것이 독자를 위한 배려가 아닌가 생각한다. 어차피 판단은 독자가 내리는 것이기 때문에 균형적 사고를 돕는 글이 필요하다. 너무 일방적으로 편향된 사고는 학문 발전에 도움이 안 된다.

균형적 사고를 도울 수 있기 위해 좌우를 균형 있게 소개하고 자신의 입장을 제시하면 되는 것이다. 너무나 한쪽을 강조하기 때문에 반감을 갔거나 비판하게 될 가능성이 높다. 자신의 입장을 독자들에게 강요하기 위해서는 설득력이 필요하다. 그 설득력은 장점과 단점에 대하여 소개하고 독자가 선택하도록 하는 것이다.

독자들의 수준이 저자의 수준을 능가하는 시대에 살고 있다. 넘쳐나는 정보 때문에 뛰어난 독자들이 숨어 있기 때문에 이들에 의해서 일방적은 자기주장은 경계와 비판의 대상이 언제든 될 수 있다. 독자의 시선을 경계로 하여 균형적 사고를 할 수 있게 정보를 제공하고 결정은 독자에 막기는 길이 필요하다. 일방적인 시선보다는 다양한 시선에 대한 정보를 제공하고 그 선상에서 설득에 들어가는 것이 좋은 글쓰기이다.

🎯 자기표절을 경계하라.

자신이 이미 발표한 글을 인용표시 없이 인용하는 것 역시 표절이라고 할 수 있다. 지금까지 관대한 부분이 바로 자기표절에 대한 부분이다. 자기표절에 대한 인식이 없기 때문에 자신의 논문을 여러 곳에 투고하는 경우가 생겨난다. 똑 같은 논문을 서로 다른 논문집에 게재 하는 것은 문제가 있다.

이러한 현상에 대하여 그 누구도 지적하지 않는다. 자신이 이미 발표된 글은 자신이 인용할 때 인용표시를 하는 것이 자지표절에서 벗어나는 길인데 하지 않는다. 자신을 글이라고 인용하지 않아도 된다는 생각은 잘못된 생각이다. 이전에 발표된 모든 내용은 철저한 인용표시를 해주어야 한다.

설마 내가 내 글을 인용하는데 인용표시를 하지 않아도 된다는 자기편의 주의적 사고는 이제 버려야 한다. 이미 뛰어난 후학들이 있기 때문에 언제 가는 이 문제가 도마 위에 올라올 것이다. 지금은 선후배 관계, 교수와 학생의 관계 때문에 이 문제에 대하여 관대하게 넘어가고 있지만 제대로 학문을 하는 사람들에게 분명히 문제가 되는 사항이다.

자기표절은 잘 모르기 때문에 일어나는 경우가 있다. 모르기 때문에 자기표절이 아니라고 할 수 없다. 자기표절에 대한 이해부족이 더 문제이다. 이 부분에 대한 교육이 필요한 이유이다. 특히 박사학위경우 이를 쪼개어 연구논문으로 발표되는 경우가 많은데 이 역시 표절에 해당한다. 그런데 이 문제에 대하여 학계에서 관대했기 때문에 문제를 제기된 일이 아직까지는 없었다.

지금은 관대하지만 시간이 흐르면 문제 제기가 될 수 있는 사안이다. 이제 자기표절에 대한 이해를 어느 정도 가지고 있다. 연구논문을 작성할 때 자기인용에 대하여 분명히 밝혀야 새롭고 창의적인 논문이 가능하다. 자기 글과 논문에 자기를 가두는 어리석은 일은 하지 말아야 한다. 새로운 것, 차이가 있는 것에 대한 관심이 필요하다.

⬤ 글쓰기에 주저하지 마라.

글쓰기가 어렵다고 말하는 사람들이 의외로 말을 잘한다. 말은 잘 하는데 글은 왜 잘 못쓸까 궁금하지 않을 수 없다. 그것은 써보지 않았기 때문이다. 이야기는 넘쳐나는데 말로 다 표현하고 말아버린다. 그래서 말은 천대 받을 수밖에 없게 된다. 글쓰기는 누구에게나 어려운 일이며 하기 싫어하는 일이다.

그럼에도 불구하고 많은 글들이 쏟아져 나오는 것을 보며 글쓰기를 어려운 가운데서 즐기는 부류의 사람들이 있다는 것이다. 잘 쓰기 위해서는 주저하지 말고 글을 써보는 것이 필요하다. 새 학기가 되어 대학생들을 만나서 과제를 내주면 A4용지 반장을 채우지 못하는 학생들이 있다.

글을 써보지 않았기 때문에 글을 쓰기가 두려움이 생겨날 수 있다. 글이라는 것은 초등학교 때 강제로 쓴 그림일기, 숙제를 위한 일기가 마지막일 것이다. 인터넷 문화가 발달하여 댓글 쓰기는 아주 자연스럽게 잘 쓰면서 오프라인에서 종이에 글 쓰는 일은 어려워하는 것은 연습이 없었기 때문에 나타나는 현상이다. 연습만 한다면 쉽게 적응할 수 있다.

생각나는 대로 쓰는 연습을 하고 익숙해졌다고 생각하며 주제 위주로 글 쓰는 것이 필요하다. 주저 없이 글을 쓰고 다시 그 글들을 읽어 보면서 수정하는 과정이 필요하다. 이런 훈련 과정이 익숙해지면 저절로 글쓰기가 두려움의 대상에서 벗어나게 된다. 자꾸 쓰다보면 글쓰기 능력이 늘어나는 것을 확인할 수 있다. 처음에 반장밖에 쓸 것이 없다는 학생도 학기말이 되면 어렵지 않고 여러 장을 써낸다.

쓰다보면 글쓰기 능력이 늘어나는 것을 알게 된다. 그렇게 되면 글쓰기는 두려움이 대상이 아니라 자신의 즐거운 놀이가 될 수 있다. 글쓰기의 공포에서 벗어나는 것이 글쓰기 완성의 절반은 성공한 것이라고 할 수 있다. 잘 쓰는 것이 아주 중요하다. 글쓰기를 잘하기 위해서는 무조건 주저 없이 쓰는 것이다. 쓰고 나서 다시 검토하고 다시 읽어보는 순서를 따르게 되면 저절로 글쓰기 능력이 향상된다.

예시 아이스 스케이트와 나 그리고 인라인 스케이트

나중에 나의 제자가 "선생님은 무슨 운동을 가장 잘해요?" 라고 질문을 한다면, 나는 "선생님이 가장 잘하는 운동은 아이스 스케이트고, 두 번째 잘하는 운동은 인라인 스케이트란다." 라고 대답 하는 것이 꿈이고 희망이다.

그럼 지금부터 이 두 스케이트를 하게 된 동기부터 풀어 볼까한다. 대학에 들어와서 연합동아리를 물색하던 중이었다. 그 이유는 여고에 여대에 이제 주위에 여자들을 떨쳐 버리고 많은 만남을 기대하며, 좋은 추억을 만들겠다는 생각에서였다. 이것은 나의 인생을 확 바꾸어 놓았다. 동기야 어찌 되었던 지금은 아이스, 인라인 모두 사랑하는 스케이트너가 된 것을 뿌듯하게 생각한다.

아이스와 인라인 얼핏 보면 비슷한 운동이라고 생각할 수 있지만 너무도 다르고 차이가 뚜렷한 것이 바로 이 두 스케이트이다. 둘을 비교해 보면 금방 알 수 있다. 평지에서 굴러가는 원리로 즐기는 인라인과 빙판에서 얇은 날로 미끄러져 가는 아이스, 이 두 종목을 누가 같다고 아니 비슷하다고 말할 수 있는가! 달라도 상반되게 다른 이 두 종목에 대한 얘기를 해볼까 한다.

오늘 같이 비가 오는 날이면 인라인을 물 건너갔고, 링크 장으로 직행해야 한다. 그 이유는 야외에서 타는 인라인이기에 날씨에 구속을 많이 받기 때문이다. 인라인대회 전날이면 조마조마하다. 오늘 이렇게 오는데 시합인 낼은 비가 그칠까하는 걱정에 잠을 설치며 창밖을 내다보며, 천지신명께 기도를 드려야 한다. 이처럼 인라인은 야외에서 즐기는 스포츠이기에 날씨에 제압을 많이 받는다. 하지만 인라인만의 매력은 상쾌한 공기를 마시며 자연과 함께 할 수 있는 것이다. 한강을 로드해본 사람은 이해할 수 있을 것이다. 옆에서 한강이 흐르고 나와 맞부딪히는 바람과 풀내음과 로드를 한다는 것은 너무나 황홀하기 때문이다.

이에 비해 아이스는 실내에서 즐기는 스포츠. 그러기에 날씨에 구속을 받지 않는다. 비가 오나 눈이오나 천둥번개가 치더라도 별 지장을 미치지 못한다. 하지만 아이스는 장소에 구속을 받는다. 얼음 위라는 링크장안에서만 맴돌며, 스케이팅을 즐겨야 한다. 이렇게 정해진 장소 안에서

만 즐겨야 한다는 단점이 있기는 하나, 아이스의 매력은 시원한 얼음의 기운을 받으며 냉동실에 들어와 있는 기분으로 미끄러지며 빙판을 스케이팅하는 기분은 말로 표현할 수 없다.

또 누군가 "너 아이스만 탈래, 인라인만 탈래?" 라고 묻는다면 나는 대답을 못할 것이다. 그것은 아이스와 인라인 스케이트가 나에겐 모두 필요하니까 말이다. 그건 날씨, 장소 둘 다 제약 받기 쉽지 않기 때문이다.

아이스를 시작한지는 3년째, 인라인을 시작한자는 3개월째 이다. 내가 느낀 바로는 인라인이 전망이 더 좋다고 생각한다. 인라인을 타는 사람들이 늘어나고 있다. 아마 몇 년 후면 누구나 하나쯤 인라인은 필수로 갖고 있지 않을까 생각한다. 이렇게 일반인들에게 널리 대중화 된 것에 비해 아이스는 아직 일반인이 타기에는 부담스러운 종목인거 같다. 장소가 확보 되지 않았고, 탈 때마다 입장료를 내야 하는 부담스러움에서 일까! 두 종목의 전망을 비교해보았을 때 나는 인라인에 한 표를 찍겠다.

나의 스케이트너의 삶을 뒤돌라보았을 때, 일단 나의 한부분이 되어 있기에 지금은 스케이팅을 빼고는 나를 말할 수 없다. 스케이팅을 탈 때 잡념은 다 잊어버리고 오직 어디를 향해 계속 질주하는 그 기분을 만끽하지 못해본 사람은 이해할 수 없을 것이다. 어딘가 있을 나의 미래를 위해 나는 오늘도 질주한다. (학생의 글)

⊙ 시험 답안지에도 요령이 있다.

대학 1학년과 4학년의 차이는 나이 차이뿐만 아니라 시험 답안을 쓰는 차이도 있다. 신입생은 도서관에서 열심히 공부하는데 성적이 안 올라가고 반대로 4학년은 취업준비 때문에 시험공부를 따로 하지 않아도 성적이 좋다. 어떤 이유 때문인가. 이것 때문에 신입생들은 4학년이라고 봐준다고 항의한다. 하지만 이유가 있다. 바로 답안지 작성에 대한 방법이다. 그것은 누구나 공부만 하면 시험 답안지를 잘 쓸 수 있다고 생각하지만 실제는 다르다. 답안지 작성에 대한 기초 지식이 부족하면 좋은 답안을 기대하기 어렵다. 어떻게 써야 잘 쓰는 것인지 누구나 알고 있다고 생각한다. 하지만 착각이다. 다들 잘 알고 있다고 생각하는 것 같은데 실제로 잘 알지 못하는 것이 답안지 작성이다. 답안 요령은 학교에서 가르쳐 주지 않는다. 대학생활에서 터득해야 하는 요령이다.

학기말이 되면 많은 학생들로부터 전화가 온다. 주된 이유는 시험을 잘 봤는데 왜 학점이 이것밖에 안 되냐고, 내 친구보다 내가 더 열심히 했는데 왜 나만 이점수를 주느냐고 항의성 전화를 받는다. 울면서 성적을 올려달라는 학생도 있고, 학점은 낮으면 취직도 못한다는 학생도 있다. 장학금 받게 성적을 올려달라고, 군장학생이 되어야 하고, 교사가 되어야 하는데 시험점수가 낮다고 항의하는 학생들이 있다. 저자가 학교 다닐 때에는 상상하지 못했던 일이다. 학점은 주는 대로 받았을 뿐이다. 학생이 교수를 평가하고 학점에 이의를 제기하는 것은 학교가 민주화되었기 때문이다.

교수보다는 강사에게 더 많은 항의를 하는 것은 강사를 만만하게 보기 때문인 것 같다. 그런데 이런 전화를 하는 학생의 답안을 다시 보게 되면 놀라운 일을 발견한다. 양은 많이 섰는데도 주제를 명확히 알 수가 없다는 것이다. 책에 있는 내용을 외워서 글자 하나 틀리지 않게 쓴다. 글자가 틀리면 글이 엉망이 된다. 이해를 못했기 때문에 내용파악이 안 된다. 결국 답안지 작성 요령이 부족하기 때문에 학점 차이가 난다.

그 요령이라는 것은 출제자의 의도를 빠르게 파악하는 것이다. 문제가 무엇인지 명확하게 알지 못하면 답안 역시 잘 쓸 수가 없다. 그래서 왜 출제자가 이런 문제를 출제하게 되었는가에 대한 관심을 가지게 되면 좋은 점수를 얻는 출발점이 된다. 출제자가 무엇을 알기 위해서 이 같은 문제를 출제했는가에 관심을 가지고 보게 되면 부인할 수 없는 사실이다.

다음으로 논리적 구성이 필요하다. 아웃트라인이 전제되어야지 좋은 글을 쓸 수 있다. 건축을 할 때 필요한 것은 설계도라고 할 수 있다. 뼈대를 만들고 거기에 살을 붙이는 것은 글쓰기의 원칙이다. 글을 어떤 방향으로 끌고 갈 것인가를 선택하고 그 선택에 따라서 글을 진행하면 된다.

이런 절차를 거치지 않고 그 누구라도 좋은 글은 불가능하다. 막연하게 글쓰기가 어렵다고 느껴지는 일은 이 같은 구체적인 구성이 있어야 하는데 이런 절차를 생략하기 때문에 점점 글쓰기가 어려워지는 것이다. 배우지 않고 잘 쓰는 것은 문제가 있다. 연습은 완벽을 가능하게 한다. 연습만이 좋은 글을 가능하게 한다. 연습도 없이 기대만 하기 때문에 글쓰기가 두려워지는 것이다.

예시 운동선수들의 성차별 문제

운동선수들 중에서 남자 선수들 못지않게 여자 운동선수들이 있다. 하지만 남자 선수들에 비해 여자 선수들의 경기는 많이 알려지지 않고 있다. 이러한 단편적인 것에서부터 우리는 운동세계에서 성차별 문제가 발생하고 있다는 것을 짐작 할 수 있을 것이다. 왜 이러한 성차별 문제가 발생했으며, 어떠한 문제들이 발생하고 있는지 살펴보자.

여자선수들의 운동이 남자 선수들의 운동에 비해 쉽거나, 여자 선수들이 남자 선수들보다 노력을 덜 하지는 않는다. 여자 선수들도 남자 선수들과 마찬가지로 자신이 하는 운동에 대해서 최선을 다해 노력한다. 이렇게 똑같은 노력, 그 이상의 노력을 함에도 불구하고 여자 선수들은 차별당하고 있다. 지금부터 농구를 예로 성차별 문제를 알아보려고 한다.

첫 번째, 관중들의 문제를 들 수 있다. 사실 똑 같은 농구이지만. 남자

선수들의 경기보다 여자 선수들의 경기는 스피드와 파워 면에서 떨어짐은 인정하지 않을 수 없다. 이러한 생각을 하고 있는 나도 고정관념에 사로잡혀 있는 것이 아닌가 생각하지만, 남자경기와의 차이로 인해 흥미를 추구하는 관중들에게 만족을 주지 못한다. 경기를 관람하는 관중들은 날로 흥미만을 추구하게 된다. 따라서 보다 더 파워 넘치고, 화려한 남자경기를 찾게 되고, 여자선수들의 경기는 등 돌리게 되는 것이다. 이 때문에 여자 농구경기장에 가보면 남자 선수들의 꽉 찬 관중석과는 대조적인 텅 빈 관중석을 볼 수 있다. (학생의 글)

◉ 글쓰기에도 조건이 있다.

이제 글쓰기의 두려움에 벗어났다면 제대로 된 글쓰기를 할 차례다. 제대로 된 글쓰기는 어떤 것인가. 그것은 최소한 글쓰기의 조건을 갖춘 글이다. 주저 없이 글을 쓰는 단계를 벗어나 이제는 글쓰기의 조건을 충족시킬 수 있어야 좀더 훌륭한 글쓰기가 될 수 있다. 글쓰기의 조건을 알아보기 위해서는 전문가의 의견을 들어볼 필요가 있다. 이하의 내용은 김해식의『글쓰기 소프트, 1993』에 근거해서 알아본 것이다.

첫째, 정확성이다. 글에 사용되는 모든 것은 정확성에 근거하여 사용되어져야 한다. 통계자료나 수치, 인명, 참고문헌, 인용문구 등이 정확성을 전제되어야 한다. 정확한 정보가 아닌 것을 근거로 써진 글은 아무리 완성도가 높은 글이라도 논문으로서 자격을 상실하게 된다. 또한 맞춤법에 맞는 글쓰기가 좋은 글쓰기이다. 학생들의 리포트나 시험답안지의 내용은 글을 쓴 사람의 성격과 마음의 자세를 확인할 수 있다. 맞춤법에 어긋나는 글은 신뢰를 얻기 어렵다.

둘째, **객관성이다.** 단순히 연구자 자신의 주관적인 직관이나 판단만으로 쓰인 논문은 좋은 논문이 될 수 없다. 예를 들어 "나는 이 사건의 원인은 이렇고 결과는 그렇다고 믿는다."와 같은 식의 주관적인 표현은 논문에는 걸맞지 않는다. 연구결과를 기술할 때는 반드시 사실이나 자료의 뒷받침이 있어야 한다. 또한 다른 사람의 연구 결과를 인용할 때는 그 근거를 제시해야 한다.

셋째, **불편부당성이다.** 논문을 작성할 때는 개인적인 편견이나 선입관을 버려야 한다. 어떤 주제에 관한 여러 학설을 소개하고 비교한다고 할 때, 자기가 옳다고 생각하는 학설만을 부각시키고 다른 학설은 상대적으로 소홀히 다루는 식은 좋지 않다.

물론 특정 학설에 대한 자신의 입장을 명백히 밝힌다면 그 학설을 부각시키거나 논의의 주된 근거로 삼아도 무방하다. 또한 논문에서는 특정 집단이나 조직에 대한 자신의 선호가 내용에 반영되어서도 안 된다. 즉, 의식적으로 논문의 결과를 특정 집단이나 조직에 유리하게 이끌어 가서는 안 된다는 말이다.

넷째, **검증가능성이다.** 논문은 그 진위를 검증해 볼 수 있어야 하고 또 필요에 따라 누구든지 다시 실험해 볼 수 있도록 기술되어야 한다. 따라서 논문에는 자료의 출처와 연구방법 등이 명시되어야 한다. 양적연구 혹은 질적 연구 등 좀더 구체적으로 어떤 통계기법을 사용했는지, 참여관찰을 했는지에 대한 설명이 있어야 한다.

애매모호한 표현 대신 구체적이고 명료한 문장이 주가 되어야 한다. 읽는 사람에게 이해뿐만 아니라 이후의 연구에도 공헌을 할 수 있어야 한다. 검증가능성이 없는 논문이 더 이상 공헌하지 못하는 죽은 논문이 된다. 인용되는 못하는 논문은 연구자만의 자기 만족에 불과하다. 여러 사람에게 도움을 주지 못하게 된다.

다섯째, 평이성이다. 아무리 훌륭한 내용을 담은 논문이라도 그것이 읽혀지지 않는다면 무의미한 것이 되고 만다. 그러므로 논문은 읽기 좋고 매력 있게 써야한다. 논문이 읽기 좋은 것이 되기 위해서는 문장 자체가 쉽고 명확하고 간결해야 하지만, 이에 못지 않게 중요한 것은 각종 인용의 처리문제이다.

문장은 각주나 후주를 일일이 참조할 필요가 없게 되면 그 만큼 부담 없이 읽을 수 있게 된다. 그러므로 논문은 될 수 있는 한 본문만으로도 만족스럽고, 주석이 눈에 거슬리지 않도록 궁리되어야 한다. 논문의 평이성은 내용의 평이함이 아니라 서술이 간결하고 명료해야 한다. 어법에 어긋남이 없이 읽기 좋은 논문이 좋은 논문이다. 논문은 읽어서 쉽게 이해할 수 있도록 써야 한다. 논문이 아무리 좋은 내용을 담고 있다고 하더라도 다른 연구자나 독자가 그것을 이해할 수 없다면 무의미한 것이다.

여섯째, 독창성이다. 독창성은 논문이 갖추어야 할 조건 중 가장 중요하다. 논문의 가치는 독창성의 정도로 판정된다. 논문은 무엇인가 새로운 내용으로 학문 일반에 기여하지 않으면 엄밀한 의미에서 논문이라고 할 수 없다. 그러나 논문이 독창적이어야 한다고 해서 반드시 소제가 새로워야 한다는 것은 아니다.

이미 다른 연구자가 다룬 소제라고 하더라도 새로운 시각으로 접근하면 독창적인 것이 될 수 있다. 다른 사람의 것을 단순히 베낀 논문이나 구태의연한 주장을 되풀이하는 논문은 결코 좋은 논문이라고 할 수 없다.

🌀 주제선정에는 전제조건이 있다.

논문을 작성하는데 주제는 아주 중요하다. 어떤 주제를 가지고 글을 썼을 때 독자들에게 관심을 끌 수 있을까. 이 문제는 연구자들이 가지게 되는 주된 관심사이다. 그렇기 때문에 주제선정을 위한 전제조건을 가지고 주제가 선정되어야 한다. 주제는 본인이 선정할 수 있는 것만은 아니다. 원고청탁을 받고 주제를 선정해야하는 경우도 있다. 어떤 경우이든 주제선정에 필요한 조건이 있다. 다섯 가지 전제 조건을 중심으로 알아보자.

첫째, 흥미를 가진 문제이어야 한다. 무엇보다 흥미가 있어야 한다. 흥미를 유발하지 못하는 주제는 관심을 받기 어렵다. 시대흐름(유행)에 맞는 연구주제를 선정하는 것이 논문에 대한 많은 사람들의 관심을 유도할 수 있다. 예를 들어 "스포츠가 사회에 미치는 영향" 이라는 주제보다는 웰빙을 추구하는 스포츠의 역할 및 영향 이라는 논제가 사람들의 주목을 끌 수 있다. 같은 내용이라도 시대 흐름을 반영한 연구주제의 선정이 필요하다.

둘째, 폭이 좁고 깊이가 있는 문제이어야 한다. 너무 거대한 주제를 연구를 수행할 수 없다. 연구자의 능력 범위 내에서 연구주제를 넓고 깊이 있게 정하는 것이 중요하다. "남북스포츠외교와 통일국가의 스포츠"라는 주제보다는 '통일국가를 위한 남북스포츠외교의 실천과제' 더 구체적이며 깊이가 있는 연구 주제라고 할수 있다.

셋째, 자료수집이 가능해야 한다. 자료수집이 어려운 주제는 아무리 좋은 주제임에도 불구하고 현실적으로 수행이 어렵다. '북한의 학교체육의 실태와 문제' 이러한 주제는 국내에서 북한의 자료를 얻어서 작성할 수 있지만 일차 자료를 구하기가 어렵기 때문에 쉽게 연구를 수행하기가 어렵다. 자신의 현재 위치에 따라서 연구에 필요한 자료를 확보하기 쉬운 연구주제를 선택해야 한다.

넷째, 독창성 또는 참신성이 있어야 한다. 독창성은 연구주제의 가장 핵심적인 사항이다. 많은 사람들로부터 인정을 얻을 수 있는 것이 참신하고 독창성이 있는 연구주제이다. 연구비를 받기 위한 연구주제들에 있어서 이 문제는 아주 절실하게 다가온다. 한국연구재단의 공모과제 중에서 채택 된 연구주제들의 주제를 보면 관심을 끌 수 있는 주제가 대부분임을 확인할 수 있다. 이전에 많이 행해진 연구보다는 새로운 독창성을 가진 연구주제를 선정하는 것이 필요하다.

다섯째, 명확한 결론의 도출이 가능해야 한다. 연구주제를 선정할 때 고려된 사항 중에 이 주제가 명확한 결론을 유도할 수 있는지에 대한 사전 검토가 필요하다. 불투명한 연구주제는 명확한 결론을 유도할 수 없다. 그렇기 때문에 연구주제에 따른 연구결과의 공헌과 같은 점을 유심히 관찰할 필요가 있다. 명확한 결론만이 논문의 질을 유지한다. 현실 가능한 연구 주제의 선정이 그래서 필요하다. 대책 없이 주제를 선정하면 글쓰기의 어려움을 만나게 된다. 능력 범위 안에서 연구 주제를 선정하는 일이 그래서 필요하다.

◉ 참고문헌도 규칙이 있다.

논문을 작성할 때 참고한 모든 내용을 연구 끝에 제시하는 일이 연구자가 해야 할 마지막 일이다. 참고문헌은 대충하면 되는 것으로 생각하는 연구자들이 의외로 있다. 참고문헌은 연구자가 마음대로 할 수 있는 것이 아니라 약속에 의해서 작성해야 하는 것이다.

참고문헌은 일정한 약속에 따라서 작성하는 것이 연구논문에 있어서 필요한 사항이다. 참고문헌의 표기방법은 연구자들의 공통된 규칙이기 때문에 규칙에 따른 참고문헌 작성이 필요하다. 학회지 마다 참고문헌 규정이 정해져 있어서 이를 지키면 된다. 체육학에서 요구하는 참고문헌 규칙은 부록에 첨부하였다. 이를 참고하면 된다.

참고문헌만 해주면 모두 것이 끝이 아니다. 내용 주나 혹은 미주, 각주 등으로 문장 내에서 확실하게 책이나 인용내용을 밝혀주어야 한다. 학생들이 범하는 실수는 내용상에는 인용표시 없이 참고문헌에서 표시하면 모두 되는 것으로 알고 있다. 내용에서도 표시하고 더 정확한 인용사항은 참고문헌에서 밝혀주는 것이다.

참고하지도 않은 관련 사항은 불필요하게 과시하기 위해 참고문헌에 표기할 필요는 없다. 꼭 인용한 책이나 논문을 참고문헌에 써야 한다. 학생들의 리포트를 보면 참고문헌에 읽지도 않는 문헌이 있다. 그 이유는 공부를 많이 했다는 것을 보여주기 위한 것으로 볼 수 있다. 하지만 참고문헌은 많은 것 보다 내용이 중요하다. 내용상에서 인용한 사항만 참고문헌에 달아주면 된다. 불필요하게 많이 달 필요는 없다. 인용한 것만 달아야 읽는 사람에게도 도움이 된다.

◉ 글쓰기 순서를 배워라.

계획 없는 행동은 방종이라는 말이 있다. 계획 없이 어떤 일을 잘 해내는 것은 운에 자신을 맡기는 일에 불과하다. 한번 사는 인생은 노력 없이 운만을 탓하게 되면 뜨거운 삶을 살아보지 못하고 사라지게 된다. 노력을 하고 나서 결과를 기다리는 묘미가 있어야 한다. 과정 없이 좋은 글은 생각하기 어렵다.

글 쓰는 것은 로또 복권을 기대하는 것과 같지 않다. 운에 기대를 하면 허망하다. 자신의 노력에 따라서 결과를 기대해야 정상이다. 노력은 생략하고 운만을 바라는 것은 어리석은 행동이다. 글쓰기 역시 운이 아니라 노력의 과정을 통해서 글쓰기가 형성된다. 글쓰기에도 과정이 있다. 과정을 생략하고 좋은 글을 기대하기 어렵다.

글쓰기의 과정은 글을 쓰는 순서를 말한다. 그냥 쓰면 되는 것이 아니라 치밀한 구성이 필요하다. 이를 통하여 논리적인 글이 완성된다. 이것을 아우트라인이라고 한다. 윤곽을 그리고 전체적인 그림을 그려보는 단계이다. 집도 설계도에 따라서 건축이 가능한 것과 같다. 설계도 없이 지어지는 집은 붕괴될 위험성이 있을 뿐만 아니라 제한된 시간을 넘게 되는 경우가 생길 수 있다. 계획은 목적을 도달하게 하는데 접근을 가능하게 하는 길잡이 역할을 한다. 그럼 어떻게 글을 써야 하는가. 하나씩 알아보자.

• **주제를 선정한다.** 주제를 선정하는 경우고 있고 아니면 원고청

탁의 의뢰를 받고 주어진 주제에 맞게 글을 써야 하는 경우가 있다. 우선 연구하고자 또는 글을 쓰고자 하는 주제를 선정하는 일이 중요하다. 추상적인 주제보다는 좀더 구체적인 주제를 선택하는 안목이 있어야 한다. 모호한 주제는 연구나 글을 쓰는데 어려움을 가지게 한다.

목적이 명확해야 이후의 과정이 순차적으로 진행된다. 어떤 주제를 선정하는 것은 시대의 흐름과 학문적 유행, 연구자 혹은 지은이의 호기심, 개인의 능력 범위 안에서 이것들을 잘 반영하여 가장 적합한 주제를 선정하는 것이 필요하다. 잘못된 주제는 부실한 글쓰기를 가져올 수 있다. 이를 위하여 주제선정에 신중을 다해야 한다.

- **선행연구를 포함한 자료를 수집한다.** 선행연구를 검토하지 않고 논문을 작성하는 것은 표절의 문제와 헛수고를 경험할 수 있기 때문에 적어도 관련 문헌을 숙지하는 것이 연구의 자세라고 할 수 있다. 자신이 참고하지 않아도 자신의 연구결과와 선행연구의 결과가 같다면 자신의 연구를 표절로 인정할 수밖에 없게 된다.

또한 자신의 연구가 헛고생이 되지 않도록 선행연구를 충실하게 검토하는 일이 있어야 한다. 요즘은 데이터베이스가 잘 구축되어 있기 때문에 도서관에서 손쉽게 관련 문헌을 얻을 수 있다. 관련 문헌이나 자료가 없을 경우에는 연구자가 생각을 중심으로 작성하면 된다. 어떻게 보면 독창성을 유지하면서 창의성을 발휘할 수 있는 경우라고 볼 수 있다.

- **주제를 재검토한다.** 이미 수집된 참고자료를 검토하고 주제를

재검토한다. 주제가 중복되지 않는가. 과연 이 주제는 참신하고 창의적인 주제인가에 대한 검토가 필요하다. 자신의 주제가 참신성이나 창의성이 떨어지는 경우가 발견될 때 다시 주제를 수정하거나 변경할 필요가 있다. 자료를 정리하는 과정에서 연구주제와 유사하거나 똑 같은 연구결과를 발견할 수 있기 때문에 연구주제를 재검토하는 과정이 필요하다. 이 시간을 통하여 자신의 연구 주제를 좀 더 명확히 할 수 있다.

- **추가 자료를 수집한다.** 새롭게 주제를 선정했다면 이전의 연구절차와 같이 관련된 추가 자료를 수집한다. 이 과정을 통해서 자신의 연구의 자료를 충실하게 이용할 수 있게 된다. 자료수집 없이 집필 되는 논문은 다양한 정보이용이 부족하기 때문에 풍부한 정보를 담지 못하는 경우가 생겨난다. 새로운 정보와 중요한 사항은 추가 자료를 수집하는 과정에서 검토해야 하는 단계이다.

- **자료를 분석한다.** 일단 수집된 자료들은 체계적으로 일목요연하게 정리한다. 필요할 때 바로 이용할 수 있도록 체계적으로 정리한다. 통계자료, 분석자료, 선행연구자료 등을 구분하여 정리하면 연구에 시간을 단축시킬 수 있다. 제한된 시간 내에 글을 완성해야 하는 경우에는 시간배정을 해야 한다. 그래야 효율적인 글쓰기가 가능하다.

- **논문을 작성한다.** 분석된 자료를 가지고 초고를 작성하면 된다. 이후에 퇴고 과정을 통해서 좀 더 완성도 높은 논문을 완성할 수 있다. 초고의 경우는 의욕적으로 모든 내용을 기술하

도록 하면 된다. 글의 흐름에 따라서 많이 써야한다. 내용과 분량은 문제가 되지 않는다. 주제에 관련된 내용을 중심으로 서술하면 된다. 나중에 내용 가운데 주제에 가장 적합한 내용만을 정리하고 불필요한 정보는 삭제하면 된다. 퇴고라는 과정이 있기 때문에 처음부터 완벽하게 글을 쓰려고 하기보다는 다양한 정보를 이용한 글쓰기를 하면 된다.

◉ 쓴 글도 다시 보자.

'꺼진 불도 다시 보자'는 불조심 포스터의 문구가 생각난다. 불조심의 경각심을 불러내는 문구이다. 글도 다 쓰고 다시 보는 과정이 필요하다. 이 과정을 퇴고라고 한다. 다시 보는 과정 때문에 필자 자신의 창피함을 모면할 수 있다. 완전한 글이란 처음부터 불가능하다. 여러 번의 퇴고 과정을 걸쳐서 만들어 지는 것이다.

출판된 책들과 잡지의 칼럼 등은 편집자의 원고 교정을 통하여 우리가 만나는 것이다. 원래의 글이 아니라 전문가의 손을 통해 마침내 완전한 글이 탄생된다. 맞춤법, 비문, 비논리 등 이런 것들을 퇴고 과정에서 수정하기에 독자들의 입장에서는 바른 문장의 글들을 보게 된다. 퇴고가 잘 이뤄지지 않은 글은 독자들을 배려하지 않은 경우가 된다.

일필휘지라 한 번에 좋은 글을 쓰기란 아무리 대문호라고 해도 어려운 일이다. 글은 여러 번 퇴고 과정을 거쳐야 좋은 글이 되는 것이다. 반복해서 수정한 만큼 글의 완성도는 높아진다. 한 번에 좋은 글을 쓴다는 것은 거짓이거나 뛰어난 문장력을 가진 사람일 경우에 가능한 일이다. 초보자의 경우는 퇴고를 염두에 두고 써야 한다.

　초고를 다시 보고 수정하는 과정이 글쓰기의 절차에서 빠질 수 없는 과정이다. 때문에 처음부터 너무 완벽한 글쓰기를 하려고 하다보면 글의 흐름이 막히고 만다. 초고는 완성도가 떨어지기 때문에 몇 번의 퇴고 과정이 꼭 요구된다. 그렇다면 퇴고 과정에 잊지 않고 해야 할 사항에 대하여 알아보자. 국문학자 김훈외(2005)의 '인문학 글쓰기'에서 인용하여 재구성 하였다.

- 이 글을 통해 말하고자 한 것(주제)이 제대로 담긴 글이 되었는 가. 주제와 내용이 일치하지 못할 때 가장 황당한 경우이다. 주제를 가지고 글을 썼는데 삼천포로 간 경우가 이에 해당한다. 주제가 제대로 내용에 포함되었는가를 확인하는 일이 중요하다. 이 일은 글쓰기의 노동이 헛고생이 될 수 있다. 헛고생을 하지 않기 위해서는 주제와 내용의 일치를 확인해야 한다.

- 글의 내용이 무리 없이 전개되었는지, 혹시 글의 흐름이 어색하게 느껴지는 부분은 없는지, 글은 소리 내어 읽어보면 전체의 흐름을 알 수 있다. 논리와 리듬이 글의 생명이다. 리듬은 글 읽는 호흡이다. 일정한 호흡을 유지해야 독자가 읽기를 할 수 있다.
  호흡이 불규칙 하면 장기 레이스를 할 수 없다. 소리 내어 읽다 보면 리듬에 어긋나는 글들을 만나게 된다. 이 부분을 리듬을 살려 고치면 된다. 논리는 체계성을 유지하고 있나, 논증은 일관되게 전개되고 있는 가를 자세하게 봐야 한다.

- 글의 처음 시작과 그 결과 부분이 제대로 연결되었는가. 이 말

은 연구목적 또는 글의 주제와 결론이 일치하는가 하는 문제
이다. 목적과 결과가 일치하지 않으면 좋은 글이 되지 않는다.
글의 목적을 위해 결과를 도출하게 되는데 이게 제대로 되지
않을 경우가 있다. 일관된 연구목적이 결론에서 제대로 연결되
어야 한다.

- 단락과 단락은 잘 연결되었는지, 혹시 더 들어가야 할 단락이
나 빼버려도 좋은 단락은 없는지, 불필요한 단락이 있으면 리
듬이 엉망이 된다. 앞 단락과 뒤 단락의 자연스런 연결이 좋은
글의 요건이다. 이를 위해서 단락과 단락사이의 관계를 치밀하
게 읽어 나가야 한다. 불필요한 단락을 과감히 삭제하고 필요
한 부분을 첨삭해야 한다. 글의 완성도를 높이기 위해서 필요
한 과정이다.

- 혹시 이야기가 산만하게 전개되어 내용이 혼란스러워진 부분
은 없는가. 이야기는 간단하고 명료하게 쓰는 것이 제일이다.
산만한 글은 내용을 줄여서 명확하게 하는 것이 좋다. 분명하
게 내용 전달이 될 수 있도록 적는다. 산만하면 이해가 어렵
다.

- 인용이나 대화 부분을 좀 더 인상 깊게 표현할 수는 없는 것인
가. 인용부분을 인용부호를 표시하여 강조해야 인용이 살 수가
있다. 강조용법을 사용하여 인용, 대화를 강조한다면 내용이
살아 날 수가 있다. 인용된 글과 본 글의 차이를 두어 분명한
글을 쓰는 것이 필요하다.

- 혹시 너무 장황하게 설명되어 지루한 인상을 주는 부분은 없

는가, 불필요하게 긴 문장은 없는가. 같은 말을 되풀이 하여 말하는 부분이 있는지 살펴야한다. 동어반복은 독자를 지루하게 만들 수 있다. 필요한 부분만 적어야한다. 중복된 부분이 발견되면 삭제해야 한다. 그래야 글이 명료해지고, 전체적인 흐름이 유지될 수 있다.

- 주어와 술어 간의 호응관계는 잘 이루어져 있는가. 앞에서 말했지만 문장이 길어지면 주어와 술어의 불일치는 생각보다 많이 나타난다. 주어와 술어의 불일치는 독자에서 황당함을 경험하게 한다. 될 수 있는 대로 단문을 사용하는 것이 주어와 술어의 관계를 정리할 수 있다.

- 조사와 어미의 사용은 적절하게 되었는가. 특히 종결어미가 혹시 혼용되지는 않았는지. 우리말의 아와 어가 다르듯이 조사와 어미의 사용에 따라서 의미가 완전히 달라지는 경우가 있다. 특히 종결어미를 주의해야 한다. 종결어미의 혼용으로 비문이 되거나 의미가 통하지 않는 글이 되기 쉽기 때문이다. 글은 뜻이 통해야 한다. 정확한 조사와 어미를 사용해야 한다.

- 글에 쓴 낱말을 다른 말로 바꾸어 효과적인 것은 없는 것일까. 즉 그 글에 가장 적절한 용어가 쓰여 졌는가. 용어선택의 문제이다. 정확한 단어를 사용하는 것이 독자를 위한 배려라고 할 수 있다. 독자의 개념에 대한 오해를 낳을 수 있기에 가장 정확하게 설명될 수 있는 낱말을 바꾸는 과정이 요구된다. 최상의 용어선택인지 한번 생각해 보고 교환하는 과정을 거쳐야 한다.

- 맞춤법은 바르게 되었는가, 컴퓨터의 맞춤법이나 띄어쓰기 검토에 전적으로 의존하는 것은 좋지 않다. 틀리는 것이 많으니 조심해야 한다. 컴퓨터 맞춤법 기능을 사용하여 문장을 교정하는 것은 편리함을 가져다 줄 수 있지만 컴퓨터가 할 수 없는 한계가 있기 때문에 컴퓨터 사용과 더불어 직접 프린트하여 읽어 보는 것이 좋다. 컴퓨터 화면상에서 읽는 것은 많은 오류의 가능성이 있기에 직접 프린트 하여 읽는 것이 필요하다.

- 탈자나 오자는 없는가. 탈자나 오자가 많이 발견되면 독자에게 신뢰감을 상실하게 된다. 신뢰를 상실 하는 글이 되지 않기 위해서도 탈자와 오자는 잡아내야 한다. 반복적인 교정을 통하여 탈자와 오자의 문제는 해결될 수 있다. 보이지 않을 때가지 탈자와 오자를 잡아야 한다. 그래서 좋은 글이 완성된다.
  학생이 제출하는 리포트 혹은 쪽 글에도 탈자와 오자가 발견되면 좋은 점수를 얻기 어렵다. 내용은 별개로 하고 정성을 다하여 글을 쓰지 않았다는 것을 확인 할 수 있다. 적어도 제출하기 전에 반복해서 교정을 보는 것이 필요하다. 내용도 중요하겠지만 정성어린 마음이 중요하다.

🔵 논증이 필요하다.

글쓰기 교육에서 문단과 문장 등 형식적이 것만을 배우고 진짜 중요한 논증은 가르치고 있지 않다. 형식보다는 논증이 더 글쓰기의 핵심이라고 할 수 있다. 구체적인 것은 논증이 명확함에 따라서 좌우된다. 논증이 제대로 되어 있지 않다면 아무리 문장력이 뛰어난 글이라도 글쓰기의 완성도는 떨어지게 된다. 논증은 어떤 절차를 거쳐 이뤄지는가에 대하여 생각해 보자. 탁석산의 『탁석산의 글짓기 도서관2: 논증의 핵심이다』에서 구체적으로 논증 절차에 대하여 알아보자.

- **논제를 열심히 읽는다.** 뭘 요구하는지를 알아야 제대로 대처할 수 있다. 주어진 주제에 대한 논제가 무엇인지에 대한 이해 없이는 좋은 논증이 있을 수 없다. 출제자의 의도는 무엇이고, 무엇을 알아보려고 하는지에 대한 생각을 가지고 핵심사항을 알아내는 것이 필요하다. 헛수고를 하지 않기 위해서는 접근부터가 정확해야 한다. 잘못된 진단으로 인하여 글 전체를 망칠 수가 있다.

- **논제에 찬성이든 반대든 어느 한 쪽에 서야한다.** 양비양시론은 결론이 없어 보여 강인한 인상을 주지 못한다. 적어도 논술에서는 회색분자가 되지 말아야 한다. 분명한 자신의 입장을 제시함으로써 논증을 구성하고 논술을 하는데 유리하기 때문이다. 이것도 아니고 저것도 아니라면 평가자의 입장에서 강한 설득력을 얻지 못한다. 정보를 제공하는 것이 아니기 때문에 자신의 입장을 분명하게 제시하는 것이 좋은 글쓰기의 요건이다.

- **결론에 대해 가장 강력한 반론이 무엇이 될 것인가를 생각하라.** 결론이 제시되었을 때 가장 강하게 반론을 펼 수 있는 사항에 대하여 미리 생각하고 방어적인 측면에서 글을 쓰게 되면 논증에서 한 번에 무너지지 일은 발생하지 않는다. 강력한

반론을 준비하는 것은 치밀한 논증을 완성하는 차원에서 행해지는 일이다. 예측 가능한 반발에 대한 사전 준비는 글의 완성도를 높일 수 있는 일이다.

- **전제를 쓴다.** 전제는 1, 2, 3의 범위를 넘지 않는 것이 좋다. 결론을 유도하기 위해서는 전제가 참이어야 한다. 전제를 가능하게 구체적으로 제시하여 설득력을 높일 수 있을 뿐만 아니라 완성도 높은 글을 완성할 수 있다. 모든 주장에는 반드시 근거가 제시되어야 한다. 주장을 납득할 만한 근거는 제시되지 않은 채 주장만 늘어놓는다면 설득하기 어렵다. 일상의 대화에서 근거 없는 얘기는 과장된 말이거나 거짓일 가능성이 높다.

- **반드시 예상되는 반박에 대한 대안을 쓴다.** 좀 더 글의 완성도를 높이기 위해서는 예상되는 반박에 대한 대안적인 글이 있어야 한다. 전제에 대한 반박에 의해서 일순간 논리가 무너질 가능성이 있다. 전제를 보다 구체적으로 논리적 방어를 할 수 있는 것이 반박에 대한 대안을 제시하는 일이다. 미리 선수를 쳐서 논리적 공격을 막아내는 일이다.

- **글을 쓰기 전에 논증 형식으로 구성한다.** 전제, 1, 2, 3 등으로 번호를 붙이고 전제와 결론 사이에 선을 그어서 이것이 논증임을 확인한다. 글을 눈으로 읽어 가지고는 논증이 잘 되었는지 알 수 없다. 그렇기 때문에 전제와 결론 사이를 선을 그어서 전제와 결론사이의 관계를 명확히 점검하고 문제가 있으면 수정하고 보완하면 된다. 이 과정을 거쳐야 보다 좋은 글을 완성할 수 있다.

- 글로 옮기기 전에 과연 자신의 논증이 좋은 논증인지를 검토한다. 즉, 관련성, 전제의 참, 충분한 근거, 반박 잠재우기 등의 조건을 적용시킨다. 이때 찬찬히 따져서 부족한 점이 있으면 고치거나 보완한다.

예시   건강지상주의는 건강한가?

과거에는 먹고 사는 것에 치중하여 건강에 대한 관심이 지금처럼 크지는 않았다. 하지만 현대 사회에 와서는 물질문명의 발달과 각종 자동화 및 기계화로 사람들의 일상적 육체노동이나 일들이 점차 생활 주변에서 멀어져 가고, 평균 일하는 시간이 현저히 감소되어 상대적으로 더 많은 자유 시간을 갖게 되어 건강에 대한 관심이 점점 커져가고 있다. 또한 많은 연구와 실험을 통해 활동적인 생활이 좋은 건강과 웰니스에 매우 긍정적인 영향을 미치고 특히, 규칙적인 운동은 건강과 삶의 질을 향상시켜 사람들을 바람직한 삶의 형태로 변화시킨다고 보고하고 있다.

그렇다면 무엇이 문제인가? 문제는 건강에 대한 잘못된 인식으로 인해 오는 부작용이다. 세계보건기구(WHO)에 의하면 "건강이란 질병이 없거나 허약하지 않은 것만 말하는 것이 아니라 신체적, 정신적, 사회적으로 완전히 안녕한 상태에 놓여 있는 것"이라고 정의하고 있다. 하지만 건강을 추구하는 현대인들은 진실로 건강한가? 건강을 추구하여 채식위주의 식단과 규칙적인 운동을 하는 사람은 진실로 건강한가? 적어도 신체적으로는 건강할지 몰라도 정신적, 사회적으로 건강할지는 의문이다. 신체적으로는 질병이 없다고 해도 정신적인 스트레스나 사회에서 사람들과 관계에 있어서 받는 스트레스는 겉으로 드러나지 않기 때문에 확신할 수 없는 일이다.

사람들이 건강을 추구하고 건강해지려고 많은 노력을 함에도 불구하고 진실로 건강하지 않는 까닭은? 누구나 건강해지기 위해 하기 싫어도 억지로라도 규칙적인 운동을 하려고 하고, 자기가 좋아하는 음식을 절제하고 몸에 좋은 음식을 섭취하려고 할 것이다. 이것은 어떤 면에서 스트레스를 가져다 줄 수도 있고 항상 건강에 집착하여 얽매여 있어 정신적으로 괴롭기까지 할 수도 있다. 자신이 진실로 원해서 하는 것이 아닌데도 불구하고 어느 정도는 자유스럽게 조절하여 할 수도 있는 것을 현대인들은 건강이라는 것에 맹신하여 곧이곧대로 하려고 하기 때문에 문제가 되는 것이다.

건강에 좋기 때문에 좋은 음식, 좋은 약을 너무 많이, 그리고 오용하는 경우도 있다. 자신에게 부족한 부분을 어쩔 수 없이 약에 의지하는 것은 몰라도 "그것이 전부다"로 생각하는 것이 문제이다. 운동에 있어서도 마찬가지다. 자기 자신에 맞는 체계적인 프로그램의 운동이 아니라 운동에 집착하여 과도하게 운동을 하다가 오히려 죽음에 이르는 사람들까지 생기게 되는 게 현실이다. 건강에 대한 왜곡된 해석에서 오는 문제점도 상당히 심각하다. 건강이라고 하면 "키 크고 잘 빠진 몸매"라는 생각이 외모지상주의를 야기하고 이로 인해 무리한 다이어트를 하거나 위험한 방법을 쓰는 경우가 허다하다.

건강은 신체적, 정신적, 사회적으로 풍요로운 삶의 질을 가지고 평균수명을 증가시키는 것이다. 어떤 것이든 적당해야지 과하면 안 좋은 것이다. 건강도 마찬가지이다. 적당한 음식 조절, 운동을 즐거운 마음에서 한다면 지금의 잘못 인식되어 있는 건강이 아닌 진실로 건강한 삶을 살수 있을 것이다. 또한 사회는 잘못 왜곡된 건강이 아닌 진정한 건강에 대한 정보를 사람들에게 제공해야할 책임이 있는 것이다. 이 세상 모든 사람들이 건강해야 사회가 건강하고 우리 모두가 건강하게 되는 것이다. 지금도 늦지 않았다. '건강지상주의' 본질 자체가 살아있는 건강관리를 해서 우리 모두 건강한 삶을 살 권리를 누려야 할 것이다. (학생의 글)

건강지상주의가 건강한가에 대한 학생의 글이다. 이 글의 장점은 문제의식은 분명하고 자기주장도 강하다는 점이다. 하지만 자신의 주장을 뒷받침 할 수 있는 근거가 없어 논증이 제대로 제시되어 있지 못한 단점을 가지고 있다.

⊙ 글쓰기에 대한 선입견을 버리자.

글쓰기에 대한 오해로 글쓰기가 더 어려워진다. 오히려 글쓰기 관련 책을 읽지 않았으며 오해를 가질 이유가 없다. 그런데 글 한 번 잘 쓰고 싶은 욕구 때문에 글쓰기 관련 책들을 많이 있어도 읽을 때는 이해하지만 실전에는 별로 도움이 안 된다. 오히려 지금까지 읽는 글쓰기 관련 책들이 글쓰기를 잘 하는데 방해가 된다.

글쓰기에 관한 책들을 읽으면 아무런 도움을 받을 수 없다. 읽어 보면 글쓰기에 대한 두려움이 생겨난다. 글쓰기의 두려움은 오해 때문에 나타난다. 이러한 고민의 열쇠는 탁석산의 글에서 찾을 수 있다. 이전의 탁석산은 '한국의 정체성과 주체성'이라는 글에서도 오해를 대한 지적과 그를 바로 보는 잣대를 제시하였다. 글쓰기 역시 무엇이 문제인가를 정확히 진단해 내고 있다. 글쓰기의 오해는 어떤 것들이 있는지 탁석산이 그의 책 『탁석산의 글짓기 도서관 1』을 중심으로 알아보자.

● **누구나 노력하면 글을 잘 쓸 수 있다.** 탁석산에 의하면 누구나 노력하면 글을 잘 쓸 수 없다고 한다. 그 이유는 문학적 글쓰기는 선천적으로 타고 나기 때문이다. 육상선수는 선천적으로 타고 났기 때문에 잘 달리 수 있다. 내가 아무나 연습한다고 100미터를 10초에 달릴 수는 없다. 노력만으로 글을 잘 쓸 수 있는 것이 아니라 제대로 노력해야 잘 쓸 수 있다. 잘 쓸 수 있는 글쓰기는 실용적 글쓰기의 경우이다. 문학적 글쓰기와 실용적 글쓰기를 구별하지 못하기 때문에 이런 오해를 가져온다.

- **말하듯이 글을 쓰면 된다**. 말과 글을 분명 다르다. 말은 이성과 감성의 혼합되어 있고, 글은 이성적인 작업이기 때문에 차이가 있다고 탁석산은 말한다. 글을 말하듯이 쓰게 되면 제대로 된 글이 안 된다. 문법에 어긋나는 글이 될 가능성이 높기 때문이다. 이성의 치밀한 논리와 비판적 사고를 통해서 글이 만들어 지는 것이다. 자연적인 것은 말이지만 글은 제대로 써야 좋은 글이 된다. 글이 말하듯이 자연스러움은 리듬과 논리를 살려서 쓰면 해결할 수 있는 문제이다.

- **많이 읽고 많이 써보면 글을 잘 쓸 수 있다**. 이 역시 탁석산은 오해라고 말한다. 아무리 많이 읽고, 많이 쓰고 해도 잘 쓸 수가 없다고 한다. 제대로 쓰고, 제대로 읽을 때 글은 잘 쓸 수 있는 것이다. 글쓰기 방법을 배우고 논증 중심으로 글을 쓰게 되면 잘 쓸 수 있다. 글쓰기의 전략을 가지고 써야 잘 쓰는 것이지 아무 생각 없이 많이 읽고 많이 써도 별 도움을 얻지 못한다. 생각하는 글쓰기는 논증을 고려한 글쓰기이다.

- **글은 서론, 본론, 결론으로 구분된다**. 이 문제 역시 오해라고 한다. 너무 형식에 의존하다 보면 형식적인 글이 되기 쉽다. 참신하고 내용이 풍부한 글은 서론과 결론을 쓰지 않아도 된다고 한다. 글은 반드시 서론, 본론, 결론으로 구분하여 쓸 필요가 없다. 글쓰기 교육을 받았기 때문에 이렇게 써야 한다는 잘못된 선입견을 가지게 된다. 시간과 분량이 정해져 있다면 서론은 생략하고 본론 중심으로 글을 쓸 수 있다. 서론과 결론은 없어도 된다. 내용 전달이 시급할 뿐이다.

- **글은 문장력이다.** 글은 문장력도 필요하지만 전부는 아니다. 좋은 글은 논증이 뛰어난 글이다. 문장력만 가지고 좋은 글을 쓸 수가 없다. 논제와 결론이 일치하는 글은 논증에서 시작된다. 문장력을 강조하는 것은 문학적 글쓰기의 경우에나 가능한 일이다. 그런데 서점에 나와 있는 책들은 문장력 강화만을 외치고 있다. 그 이유는 철학의 부재 때문에 나타나는 현상이다. 문학을 전공한 글쓴이들이 문학적인 글쓰기를 위한 지식들만 가지고 있고 그것만을 가지고 책을 쓰기 때문이다.

- **글쓰기의 궁극적 목표는 인격을 닦는 것이다.** 실용적 글쓰기는 인격과 아무런 연관이 없다고 말한다. 글쓰기는 대학입학, 학점관리, 승진 등에 영향을 미친다. 하지만 인격하고는 관련이 없다. 글 잘 쓴다고 인격이 좋은 것은 아니다. 글쓰기가 되는 사람 중에 인격하고는 관련이 없는 사람이 있다. 문학적 글쓰기는 약간 인격과 관련성을 가진다. 성찰하는 부분이 있기 때문에 자신을 객관화시켜 볼 수 있기에 인격함양의 도움을 주는 글쓰기라고 할 수 있다.

나는 이 여섯 가지를 당연하게 인식하고 있었다. 이것들을 잘해야 글을 잘 쓸 수 있다고 막연하게 생각하고 있었다. 하지만 이런 것들은 글 잘 쓰는데 별로 도움이 되지 않는다고는 추호도 의심하지 않았다. 그래서 실천을 해 보았지만 역시 발전을 없고 좌절만 늘어났다. 나는 글쓰기 능력이 없기 때문에 글쓰기는 불가능하다는 생각만 가지게 되었다. 하지만 탁석산의 말은 일리가 있다. 문학적 글쓰기는 타고나야지만 잘 쓸 수 있지만, 실용적 글쓰기는 방법만 알면 잘 쓸 수 있다.

결국 그의 말에 의하면, 먹고 살기 위해 하는 글쓰기는 실용적 글쓰기이다. 대학에서 학점은 리포트와 시험답안이라는 글쓰기에 좌우된다. 글쓰기는 요령이 있으면 그 방법을 배워야지 잘 쓸 수 있다. 따라서 글쓰기는 실용적인 전문기술이다. 글쓰기는 일종의 전문기술이기 때문에 돈이 되는 기술이라고 할 수 있다. 글만 잘 써도 먹고 사는데 아무런 문제가 없다.

기술이 있어야 활용할 수 있는 것처럼 글쓰기 방법을 배우면 글을 잘 쓸 수 있다. 그 방법은 논증이 있는 글쓰기를 말한다. 단락과 단락을 연결하는 논증이 바로 글쓰기의 핵이다. 이제까지 모든 책들은 문장력에 초점을 맞추었기 때문에 실용적인 글쓰기에 별 도움을 주지 못한 것이다. 실용적인 글쓰기를 위해서 논증을 중심으로 글쓰기를 해야 한다. 그러면 글쓰기 때문에 세상살이에서 손해 보는 일은 없을 것이다.

◉ 체육학 글쓰기의 전략을 배워라.

체육학 글쓰기를 잘 하기 위해서는 글쓰기 전략이 필요하다. 축구도 전략과 전술이 있다. 전략과 전술에 따라서 경기가 진행된다. 전략에 따라서 하면 경기력이 향상된다. 전략 없는 축구는 할 수 있지만 이기지는 못한다. 기본적인 전략을 배워서 실전에서 적용하면 좋은 성적을 올릴 수 있다.

맨땅에 헤딩하는 수준으로 하는 글쓰기는 피해야 한다. 기본 전략이 있어야 잘 쓸 수 있다. 처음부터 무계획으로 글을 써서는 안된다. 글쓰기의 전략을 배워서 실전에 활용해야 한다. 체육학 글씨기도 생각 없이 쓰는 것이 아니라 기본전략에 따라서 쓰는 것이다. 그 기본전략은 정희모와 이재성(2005)의 책『글쓰기의 전략』에서 참고하여 정리하였다.

- **초고는 가볍게 작성한다.** 시작이 반이다. 처음 글쓰기가 어렵기 때문에 아주 가벼운 생각으로 글을 쓰면 된다. 펜 가는 대로 주제에 대한 자신이 이미 알고 있는 모든 지식을 총 동원하는 것도 괜찮은 방법이다. 처음부터 완벽한 글을 쓰려고 하면 좀처럼 엄두가 나지 않는다. 갈수록 태산이 되는 것은 너무 완벽한 글을 지향하기 때문이다. 너무 멋지지 않아도 된다. 생각나는 대로 글을 써보는 것도 글에 대한 두려움을 사라지게 할 수 있는 방법 중에 하나이다.

- **상세한 개요부터 만들자.** 개요는 일종의 설계도에 해당한다. 설계도 자체가 상세하게 잘 되어 있다면 집은 설계도에 따라서 짓게 된다. 글도 상세한 개요가 있어야 한다. 개요가 잘 다듬어져 있으면 글쓰기가 점점 쉬워진다. 개요에 따라서 글쓰기만 하면 된다. 나중에 개요 자체의 수정을 통하여 다시 잘 쓸 수가 있다. 설계도를 먼저 작성하고 글을 쓰는 것이 좋은 글을 쓸 수 있는 가능성이 그 만큼 높아진다.

- **서두의 첫 문장을 준비해두자.** 시작이 어렵기 때문에 서두의 첫 문장을 만들어 둔다. 나중에 글쓰기를 할 때 실용적이고 유용한다. 처음부터 막히기 때문에 글을 못 쓰는 경우가 있다. 시작을 못하기 때문에 글쓰기 자체를 두려워하고 엄두를 못내는 것이다. 이 경우를 넘어서는 요령은 서두의 첫 문장을 미리 써두는 것이다. 차후에 첫 문장을 보고 글을 쓸 때 어려움이

사라지고 글을 잘 지을 수 있게 된다.

- **앞 문장을 읽어 가면서 글을 쓴다.** 글에는 리듬이 있다. 리듬은 호흡이다. 글의 호흡을 유지하기 위해서는 앞 문장을 읽고 이어서 써내려 가면 된다. 앞 문장과 호응이 되지 않으면 글의 리듬을 찾기가 어렵다. 그래서 글을 쓸 때는 앞 문장을 읽어보고 쓰는 것이 전체적인 글의 흐름을 부드럽게 하는데 도움이 된다.

- **기본 감각을 끝까지 유지하라.** 처음 글을 쓸 때 가졌던 기본 감각을 글이 완성될 때까지 가지고 있어야 글의 리듬을 유지할 수 있다. 단 한 번에 처음부터 끝까지 쓸 수 없기 때문이다. 글을 쓰다가 휴식을 갖고 다시 시작할 때는 처음부터 바로 쓰지 말고 개요를 다시 확인한다. 그리고 기본 감각을 되찾아 쓰는 것이 좋다. 그것이 글을 잘 쓸 수 있는 비결이다. 일정한 글쓰기 감각은 마음자세에 달려있다. 중단했다가 다시 시작할 경우에는 개요를 읽고 전체적인 그림을 생각하며 감각을 되살려 써내려 가야한다.

- **좋은 글을 참고하라.** 좋은 글을 모방하는 것은 수치가 아니라 좋은 글을 쓰기 위한 방법이다. 수시로 좋은 글을 보면 좋은 글의 틀 안에 자신을 담게 된다. 항상 좋은 글안에서 글을 시작할 수 있다. 어떤 것이 좋은 글인지 알지 못하면 좋은 글을 영원히 쓰지 못할 수도 있다. 아무리 노력해도 기준이 정해지지 않는다면 갈 길이 멀어질 수밖에 없다. 물론 타율적인 글을 쓰게 되지만 이 단계를 넘어서야 자신의 글을 쓰게 된다. 이미 발표된 글 중에 좋은 글을 선정하여 모방하고 연습 교재로 사

용한다. 좋은 글을 배워가는 과정에서 자신도 모르게 좋은 글을 쓰게 된다. 어떤 글이 좋은 글인지 알기 위해서는 좋은 글을 옆에 두어야 한다. 항시 참조하는 버릇을 가지게 되면 글을 저절로 늘게 되어 있다. 물론 연습이 따라 주어야 하겠지만 말이다.

🔵 체육학 글쓰기에 왕도가 있다.

공부에는 왕도가 없다고 배웠다. 다양한 공부방법이 있기 때문에 어떤 것이 최고라고 말 할 수 없다. 어떻게 공부하는 것이 지름길이라고 단언하여 말할 수 없기에 왕도가 있다고 말하지 못한다. 글쓰기 역시 왕도가 없다는 것이 이전에 살았던 선인들의 말이다. 하지만 글쓰기는 왕도가 있다고 주장하는 사람들이 있다. 그 중에 한 사람이 황소웅 교수다. 그는 신문기자와 대학 글쓰기 교수의 경험을 바탕으로 한 책 『바른 글 좋은 글』에서 글쓰기 왕도 10조를 강조한다. 아래 글은 이 책에서 인용하여 정리한 것이다.

• **짧게 쓴다.** 문장은 짧은 수록 읽기 쉽다. 길게 늘어진 글은 지루함을 줄 뿐이다. 복문은 삼가고 단문으로 글을 쓰며 힘이 넘쳐나고 물 흐름처럼 글을 읽을 수가 있다. 너무 길게 쓰면 독자가 이내 지치게 만들 수 있다. 호흡에 맞게 글을 쓰는 것이 그래서 중요하다. 너무 길며 독자가 정상적인 호흡을 방해할 수 있다. 짧게 쓰는 것이 제일이라도 리듬을 무시하면 단조로운 글이 될 수 있다. 지나침은 모자람만 못하다.

- **쉽게 쓴다.** 어렵게 쓴 글이 훌륭한 글이 아니다. 누구나 읽을 수 읽도록 쓰는 것이 중요하다. 중학교 2학년 수준에 맞추어 글을 쓰면 읽기 쉬운 글이라고 전문가들은 말한다. 신문과 잡지 역시 이 규칙을 지킨다. 그래야 독자가 읽고 이해할 수 있다. 너무 유식한 문장, 영어, 한자, 고사성어 등은 쓰지 않는 것이 좋다. 순수 우리말을 가지고도 글을 잘 쓸 수 있는데 어려운 말을 쓰는 행위는 독자를 배려하는 것이 아니라 독자를 무시하는 일 밖에 안 된다.

- **담백하게 쓴다.** 있는 그대로의 자연스러운 글을 쓰라는 말이다. 형용사와 부사 등의 수식어 사용을 대도록 적게 하는 글이 보기 좋다. 언어사용의 절제를 말한다. 형용사와 부사 등의 수식어가 길게 되면 문장이 길어지고 읽는 이로 하여금 쉽게 지치게 한다. 불필요한 미사어구를 삼가 하는 것이 글을 있는 그대로 읽도록 하는데 도움을 준다. 극찬이나 극언의 사용은 문장이 겉으로 화려하게 보일 수 있지만 의미전달이 부정확해질 수가 있다.

- **정확하게 쓴다.** 단어의 뜻을 정확히 알고 동의어, 반의어 등을 잘 구분하여 사용하는 것이 뜻을 정확하게 전달할 수 있게 한다. 문맥의 전후를 살펴 적절한 단어를 사용하는 것이 글의 뜻을 살리는 역할을 한다. 용어 선택에 있어 적확한 단어사용을 하도록 주의하는 것이 필요하다. 단어는 서로 짝 개념이 있다. 즉 단어와 단어는 어울리는 것이 있기 때문에 맞는 단어를 사용해야 한다.

- **명료하게 쓴다.** 글이 명료하지 못하면 읽어도 이해를 할 수 없다. 어법과 문법 그리고 문맥이 통하지 않아서 나타난다. 조사 사용이 잘못되고 주어와 술어가 호응하지 않아서 글이 명료하지 못하게 된다. 특히 어순에서 수식어의 위치는 피수식어의 바로 앞에 온다는 것을 잊지 말아야 한다. 맞춤법, 띄어쓰기, 구두점 사용법을 지키면 글은 명료할 수 있다. 글쓰기 규칙을 잘 지키지 않기 때문에 글이 명료하지 못한 것이다. 글은 읽어서 의사소통이 안 되면 글은 쓰임새를 다한 것이다.

- **구체적으로 쓴다.** 추상적 표현을 피하고 구체적으로 써야 한다. 의미가 너무 넓으면 구체적으로 무얼 가리키는지 불분명하고 정확한 의사전달을 방해하기 때문이다. 뜬 구름 잡는 이야기가 아니라 좀 더 현실적이고 상세한 설명이 있는 글이 설득하는데 도움이 된다. 이상적인 내용만을 말하게 되면 누구도 듣지 않는다. 자신에게 피부로 느끼는 것이 아니면 관심이 보이지 않는다. 구체적이지 않은 문장은 오해를 만들 수 있다.

- **같은 말 반복 사용을 피한다.** 같은 용어를 반복해서 사용하면 읽는 사람으로 하여금 단조롭게 만든다. 읽는 사람이 지속적으로 글을 읽는데 도움이 안 된다는 말이다. 되도록 같은 뜻이라도 표현을 다른 방식으로 하는 것이 필요하다. 계속 이어지는 다음 문장에서도 앞 문장에서 썼던 말은 가급적 피하는 게 좋다. 같은 단어뿐만 아니라 같은 어구도 마찬가지다.

- **논리적으로 쓴다.** 글은 다른 사람에게 자신의 생각을 알려주고 공감을 얻어내기 위한 것이다. 다른 사람을 설득하는 최상의

무기가 논리적인 글이다. 아무런 근거 없이 말하면 설득 당할 사람은 많지 않다. 이유가 있어야 하고 이치에 맞아야 설득할 수 있다. 앞뒤의 관계, 문장과 문장의 관계 등이 논리적 연결이 되어야 좋은 글이다.

- **앞뒤문장 간의 연결이 물 흐르듯 자연스러워야 한다.** 앞 문장과 뒤 문장이 서로 꼬리에 꼬리를 물고 연속적으로 물 흐르듯 이어져야 거침없이 좋은 글이 될 수 있다. 뒤 문장은 언제나 앞 문장의 뒤를 따라가야지 제각기 떨어져서 홀로 놀아서는 안 된다. 계속 문장을 만들어갈 때는 항상 앞뒤 문장 간의 연결고리를 생각하면서 글을 써야 한다. 글을 쓸 때 앞 문장을 생각하고 글을 써야 흐름에서 벗어나지 않는다. 앞 문장과 뒤 문장이 따로 놀며 어색한 문장이 된다.

- **문단을 구분한다.** 학생들이 제출한 리포트나 시험답안지를 보면 문단 구분이 되어 있지 않는 글이 생각보다 많다. 문단을 구분하지 않으면 읽는 사람에게 독해의 어려움을 겪게 한다. 내용 파악도 좀처럼 쉽지 않다. 이는 작문의 기본을 이해하지 못하고 있음을 말하는 것이다. 하나 하나의 글자가 모여 단어를 만들고, 단어들이 모여 문장을 만들고, 문장이 모여 문단을 구성한다. 여러 문단들이 모여 하나의 글을 만든다.

예시 글쓰기의 몰락[19)]

수년 전 대하소설 '혼불'의 작가 최명희는 "수바늘로 한 땀 한 땀 뜨듯" 글을 섰다는 평가를 뒤로하며 세상을 떠났다. 요즘 한참 '잘나가는' 소설가 김훈이 아직도 연필을 꾹꾹 눌러 원고지에 글을 쓴다고 하니 진지한 글쓰기 문화가 행여 우리 주변에서 완전히 사라진 것은 아닐지 모른다.

'말짱' '얼짱' 판치는 사회

하지만 대세는 역시 글의 몰락이다. 오늘날 우리 주변에서는 글쓰기의 입지가 나날이 위축되고 글쓰기 전통 또한 급속히 약화되고 있다.

이는 우선 글이 아닌 말이 이 시대의 공적 커뮤니케이션을 압도하기 때문이다. 텔레비전의 영향력은 특히 막강하여 어느새 지식인과의 교분이 너무나 돈독해져 버렸다. 몇몇 시사 프로그램을 두고 하는 말이 아니다. 지금 당장이라도 리모컨을 돌리면 채널 서너 개를 넘기지 않아 교수나 박사를 반드시 만나게 될 것이다. 그리고 텔레비전이야말로 지식인들을 구어체 수사와 상황적 순발력으로 조련시키는 최적 무대다. 그 결과, '말짱'과 '얼짱'이 마치 지성의 상징인 양 행세하는 세상이 되었다.

글쓰기의 미래를 더 어둡게 만드는 것은 사이버 공간이다. 인터넷에서 이루어지는 검색과 복제, 그리고 편집 과정이 스팸 문학의 양산을 초래한 것과 마찬가지로 요즘 대학가에서는 스팸 논술이 극성을 부리고 있다. 세계적 수준의 논문을 인터넷 짜깁기를 통해 하룻밤 사이에 제작·유포하는 것이 우리의 자랑스러운 '능력'이다. 이로써 문학과 학문 공히 차세대를 기약하기 어렵게 되었다. 게다가 전국적으로 1000만개를 돌파했다는 블로거 사이트는 글쓰기의 쾌락을 강조한다. 사실상 말하기 방식에 더 가까운 이 '게시판 저널리즘'의 목적은 인기의 발전과 연대의 증폭이다. 또한 이른바 댓글이나 채팅에서 보는 것처럼 인터넷은 언어를 배설의 대상으로 전락시키기 십상이다.

민주와 참여를 만끽하는 시대에 언어의 홍수 자체는 비난할 일이 아니

---

19) www. issuetoday.com.

다. 문제는 그것의 품위와 격조다. 물론 글도 글 나름이고 말도 말 나름이다. 하지만 논리와 이성, 특히 책임의 측면에서 둘 사이는 근본적으로 차등적이다. 그런 만큼 글의 퇴조는 최근 우리 사회의 전반적인 감성화, 즉 흥화, 경박화와 결코 무관하지 않다. 지금 우리 사회는 지식의 가치가 시청률이나 접속률에 의해 평가받고, 글쓰기 행위가 배설과 쾌락의 수단이 되는 사태를 자초하고 있는 것이다.

속이 빈 사람이 말 잘하고 속이 허한 사람이 말 많은 것은 개인만이 아니라 사회에 대해서도 마찬가지다. 따라서 말의 성찬은 어떤 면에서 그 사회의 속이 비고 허하다는 사실을 방증 할 듯싶다.

문명의 국가적 비상사태

그렇다면 우리 사회의 문화적 재건과 도덕적 재기는 쾌락이 아닌 성찰, 배설이 아닌 정제로서의 글쓰기를 보다 근본적인 차원에서 격려하고 배양하는 것에서부터 시작될 필요가 있다. 대학 입시에 논술고사를 포함시키는 정도로 해결될 사안이 결코 아닌 것이다.

언어의 궁극적 기능을 표현이나 정보를 넘어선 삶의 지혜라고 할 때, 글쓰기란 개인의 인격적 성숙은 물론 사회 전체의 문화적 수준을 가늠하는 총체적 지표다. 따라서 명문과 미문이 사라지는 현상, 그리고 글쟁이 혹은 문필가가 줄어드는 추세는 단순한 언어의 문제에 국한되지 않는다. 말이 범람하는 대신 글이 몰락하고 타락하는 현실이야말로 문명과 역사에 연관된 일종의 국가적 비상사태다. (전상인, 2004. 4. 21)

◉ 우리에게 토론이 필요하다.

체육학 글쓰기 방법은 학생이 운동을 한 후의 느낌, 스포츠관련 신문, 책, 논문, 관람 등을 하고 직접 글을 쓰게 하는 교육방법이다. 신문, 영화, 칼럼, 책 등을 읽고 자신의 생각 위주의 글쓰기이다. 생각하는 교육을 위한 방법으로 토론식 수업과 글쓰기 수업을 들 수 있다. 토론식 수업과 글쓰기 수업은 어느 정도는 상호관계가 있다. 학생들에게 A4 용지 한쪽에 자신의 생각을 쓰게 하고 그 내용을 가지고 토론에 참여하게 한다. 이미 자신의 생각을 정리했기 때문에 토론에 적극성을 가진다. 다음은 우리 현실의 토론 문제를 잘 지적하고 있는 내용이다.

예시 우리에게 토론문화가 낯선 까닭은

　많은 사람들이 우리의 토론문화가 약하다고 안타까워한다. 우리에게 어떤 문제가 있는 것일까? 토론을 그저 사람들이 모여서 이야기하는 것과 다르다. 서로 만나 이야기를 나누는 횟수로 보자면 우리가 남에게 뒤질 것이 없다. 우리는 오히려 약간의 고독이 사치가 될 정도로 이야기의 홍수 속에서 살고 있지 않은가. 토론을 통하여 어떤 문제를 해결하는 일은 매우 충족시키기 어려운 전제들을 필요로 한다. 그 전제들에 주목해야 우리는 토론문화라는 것이 공들이고 노력해야 향상시킬 수 있는 것이라는 점을 이해할 수 있다.

　이상적인 토론이라면 가) 문제에 관련된 사람들이 모두 논의에 참여할수 있어야 하고 나) 참여자의 모든 의견이 자유롭게 제시될 수 있어야 하며 다) 논의과정에서 의견의 설득력 이외에는 어떤 힘이나 권위도 작용해서는 안 되고 라) 토론에서 이루어진 합의는 구속력을 가질 수 있어야 하며 반대로 합의가 되지 않았을 경우 의견의 차이가 존중될 수 있어야 한다.

　가)와 나)는 참여와 개방성의 조건이라고 말할 수 있을 것이다. 토론에서는 원칙적으로 이해당사자가 모두 참여하여 자신의 견해를 자유롭게 표현하고 다른 사람들로부터 경청될 수 있어야 한다. 아무리 토론에서 만장일치의 합의가 이루어졌다고 하다라도 이해당사자의 일부가 참여에서 배제되었다면, 또 모두가 참여하였더라도 일부의 목소리가 억눌렸다면, 그 합의는 정당성을 가질 수 없다.

　다)의 논증의 원칙이라고 부를 수 있을 터인데, 이 조건은 토론문화라는 것이 얼마나 까다로운 전제 위에 서 있는지를 잘 보여준다. 제대로 된 토론이라면 논의과정에서 원칙적으로 의견의 설득력 외에 어떤 권위나 힘도 작용해서는 안 된다. 그런데 이것이 도대체 쉬운 일인가? 의견의 설득력이란 얼마나 자주 물리적 힘, 문화적 권력, 사회적 지위, 성 역할 구별, 연령 차이에 의해 채색되어 버리는가. 또는 오직 생존이 문제가 되는 상황이라면 한가하게 토론하고 있을 수 있겠는가? 문화적 획일성도 토론이 자리 잡지 못하게 하는 중요한 요소이다. 어떤 상황에서 어떻게 행동해야 할지 이미 뻔하게 알려진 경우 우리는 토론하지 않는다. 그러니까 권위주의, 차별, 긴박성, 문화적 획일성은 토론문화의 뿌리가 성장하지 못하게 하는 요소들이다.

라)는 도덕성과 제도의 조건이다. 합의 당사자들은 토론에서 이루어진 합의를 준수할 태세가 되어 있어야 한다. 만일 자신의 이익에 조금 손해가 된다고 해서 합의사항을 성실하게 이행하지 않는다면 서로에 대한 신뢰는 금세 깨어지고 토론의 의미가 퇴색하게 된다. 상대가 합의된 사항을 준수할 것이라는 기대를 가질 수 없다면 누가 진지하게 토론에 임할 것인가. 그런데 이 조건도 역시 그렇게 쉽게 충족될 수 있는 것은 아니다. 합의 이후에 예측하지 못했던 상황이 닥치면, 합의사항을 지키는 것보다 어기는 것이 나에게 당장 더 큰 이익을 가져올 것으로 보이면, 합의를 지키려는 우리의 의지는 쉽게 약해지기 때문이다. 그래서 토론문화를 위해서는 웬만한 이유가 아니고서는 합의사항을 준수하고자 하는 도덕적 의지, 그리고 실제로 그런 의지를 관철시키는 용기가 필요하다. 물론 합의사항의 준수를 서로의 도덕적 의지에만 맡겨두기 어려운 경우들도 있다. 특히 내용이 아주 중대하거나 장기적인 영향을 미치는 합의의 경우가 그렇다. 이런 경우들은 합의의 이행을 강제할 수 있는 제도적 장치가 필요하다. 그런 제도적 장치가 있을 때 우리는 설령 상대가 합의를 지키려는 의지가 줄어들었을 경우에도 합의사항과 달리 행위 하지 않을 것이라고 기대할 수 있는 것이다. 그러니까 성장과정에서 합의사항을 준수하려는 도덕적 태도와 용기를 배우는 대신 임기응변을 지혜인 것으로 배우고 사회의 제도적 장치가 공정성에 따라서가 아니라 권력자의 자의에 따라 움직일 경우 토론문화는 실질적 효력을 가질 수 없는 것이다.

위에서 나는 활성화되고 효력을 갖는 토론의 조건으로서 참여와 개방, 논증의 원칙, 도덕성과 공정한 제도적 장치를 들었다. 사실 이 조건들은 서로 맞물려 있다. 사람들은 보통 토론과정에서 동등하고 진지하게 참여하지 않은 경우 합의를 지킬 생각도 줄어들게 마련이다. 애초에 내가 진심으로 동의한 것이 아니라는 생각은 보통 합의로부터의 이탈을 정당화시켜주는 가장 좋은 이유이다. 제도적 장치 역시 사람들이 그것을 자신들의 삶에 필요한 것으로서 수호하려고 할 때 유지될 수 있는 것이다. 그래서 토론문화를 인위적으로 한꺼번에 만들어낼 수는 없는 것이다.

앞서 말한 토론문화의 조건에 비추어 보면 우리에게 토론문화가 약한 이유를 대강 말할 수 있을 것 같다. 그것은 참여와 개방을 제한하는 각종의 차별, 논증의 힘을 무력화하는 권위주의, 토론의 여유와 여지를 좁히는 긴박성과 문화적 획일성, 그리고 합의를 준수하려는 도덕적 능력의 부족, 제도의 공정성 결여와 불안정성이 그것이다. 당장 하나의 반론이 예상된다. 위에서 말한 토론문화의 조건은 이상적인 토론문화에나 통용되는 것이다. 그런 이상적인 조건을 다 갖춘 문화나 민족이 어디 있겠는가. 또 설령 이상적인 토론이 가능하더라도 모든 문제를 다 토론으로 해결할 수 있는 것은 아니다. 합의되지 않은 경우 적절한 타협에 만족할 줄 알아야 한다. 맞는 말이다. 다만 나는 이런 반론이 그냥 있는 그대로 살자는 식의 결론으로 가지 않길 희망한다. 비록 느리더라도 토론문화 역시 우리의 노력에 따라 점자 개선될 수 있는 것이다. (장춘익, 한림학보 2001. 3. 6)

◉ 토론수업은 글을 잘 쓰게 한다.[20]

지금 학생들은 과거 세대와는 완연히 구별된다. 이들은 영상세대의 특성을 가지고 있다. 자신의 의견을 거침없이 말하는 세대, 사유하기를 싫어하는 세대, 책읽기보다는 영화보기를 좋아하는 세대라는 특성이 있다. 따라서 이들에게 맞는 교육방법은 영상언어를 이용한 교육방법이다. 영화보기를 책읽기보다 즐거워하기 때문에 책에 구태여 얽맬 필요는 없다. 영화를 이용한 강의를 시도할만하다. 이미 스포츠의 문제를 가지고 영화를 만든 작품들이 많이 제작되었기 때문에 자료의 이용과 강의에의 활용이 쉽다고 할 수

---

20) 이학준(2003). 스포츠철학의 교수방법 탐구. 한국체육학회지. 42(6), 99-106.

있다. 예를 들어 진정한 승리란 무엇인가? 이 문제의식을 가지고 강의를 한다고 가정할 때 학생들의 지루함을 쉽게 발견되고 이는 과목 자체에 대한 학습욕구를 떨어뜨리게 된다.

이 보다는 영화 "불의 전차"를 보고 그 영화 속에 등장하는 두 명의 주인공을 통해서 승리에 대한 각자의 입장을 정리하고 발표하라고 한다면, 두 명의 인물에 대한 자신의 사유가 촉발되기 때문에 영화보기만으로 끝나는 것이 아니라 사유로 이어진다. 뿐만 아니라 그것을 가지고 철학적 대화가 가능하다. 서로 자신의 관점에서 두 명의 주인공에 대한 관점과 승리에 대한 자신의 생각을 가지고 토론이 행해진다면 재미와 학습욕구를 증가시킬 수 있다.

예시 〈불의 전차〉를 보고

불의 전차는 영국 감독 휴 허드슨의 1981년 작품이다. 실존했던 육상 선수, 에릭 리델과 아브라함 헤롤드에 관한 인간탐구의 기록이다. 영국 최고의 명문을 자랑하는 캠브리지대학의 신입생들 사이에는 고리대금업 자의 아들이자 타고난 승부근성으로 스포츠에 집착하는 아브라함과 스코 틀랜드 출신의 경건한 기독교도 에릭 리델이 끼어 있다.

신에 대한 소명의식과 인간세계의 승부에 대한 집착, 이 두 가지가 인 간적 삶 혹은 존재론에 대한 모든 것을 단적으로 설명하는 것은 아니다. 게다가 이 둘 중 하나를 무엇인가에 비해 폄하하는 것은 자칫 편협해질 수 있다고 생각한다. 그렇다면, 강한 영국적인 악센트와 그 귀족지향적인 정취가 물씬 풍기는 영화 "불의 전차"는 이 교묘한 줄다리기를 아슬아슬 하게 끌어 나간다.

이 영화가 다루고자 하는 것은 정형화 된 두 명의 주인공을 통해 종교 적 숭고함과 보다 세속화된 욕망을 갈망하는 두 가지 삶을 대별시키는 것 이다. 그렇다고 감독이 특정한 삶에 보다 존엄한 존재론적 가치를 부여하 는 것은 아니라고 본다. 적어도 노골적으로 그렇게 표현하지는 않는다.

> 하지만 뒤에 보면 그것만이 아니라는 것을 알 수 있다. (학생의 글)

　이처럼 승리에 관한 주제를 다루기 위해서는 관련 있는 스포츠 영화를 선택한다. 이 영화를 보고나서 들어나는 문제점을 찾는다. 그 문제를 원인과 해결할 수 있는 방법에 대하야 각자의 의견을 제시 할 수 있도록 도움을 준다. 각자의 의견에 대하여 서로의 일치점을 찾는 작업은 대화와 논의를 통해서 이뤄질 수 있다. 이와 같은 방법은 학생들이 진지하게 자신의 사유를 촉발할 수 있을 뿐만 아니라 수동에서 적극적인 자세로 수업에 참석하게 한다. 수업이 살아있는 강의가 될 수 있을 가능성이 높다. 이와 같은 학생중심의 강의는 소극적인 강의보다는 학생들의 입장을 수용하는 적극적 강의이다.

　제대로 된 토론수업을 위해서는 교수의 수업에 대한 준비, 학생들의 자세, 그리고 수업환경 등이 제대로 갖추어진 때 효과를 얻을 수 있다. 이외에도 토론수업은 주제설정과 토론식 수업의 진행 방법 그리고 학습평가 등의 다양한 기술이 필요하다. 이러한 절차가 없이 이루어지는 토론식 수업은 잡담시간으로 전락할 수 있는 위험성을 안고 있다. 첫째, 주제선정에서 가장 중요한 것은 논쟁적인 것이 요구된다. 체육이냐 스포츠냐 하는 체육개념의 논쟁, 일원론이냐 이원론이냐 하는 신체관의 논쟁, 체육학이 학문이냐 아니냐 하는 정체성 논쟁 등에 대하여 논쟁을 유도할 수 있다.

　예를 들어 바둑이 스포츠냐 아니냐 하는 문제는 논쟁의 좋은 주제가 될 수 있다. 우리 현실의 시사문제로 프로야구선수협의회 문제나 또는 여자프로농구선수의 유니폼 문제 또는 운동선수들의 도핑문제, 운동선수들의 병역문제 등을 제시할 수 있다. 둘째, 토론전개의 방법이다. 사회자는 교수가 하는 것이 좋으며 토론주제 이외에 학생들의 의견을 사전에 차단하고 주제중심에서 토론이 진행될 수 있도록 하는 진행이 필요하다. 그 외에 교수는 자신의 의견을 제시하고 않고 학생들의 의견을 유도하는 것이 중요하다.

PART 13

체육학 글쓰기의 기법

서론에서 문제 제기한 내용을 입증하기 위해서 다양한 근거와 지지이론을 제시해야 한다. 그 방법으로 글쓰기의 기법들이 사용된다. 그 기법들은 분석, 논증, 원인과 결과, 분류, 정의, 기술, 예시 등이 있다. 그럼 글쓰기의 기법들에 대하여 알아보도록 하자. 이하의 내용은 김영정외(2004)의 『비판적 사고와 학술적 글쓰기』의 내용을 요약 정리한 것이다.

🔵 분석

분석은 현안문제, 책의 내용, 역사적 사건, 논문 내용 등을 분해하는 것이다. 이러한 분석을 통해서 각 부분에 대하여 상세하게 살펴보고, 그 부분들이 어떻게 관련되어 있는가를 알 수 있도록 한다. 분석의 방법은 원인과 결과, 비교와 대조, 단계별 과정의 고

찰 등이 있다. 분석은 수집된 자료를 정리하는 논문 쓰기의 초기
단계뿐만 아니라 글쓰기 과정에서도 활용할 수 있는 중요한 글쓰
기 기법 중에 하나이다. 분석을 통하여 내용을 명료화하고 객관화
할 수 있다. 분석기법을 잘 활용하는 것이 글쓰기의 기초를 닦는
일이다.

◉ 논증

연구자가 주장하는 주장을 지지하는 근거들을 제시하는 것이
학술적인 보고서의 핵심적인 부분이다. 특정한 쟁점에 대하여 어
떤 입장을 가지고 있는지, 또 그것을 옹호하기 위해 지지하는 증
거와 논리적 근거들을 제공한다. 이것을 논증이라고 한다. 논증에
는 귀납논증, 연역논증, 논박에 의한 논증하기로 나눌 수 있다. 예
를 들어 체벌이 필요악이라는 주장을 논증하기 위해서는 체벌이
일반학생이 아닌 학생선수들에게 필요한 이유와 근거를 제시하여
주장하는 것이 논증의 과정이다.

귀납논증은 구체적인 예들로부터 그것들에 대해 일반화 된 의
견으로 이동하는 논증이다. 예를 들어 A팀에게 이미지 트레이닝
을 1개월 훈련시켰더니 경기력 향상에 도움을 주었다. B팀에게
이미지 트레이닝을 1개월 하였더니 그 결과 역시 경기력 향상에
도움이 되었다. 이를 통하여 이미지 트레이닝과 경기력 향상과 상
관관계가 밝혀 낼 수 있다.

연역논증은 전제의 참이 결론의 참을 절대적으로 보장하는 그
런 논증이다. 연역은 일반적인 법칙을 토대로 특별한 예나 사례를
예측하는 것을 포함한다. 일반적인 법칙으로부터 특정한 사례를

이끌어내는 것을 말한다. 논박에 의한 논증하기는 논박은 어떤 사람의 논증을 반박한다는 것을 의미한다. 주장 하는 사람의 논증의 약점을 드러내는 것을 주의 깊은 비판적 사고를 통하여 찾아 낼 수 있다. 찾아 낸 부분에 대하여 반박을 하는 것이다.

🌀 원인과 결과

원인과 결과는 인과론이라고 한다. 예를 들어 왜 그것이 발생했는가? 그 결과는 무엇인가? 왜 그것은 발생하지 않았는가? 무엇이 그것의 발생을 막았는가? 만약 그것이 발생했다면, 그것의 결과는 무엇이었을까? 이러한 질문들이 원인과 결과와 관련된 질문들이다. 원인과 결과를 제대로 분석할 경우, 우리의 비판적 기술은 강화된다. 탐구 그 자체는 원인과 결과의 체계라고 할 수 있다. 예를 들어 현대스포츠의 문제는 무엇인가? 그 문제의 원인은 어디에서부터 시작되었는가? 이를 추론하는 과정에서 원인과 결과에 대한 보다 상세한 원인들을 찾아낼 수 있다.

🌀 분류

분류 없이 사고하는 것은 매우 비효율적이고 매우 어려운 일이다. 우리는 자연스럽게 사물들을 나누고 범주나 그룹으로 분류한다. 분류는 우리가 어떤 주제를 분석하는 하나의 도구이다. 어떤 주제를 부분이나 유형으로 나누어 그것들을 논의하거나 평가할 수 있도록 해주기 때문이다. 자신의 주장을 어떤 범주로 분류하느냐 하는 것은 자신의 주장을 해석하는 방식에 영향을 미친다. 우리의 주장을 범주로 분류하는 방식이 그 주장에 관한 자신의 사고 방식에 영향을 미치므로, 분류는 논증하기의 중요한 하나의 전략이다.

◉ 비교와 대조

비교하는 것은 유사점과 차이점을 지적하고 분석하는 것이다. 대조하는 것은 차이점을 지적하고 분석하는 것이다. 우리가 비교, 대조를 사용할 때, 비교나 대조 혹은 둘 다의 초점을 맞출 수 있는데 그것은 글의 목적에 달려있다. 다른 전략처럼, 비교와 대조는 그것 자체로 목적이 아니다. 단지 비교나 대조 그 자체를 위해 어떤 두 대상, 사람, 사건 혹은 개념을 비교하거나 대조하지는 않을 것이다. 연구자가 연구 요점을 쉽게 이해하도록 하기 위해 비교와 대조를 사용한다. 비교와 대조를 조직화하는데 블록 패턴과 교체 패턴이 있다. 블록 패턴은 두 사항을 비교하거나 대조하기 위해, 하나를 먼저 논의하고 다음에 다른 것을 논의할 수 있는 방법이다. 교체 패턴은 두 사항을 서로 교대로 말하는 것인데 우리는 이것을 교체 패턴이라고 부른다. 저자의 경우 "스포츠를 권하는 사회 만들기"라는 논문에서 우리사회에서 공동체 문화라고 할 수 있는 술과 스포츠를 비교와 대조를 사용하여 술 권하는 사회의 문제점을 지적하고 스포츠를 권하는 사회로 나가야 한다는 주장을 펼친바 있다.

◉ 정의

자신의 의견을 분명히 전달하고 논증하고자 한다면, 단어의 의미를 분명하고 명료하게 그리고 정확하게 할 필요가 있다. 단어들을 잘 정의하기 위해, 그 단어들이 기원, 즉 어원을 탐구할 필요가 있을 수도 있다. 정의에는 외연적 정의와 내포적 정의가 있다. 외연적 정의로는 직시적 정의와 열거적 정의가 있다. 내포적 정의로는 사전적 정의, 약정적 정의, 명료화 정의, 이론적 정의, 설득적 정의 등이 있다. 그 외에도 특수한 정의의 형태로 문맥적 정의와 조작적 정의 등이 있다. 내포와 외연에 대하여 알아보자.

저자는 "논리로 읽는 태권도의 생존전략"이라는 논문에서 내포적 정의와 외연적 정의를 가지고 태권도의 위기를 극복할 수 있는 방안에 대하여 알아보았다. 예를 들어 체육의 내포적 정의는 계획적인 신체활동을 통한 교육이다. 외연적 정의는 학교체육, 사회체육, 엘리트체육, 노인체육, 유아체육 등이라고 할 수 있다. 이후에 "한국 체육개념의 논리적 검토", "건강개념: 오해와 이해"에서 내포와 외연의 개념을 가지고 정의를 한 적이 있다. 건강개념은 기존의 건강개념에 대한 잘못된 정의를 재 정의하는 차원에서 연구한 논문이다.

◉ 기술

기술은 단어로 시각적인 그림을 그리는 것을 의미한다. 넓은 의미에서 기술은 시각, 청각, 후각, 미각, 촉각에 호소하는 구체적인 세부 묘사의 사용을 의미한다. 그리고 세부 묘사는 독자의 마음에 이미지를 산출시킨다. 기술은 독자의 감정과 사고를 자극할 수 있기 때문에, 글을 쓰는 데 유용한 전략이다.

🔵 예시

자신의 주장을 지지하기 위해 일반적으로 취할 수 있는 가장 손쉬운 방법은 요점을 드러내는 예시를 사용하는 것이다. "예를 들어"로 시작되는 서술방식이 예시의 대표적인 방법이다. 예를 들어 "글쓰기는 엑스보드와 같다." 글쓰기라는 것은 이론적 지식만을 가지고 잘 할 수 있는 것이 아니라 연습을 통해서 자신의 도구화 하는 것에 따라서 결과가 결정된다. 이런 의미에서 어린아이들이 즐겨하는 엑스보드라는 도구를 연상시킬 수 있다. 엑스보드는 균형감각(평형성)을 이용한 놀이 도구이다. 얼마나 많이 연습했느냐에 따라서 자유자재로 탈 수 있다. 자유자재로 탈 수 있을 때 엑스보드는 어린이에게 놀이도구가 된다. 잘 타지 못하면 잘 사용하지 않게 되어 엑스보드 타는 법을 잊게 된다. 그러면 영영 그 엑스보드의 즐거움(맛)을 알지 못하게 된다. 이와 같이 한 구체적 예를 통해서 자신의 주장을 정당화 하는 방법이 예시 방법이다.

🔵 이야기 서술

서술은 일반적으로 발생한 시간 순서로, 사건을 이야기한다는 것을 의미한다. 이야기는 형식적 논증과 비형식적 논증 모두에서 주장을 진술하고 지지하는 유용한 전략이다. 이야기 방식의 서술은 독자의 호기심과 감정을 불러일으킨다. 그것은 글쓴이의 논점을 드러내면서 아울러 독자의 흥미를 유발할 수 있다. 서술은 일화라고 부를 수 있다. 서술적 증거는 이야기로 하는 증거이다. 본질적으로 일화는 개인적 경험에 의존하기 때문에 일화 형식의 증거는 보통 가볍고 약한 증거로 여겨진다. 따라서 서술에 의존하는 논증은 좋은 평가를 받기가 어려울 수 있다. 이야기 방식의 서술은 일반적으로 개인적 경험의 기술인 경우가 많지만 역사적인 사건의 해명일 경우도 있으며, 객관적인 보고일 경우도 있다.

CHAPTER **04**

연 습
: 논리적 서술능력

●

PART 14

운동일기

운동일기는 운동을 하면서 가지게 되는 느낌과 생각을 일기형식으로 적어 놓은 글이다. 형식은 일반 일기와 같다. 차이점은 운동이라는 체험이 일기의 소제가 된다는 점이다. 운동일기와 유사한 것은 운동일지라는 것이 있다. 팀이나 개인이 어떤 운동을 했는지 매일 기록하는 것이 운동일지이다. 연간, 월간, 주간 운동프로그램에 따라서 운동을 시행하기에 그것에 따라서 매일 맞게 운동을 했는지를 점검할 수 있는 역할을 한다. 운동일기 처럼 개인의 느낌과 생각이 들어가지 않고 사실만을 기록한다는 차이가 있다.

운동일기는 자신은 무슨 운동을 해고 그 운동을 하면서 느낌과 생각을 정리할 수 있다는 점에서 장점이 있다. 어떤 운동이 잘 안되고 안 되는 이유는 어디에 있으며 앞으로 어떻게 고칠 것인가를 생각하게 만든다. 그렇기 때문에 자신의 성찰할 수 있는 시간을 얻을 수 있기에 인성이 자연스럽게 형성되다. 뿐만 아니라 학습자의 기능습득에서 문제가 되는 것이 무엇인지 발견할 수 있다. 또한 그것을 고칠 수 있는 반성의 시간을 갖게 되어 자신의 기능을 바로 잡을 수 있다.

운동일기는 운동을 첫 입문하는 사람뿐만 아니라 전문운동선수들에게도 적용할 수 있다. 첫 입문자에게는 운동기능을 습득하는 것을 이미지와 트레이닝에 도움이 받을 수 있을 뿐만 아니라 운동하는 태도를 형성하는 데 도움이 될 수 있다. 전문운동선수들도 자신의 운동하면서 가지게 되는 느낌이나 생각을 정립하고 어떻게 운동을 해야 할 것인지에 대한 자신만의 철학을 형성하게 한다. 그리고 자신의 인격적인 문제에 대한 반성적 성찰을 통해서 인성함양에도 도움을 받을 수 있다. 다음의 예시는 빙상 수업을 들었던 한 학생의 운동일기이다.

예시 빙상일기: 스케이트 잘 타는 방법

아직도 수요일이 되면 은근히 두려운 생각이 앞서는 빙상 초보자의 한 사람으로 감히 스케이트 잘 타는 방법을 화두로 꺼내드는 것이 지나친 교만이 아닌가 하는 생각마저 드는 게 사실이다. 하지만 세상에 글은 완성된 진리를 보이는 논문만이 전부가 아닐 것임을, 때론 자신의 시행착오를 가만히 돌아보는 회고의 글도, 그냥 책상 서랍에 들어있을 지라도 일기 역시 최소 한 사람에게도 무엇보다도 값진 글 한편임을 생각할 때 언감생심 주체를 잡게 되었다.

어린 시절부터 몸을 움직이는 것을 그리 좋아하지 않던 바라 운동에 대해서는 보는 것 외에는 그리 좋아하는 것도 잘하는 것도 없던 나였다. 선생님께서 수업시간에 말씀해주신 것과 같이 스포츠에는 '보며 즐기는 것'과 '직접 뛰며 몸으로 느끼는 것' 두 가지의 것이 있음을 알기 전까지

나는 어쩜 스포츠에 있어서는 반쪽 세상에 살고 있었던 것이나 다름이 없던 시절이다.

체육시간의 재미도 거의 알지 못하고 지내던 내가 처음으로 '몸으로 뛰는 스포츠'를 알기 시작한 것은 군을 제대할 무렵이나 되어서였다. 주말마다 무슨 연례행사 치루 듯 하던 축구, 족구 게임들에 마디 못해 참가하던 것이 나의 첫 경험이 되었다. 그 나마도 졸병 시절에는 잔뜩 겁에 질려 마지못해 하던 것이라 즐거움도 알지 못했고, 단지 졸병의 귀찮은 일과 중 하나에 지나지 않는 것이었던 기억이 있다.

하지만 한번 두 번하던 게임들이 횟수를 더해가면서 그 방법과 균형을 잡을 수 있게 되어가는 즈음 처음으로 몸으로 뛰는 스포츠와 재미를 느끼게 되었다. 이러한 경험들이 바로 선생님께서 말씀해 주셨던 몸으로 배우는 과정, 기술의 체화과정이 아니었나 생각된다.

이 무렵 한창 축구와 족구에 재미를 붙이고 있던 동안에는 취침시간에 가만히 누워 있으면 눈앞에 떠오르는 것이 거의 전부가 축구와 족구에 대한 궁리들이었다. "어떻게 하면 공에 회전을 먹여서 찰 수 있을까", "어떻게 하면 수비를 속이고 공을 돌릴 수 있을까" 비록 어설프나마 선생님께서 말씀하셨던 '운동에 맛 들린 상태' 초기 증상쯤 되던 시절이었던 것 같다.

운동 신경도 좋지 않고 능숙하지도 못하면서 스케이트 잘 타는 방법에 대해 궁리해 보려는 지금의 시도도 그 때 축구를 고민하던 어설프게 맛 들렸던 나의 모습과 다르지 않음을 귀엽게 봐주셨으면 한다. 선생님께서 말씀하신 것과 같이 몸으로 배우는 것과 머리로 배우는 것이 완연히 다른 것이라면, 또한 운동은 그저 몸으로 막 하는 것만이 아닌 것이 사실이라면, 한 번쯤 이런 소중한 기회에 나의 몸짓과 움직임을 글로 옮겨놓고 생각해보는 것도, 가만히 떠올리면 분석해 보는 것도 좋은 공부가 될 것 같다는 생각을 해 본다.

● 빙판과 스케이트에 익숙해진다.

모든 스포츠에 있어 무엇보다 중요한 것은 그 스포츠의 운동장과 도구에 익숙해지는 것이 아닐까 한다. 스케이트 역시 예외는 아니어서 가장 우선으로 꼽고 싶은 것으로 스케이트 자체와 스케이트장이 되는 빙판에 친숙해지는 것을 생각했다. 스케이트는 일단 얼음판 위에서 얇은 두 개의 날에 의지해서 몸의 균형을 유지해야 한다는 것에 이 운동만의 특이성이 있다고 생각한다.

　일단 대부분의 스포츠가 진행되는 일반적인 평지의 조건이 아니고 단지 두 개의 칼날에 균형을 싣는다는 점에서 유사한 스포츠인 스키와도 차이가 있다고 할 수 있다. 사람이 일상적으로 얼음판 위에서 가지게 되는 느낌과 인상은 별로 좋은 것이 아닌 듯하다. 보통의 사람들은 일상생활 과정에서 걷고 뛰고 서는 것을 호흡하는 것만큼이나 자연스럽게 반복하고 있기에, 두 발에 실리는 그밖에 느낌에 대해서는 '위태로운 것'이라는 불안감고 거부감을 가지고 있는 것이 사실이다.

　바로 '미끄러지는 느낌'을 들 수 있는데, 그러하기에 처음 빙판을 접하는 사람이 가장 힘들게 여기는 이유도 바로 이에 있다고 생각한다. 스케이트는 기본적으로 두 개의 날로 미끄러지는 운동이다. 그러하기에 지금껏 나쁜, 불안한 감각으로 낙인 찍어왔던 미끄러지는 감각, 느낌에 일단 익숙해지는 것이 가장 필요한 부분이라 생각한다. 그 외에 다양한 몸짓이나 움직임은 마치 걸음마를 처음 배운 아이가 걷기와 뛰기까지를 일사불란하게 배워가는 것만큼이나 가속적인 것이 될 수 있다는 생각이다.

　그렇지 못한 것은 애초부터 미끄러지기에 충분히 익숙해지지 못했기 때문이라 감히 생각해본다. 일단 이 감각이 두렵고 어색하게 여겨지는 사람은 전체적인 자세를 낮고 안정되게 잡을 수가 없다. 스케이트 기본자세인 낮게 굽힌 무릎과 약간 앞쪽으로 쏠린 자세가 제대로 잡히면 자연스레 몸은 앞쪽으로 밀려 나가게 된다. 하지만 여기까지가 미처 준비되지 못한 사람들에게 이는 무척이나 위태로운 느낌으로 다가올 것이고 계속 몸을 뻣뻣하게 일으켜 세울 수밖에 없는 상황이 될 것이다. 이는 전체적인 몸의 중심을 높여 자세를 더 불안하게 하고, 미끄러지지 않기 위해 스케이트 날을 바로 세우지 못하고 자꾸 안쪽으로 눕히는 나쁜 습관을 붙이는 요인으로까지 이어질 수 있다.

　덧붙여 또 한 가지 익숙해져야 할 것으로 스케이트를 들고 싶다. 우리는 일상생활 속에서 손이나 몸에는 여러 가지 도구나 장치들을 많이 끼기도 하고 들기도 해 왔기 때문에 어색함이 적다. 하지만 발의 경우는 여타의 신체부위와는 차이가 있지 않나 생각해 본다. 모든 스포츠의 가장 기본적인 감각이 균형감각의 유지라고 한다면, 스포츠의 대다수를 차지하는 육상스포츠의 경우 균형의 유지를 위해 발만은 가장 자연스럽고 편안한 상태로 놓아두는 것이 대부분이다. 하지만 빙상 스포츠의 경우는 스케이트라는 기어를 발에 장착함으로써 플레이를 가능하게 한다.

가장 익숙한 것이 때로는 가장 짙은 색안경이 될 수도 있다는 말이 있듯, 편안한 신발 속에서 일상적인 도보에만 익숙해져 있는 발에 스케이트라는 장비는 어색하고 불편하기 짝이 없는 것일 수밖에 없을 것이다. 처음 빙판에 들어선 사람들이 대부분 두 날을 바로 세우지 못하고 삐딱하게 나쁜 자세로 엉거주춤하게 되는 것은 스케이트 자체에 대한 어색함과 거부감 역시 큰 몫을 하고 있다는 생각이다.

그러하기에 처음 빙상 스포츠에 접하는 사람의 경우는 먼저 스케이트를 신고 평지에서부터 일정정도 익히면서 중요한 자세 연습도 빙판이 우선 낯선 사람들에겐 평지 연습부터 선행하는 것이 도움이 되리라 생각해 본다.

그리고 빙판에서 미끄러지는 느낌들에 익숙해 질 수 있도록 노력하는 것이 절실하다는 생각이 든다. 이는 물론 절대적으로 얼음판에서 보내는 시간을 늘림으로써 빠르게 이룰 수 있겠지만 덧붙여 자세와 움직임에 대해 나름대로 생각을 해가며 이유도 없이 지레 겁먹는 일만 없더라도 한결 수월하지 않을까 한다.

필요에 따라서는 무릎 보호대와 팔꿈치 보호대와 같은 보호구를 갖추는 것도 도움이 되리라 생각한다. 꼭 넘어져서 아프기보다도, 일단 이러한 장구를 착용하고 있으면 한결 심리적 안정을 유지할 수 있고 따라서 더 과감하고 용기 있게 빙판에 접근할 수 있으리라 기대할 수 있다.

● 옆으로 밀며 앞으로 질주하라.

우리 수업시간에도 그러하였지만 직진 주행에서 가장 기본이 되는 것이 빙판에서 밀기였다. 이는 일단 빙판과 스케이트 날 면이 맞닿는 감각을 익힌다는 의미에서 중요하고 또한 직선 활주를 하는 가장 기본기가 된다는 측면에서 또한 중요하다. 바로 옆으로 밀면서 전진하기, 빙상 전진에서 가장 기본이 되는 활주 방식이 아닌가 생각한다.

하지만 많은 경우 지상에서의 도보에 익숙해 있기에 스케이트를 옆으로 밀지 못하는 경우를 많이 본다. 걷는 자세와 비슷하게 스케이트를 뒤로 미는 자세를 보이게 되는데, 그렇게 되면 일단 전체적인 몸의 균형이 흔들리게 되고, 빙판을 타는 스케이트 날이 빙판을 미는 날에 의해 받는 힘의 크기가 상대적으로 줄어들게 된다. 뒤로 밀면 날이 얼음판을 미는 것이 아니라 그냥 얼음을 탁 나가버리는 것이 되기 때문이다. 사실 빙판에서 뒤로 미는 것 자체가 옆으로 미는 것보다 부자연스런 동작이 아닌가 생각도 된다.

스케이트는 운동화나 구두와는 달리 발목까지 끈을 조여 매어 고정하게 되어 있다. 발목이 고정된 상태에서 앞뒤로 발을 움직이는 것은 그 자체로 너무나 부자연스럽고 힘든 일임에 분명하다. 옆으로 빙판을 지치게 되면 일단 자세의 흔들림을 줄일 수 있게 되고, 뒤로 미는 것보다 스탠스를 길게 할 수 있어 더 큰 힘을 가할 수도 있다. 빙판에서의 직선 주행은 평지에서의 직선 주행과는 상당히 다른 것이다. 직선 주행이라 해서 앞으로만 죽 나아가는 것이 아니라 바로 옆으로 밀면서 좌우로 중심을 연속적으로 이동하여 결국 최종적인 방향을 앞으로 두는 것이라 결론할 수 있다.

- **● 회전 방향으로 시선을 둔다.**

아이스링크의 트랙을 돌면서 생각하게 되는 것 중 하나로 링크 사이드의 트랙을 부드럽게 타고 돌 수 있는 방법이 없을가하는 것을 들 수 있다. 물론 직선 활주만 익숙해져도 곧 회전하려는 축이 되는 다리에 힘을 주어 고정함으로써 원만한 턴은 부족함이 없게 됨을 알 수 있다. 하지만 스키의 턴과 비슷한 이러한 방법으로는 협소한 아이스링크 안에서 얇은 트랙라인을 타고 민활하게 활주를 시도하기가 힘이 든다.

끝부분이 커다란 호를 그리도록 확장한 직선 활주에 불과하기 때문이다. 완전한 코너웍을 시도하려면 물론 다리 엇갈리기 등을 연습하는 것도 중요하지만 큰 기술 없이 곧 익힐 수 있는 중요한 동작 중 하나가 내가 회전하는 방향으로 머리를 돌려 시선을 두는 것이 아닌가 한다. 즉 내가 회전하는 곡선 트랙을 가상의 원의 일부라 생각하고 그 가상원의 중심을 향해 머리를 돌려주는 것이다.

너무나 간단한 것이지만 처음 해보면 이 자세를 유지하는 것이 생각처럼 쉽지만은 않다는 것을 알게 된다. 하지만 또한 그리 어렵지도 않아 곧 이 자세를 몸에 익히게 되면 회전을 하는데 너무나 효과적임을 알게 되리라 생각한다. 사람의 몸은 가장 중요한 부위인 머리를 중심으로 도는 자세를 유지하려는 경향이 있다. 따라서 머리가 어떤 방향으로 돌려지면

나도 의식하지 못하는 사이 전체적인 중심과 몸이 머리 방향으로 함께 쏠려지게 된다. 이는 비록 작고 미세한 움직임 일지라도 몸 전체의 밸런스가 이동하는 것이기에 섬세한 스케이트 날이 바로 그 진행방향에 반영을 하게 되는 것이다.

● 균형을 유지하고, 스피드를 조절하라.

처음 스케이트를 샀을 때 포장 박스 옆면에 적혀있던 문구였다. 즉 항상 몸의 균형을 유지하고, 당신의 속도를 버틸 수 있는 수준으로 유지하라는 말이다. 가끔 취미로 스케이트를 즐기는 입장에서도 이는 참으로 중요한 지적사항임을 생각하곤 한다. 균형의 중요성은 수업시간에 선생님께서도 설명하신 그대로가 아닌가 한다. 스케이트라는 운동에 있어 어찌보면 처음과 끝이 되는 요소가 바로 이 균형이라 해도 과언이 아니라 본다.

직설활주에서 곡선 활주, 급제동, 후면활주까지의 모든 요소들이 결국은 빙판위에서 어떻게 하면 넘어지지 않고 안정된 자세로 이동하는가 하는 문제로 귀결되는 것이라 생각한다. 이 균형의 문제는 일단 스케이트 기본자세(자세를 낮고 안정되게 취하면 몸의 중심이 낮아지게 되고 자연스레 안정된 균형을 유지할 수 있다)를 체득하는 것이 중요하리라 생각되고, 그 이후는 다양한 활주방식에 따른 얼음지치는 감각을 몸에 익숙히 하는 것이 가장 큰 요점이라 생각된다.

속도의 조절은 바른 자세의 유지와 안전이라는 두 가지 면에서 중요성을 찾을 수 있다. 먼저 빙판위에서는 짧은 거리 동안의 가속으로도 생각보다 무척 빠른 속도를 올리게 되는 경우가 많다. 주위에 많은 사람들이 빠르게 스케이트를 타고 나 역시도 한참 스케이트를 타고 있다 보면 속도 자체에 무너지는 경우가 많다.

하지만 내가 스스로 제어하기 힘든 정도로 속도를 내게 되면 갑자기 발목이 흔들린다든지 양 발의 균형이 흔들렸을 때 주체할 수 없이 넘어지게 되는 경우가 많다. 특히 코너를 도는 중에 속도에 맞게 충분히 몸을 기울여 주지 못하면 원심력에 의해 밖으로 크게 밀려 나가는 경우도 많다.

이 경우 적절한 보호 장구가 없는 경우라면 펜스에 심하게 충돌할 수도 있고, 더 심한 경우 뒤 따르던 다른 사람들과 이차 충돌을 일으킬 수도 있다. 스케이트 날에 의한 부상도 전혀 예상 밖의 것만은 아니다. 그리고 처음 스케이트를 배우는 단계에서 과욕으로 지나치게 속도 내기에만 급급한 경우를 많이 보곤 한다.

하지만 속도는 언제라도 낼 수가 있는 것이다 스케이트 타는 요령만 안다면 속도를 붙이는 것은 꼬마도 할 수 있는 것이다. 넓게 자세를 잡아 주고 많이 지쳐주면 속도가 붙지 않을 수가 없는 것이다. 하지만 내 몸이 그 속도에 따라주지 못하는데 지나친 속도를 내려고 들면 전체적인 자세가 불안하고 엉거주춤하게 되어 질 가능성이 높다. 안정된 자세로 활주를 하는 것이 아니라 긴박하고 불안한 상태에서 넘어지는 것을 회피하려는 동작으로 높은 속도를 유지하는 상황이 되는 것이다. 마치 언 발에 오줌 누는 것과 같은 방식의 스케이팅은 그 횟수가 여럿 더해진다면 습관처럼 나쁜 자세로 고정되어 버릴 수 있다는 점에서 주의가 필요하다고 생각한다.

● 새로운 감각에 눈뜨기: 스케이트는 발의 날개

위에서도 언급했듯, 스케이트는 일단 미끄러짐이라는 일상적이지 않은 낯선 느낌에 익숙해지는 과정이라 생각한다. 처음 빙판에 들어서서 걷지도 못하다가 처음 앞으로 활주했을 때 난 흡사 온 몸의 세포가 하나하나 깨어나는 느낌을 받았다. 이것은 또한 새로운 감각에 대한 배움의 과정이란 생각이 들었다.

선생님께서 수업시간에 말씀하셨던 것과 같이 "머리로 배우는 것과는 다른 몸으로 배우는 것"이 무엇인가를 참으로 실감하는 순간이었다. 비행기라는 수단이 없다면 인간은 영영 하늘을 나는 기분을 알지 못했을 것이다. 마찬가지로 스케이트라는 도구가 없다면 또한 빙 면을 지치는 그 감각과 느낌을 영원히 알지 못했을 것이라는 생각을 해본다. 그런 뜻이라면 하늘을 날고자 인간의 욕구를 비행기가 이룰 수 있게 했다면, 스케이트는 또한 인간에게 발의 또 다른 날개와 같은 의미가 있지 않나 감히 생각해 본다. (학생의 글)

이 글은 교양체육으로 스케이트를 배운 한 학생의 빙상일기이다. 전문을 모두 인용하는 것은 좋은 예가 될 수 있다는 생각에서이다. 나는 첫 수업시간에 학생들에게 이 세상에 하나뿐인 자신만의 스케이트 일기를 써보라고 한다. 스케이트는 몸으로 배우는 것이다. 이를 확인하기 위해서는 배울 때의 생기는 의식을 중심으로 쓸 필요가 있다. 글을 쓰는 과정에서 자신이 느끼게 되는 일종의 운동감각이 있다. 운동기술의 습득하는 과정에서의 문제가 무엇인지 확인할 수 있고 자신의 안정된 정서를 유지할 수 있는 장점이 있다.

운동을 배우는 것은 반복적인 행동으로 가능하지만 잊지 않고 내 감각의 일부로 받아들이기 위해서는 운동일기를 쓰는 것도 좋은 방법이다. 운동일기는 자신의 운동기술에 대한 피드백을 할 수 있을 뿐만 아니라 자신의 정서를 유지하는 데도 도움이 된다. 특히 글쓰기 능력의 향상이라는 이점이 있다. 운동을 배우는 것은 몸으로만 배우는 것이 아니라 정신과 더불어 배운다는 것을 알아야 한다. 그래야 배움의 즐거움과 더불어 빠르게 배울 수 있다. 이 모든 것을 운동일기에서 배울 수 있다.

PART 15

연구논문

🔘 제목선정

제목은 논문의 얼굴이다. 우리가 논문을 접할 때 논문을 읽을 것인가를 결정하는데 영향을 미치는 것이 논문제목이다. 한 눈에 들어오는 제목이 있는 반면에 거부감을 주는 제목이 있다. 제목은 간결하고 내용을 들러내는 참신한 제목을 선정하는 것이 중요하다. 제목만으로 논문내용이 무엇을 얘기하는지 알 수 있어야 한다. 제목만으로 내용을 파악할 수 있게 하는 제목이 좋은 제목이다. 거기에 사람들의 관심을 끌 수 있는 제목을 선정하는 것이 좋다. 그렇다고 내용과는 관련성이 없는 제목을 정하는 것은 사람들의 관심을 받을 수 있지만 내용이 부실하여 실망감을 줄 수 있기 때문에 경계해야 한다.

◉ 국문초록

국문초록은 연구논문의 전체 개요를 담는 곳이다. 그렇기 때문에 각 학회지에서 요구하는 분량에 맞게 서술하는 것이 중요하다. 너무 짧거나 너무 길어도 학회지 규정을 벗어날 수 있기에 신중하게 처리해야 할 문제이다. 알맞은 분량에 핵심만을 담아야 한다. 연구의 목적과 방법 그리고 결과, 결론이 모두 담겨있어야 한다. 국문초록만 보아도 전체 연구내용을 쉽게 파악할 수 있도록 요약해야 한다. 불필요한 문장은 삭제하고 논문내용을 알 수 있게 짧고 강하게 서술해야 한다. 불필요한 내용은 논문을 이해하는 데 도움이 되지 않는다. 꼭 필요한 사항만을 가지고 전체 내용을 알 수 있도록 하는 것이 필요하다.

◉ 서론

서론에는 연구의 목적, 연구의 필요성, 연구문제, 선행연구검토, 연구절차가 포함되어야 한다. 중요한 것은 연구목적과 연구의 필요성이다. 거기다 선행연구검토가 포함되어야 한다. 논문의 가치는 창의성에서 나타난다. 선행연구와 이 연구가 어떤 점에서 같고 다른가를 분명하게 밝혀주어야 차별성과 독창성을 인정받을 수 있다. 연구자가 선행연구를 검토하지 않고 독창적으로 연구를 했다고 해도 이미 다른 연구자가 동일한 주제의 연구논문을 발표했다면 그것은 아이디어 표절에 해당된다. 그렇기 때문에 표절을 방지하기 위해서도 선행연구 검토가 필요하다. 그리고 연구절차를 제시해 주어야 한다. 어떤 순서로 연구가 진행되는 가를 밝혀주어야 한다.

◉ 연구방법

연구방법은 연구주제에 맞아야 한다. 연구주제를 잘 달성할 수 있는 방법론을 사용하는 것이 좋다. 특히 양적연구에서 고급통계 기법만이 좋은 연구를 나타내는 것이 아니라는 것을 유념해야 한다. 중요한 것은 어떤 연구를 하느냐에 따라서 통계기법을 적용해야 한다. 질적 연구논문에서 왜 질적 연구가 필요한 논문인가를 밝히고 질적 연구 과정에 맞게 연구가 진행되어야 한다. 질적 연구방법에서 다양한 방법이 있기 때문에 어떠한 연구를 진행할 것인가를 고려하여 연구방법을 선택하고 적용해야 한다. 연구목적을 달성할 수 있는 최적의 방법이 좋은 연구방법이라고 할 수 있다. 질적이냐 양적이냐가 문제가 아니라 연구에 필요한 연구방법을 사용하는 것이 중요하다.

◉ 연구결과 및 논의

연구의 목적에 따른 구체적인 연구문제에 대한 연구방법을 통하여 연구결과를 얻어야 한다. 연구목적과 연구결과가 일치하여야 한다. 연구목적과 결과가 불일치 할 때 연구의 완성도는 떨어진다. 연구결과의 가치는 문제가 되지 않는다. 연구결과는 연구를 통해서 얻은 결과 사실을 그대로 진실성을 갖고 서술하면 된다. 자신이 원하는 결과가 나오지 않았다고 해서 연구결과를 조작해서는 안 된다. 그것은 연구부정이 될 수 있다. 논의는 선행연구와

어떤 점에서 유사하고 차이가 있는가를 알아보고 학문적 기여도
를 제시하면 된다. 논의의 생략된 논문들이 있는데 그러한 논문들
은 학문의 가치를 평가하기 어렵다. 일단 선행연구와 비교를 통하
여 연구논문의 차별성을 입증해야 한다.

◉ 결론

결론은 연구논문을 끝이다. 끝이기 때문에 전체 내용을 다시 상
기시키도록 하고 향후 연구가 나아갈 방향과 연구자의 소회를 밝
혀 주면 된다. 연구를 통하여 알게 된 내용에 대하여 구체적으로
진술해 주면 된다. 결론은 크게 요약과 제언으로 구성된다. 전체
논문내용을 간단하게 요약하고 그리고 앞으로 연구가 진행될 방
향이나 연구자가 연구를 통해서 얻게 되는 학문적 한계나 앞으로
의 과제 등에 관하여 서술해 주면 된다. 요약은 간단하며 전체를
알 수 있도록 구체적이어야 한다. 끝으로 논문에 대한 강한 인상
을 심어주기 위하여 오래 동안 기억될 문장을 써주면 좋다.

◉ 참고문헌

참고문헌은 본문에서 인용된 문헌과 논문만을 적어주어야 한다.
어떤 논문을 보면 본문에서 찾아볼 수 없는 문헌이 참고문헌에 적
혀 있는 경우가 종종 있다. 인용하지도 않은 문헌을 참고문헌에
쓰게 되면 표절에 몰릴 수 있다. 그렇기 때문에 연구자가 참고한
문헌만 참고문헌에 정리해야 한다. 단순히 현상적으로 보이기 위
해서 보지도 않은 문헌을 기록하면 그것은 보기는 좋으나 실속이

없는 무모한 행동이 될 수 있다. 참고문헌은 인용한 문헌의 서지 사항을 밝혀서 후속연구자들에게 정보를 제공하는 것이다. 그 외에 선행연구자들에게 고마움을 표시하는 하나의 방법으로 인용한 문헌만 빠지지 않게 참고문헌에 써줘야 한다.

◉ 영문초록

영문초록 역시 국문초록과 같이 연구의 목적, 연구의 필요성, 연구방법, 연구결과의 논의, 결론 등으로 구성되어야 한다. 영어만으로 논문내용을 쉽게 파악할 수 있도록 해야 한다. 영어식 표현에 맞게 써야 하며, 문법과 시제를 고려하여야 한다.

예시 영화로 배우는 스포츠철학수업의 가능성과 과제 21)

이학준 (한림대학교)

국문초록

이 연구의 목적은 영화로 배우는 스포츠철학수업의 비판적 성찰을 통해서 그 가능성과 과제를 탐구하는데 있다. 연구방법은 비판적 성찰을 사용하였다. 연구결과는 다음과 같다. 우선 영화로 배우는 스포츠철학수업의 가능성은 수업의 집중력을 강화하고 흥미유발을 통해서 학습의욕을 높일 수 있으며 문제를 제기할 수 있는 생각거리를 제공한다는 점이다. 영화로 배우는 스포츠철학수업의 과제는 다음과 같다. 첫째, 학생들이 스포츠영화를 봐야한다는 것이다. 영화를 보지 않고 줄거리만을 가지고 수업을 할 수 있지만 먼저 영화내용을 이해하고 있어야 한다. 영화를 강의

---

21) 2012년 움직임의 철학: 한국체육철학회지 20(2)에 발표함.

시간에 볼 것인가 아니면 개별적으로 볼 것인가에 대한 선택의 문제도 남아있다. 둘째, 영화를 보고 느낌과 생각을 정리할 필요가 있다. 보는 것에만 만족하게 되면 교육적 효과를 기대하기 어렵다. 보고 생각하는 이차적 단계가 있어야 교육적 효과를 기대할 수 있다. 셋째, 너무 재미만 추구하다보면 강의 목적을 상실할 수 있기에 발표와 토론을 병행해야 한다. 영화로 배우는 스포츠철학수업에서 목적과 수단이 전도되어서는 안 된다. 스포츠철학수업을 위하여 영화를 본다는 점을 잊지 말고 수업에서 요구하는 생각들(수업전략)을 유도할 수 있어야 영화로 배우는 스포츠철학수업은 성공할 수 있다.

※ 주제어: 스포츠철학수업, 스포츠영화, 가능성, 과제, 비판적 성찰.

Ⅰ. 서 론

어떻게 강의하는 것이 최상의 강의인가? 하는 일은 강의를 담당하고 있는 사람들이 실감하는 문제이다. 교재중심의 강의가 지금까지의 보편적 교수법이었다. 하지만 최근에 학생들의 집중력을 살릴 수 있는 다양한 교수법이 개발되어 수업현장에서 사용되고 있다. 예를 들어 대학의 교양강좌를 살펴보면 영화와 관련된 강좌를 찾는 것은 그리 어렵지 않다. 그만큼 다양한 학문분야에서 영화를 교육의 도구로 활용하고 있음을 알 수 있다. 영화는 과거보다 쉽게 접근할 수 있고 일상속의 소비에 일부분이 되었다. 활자보다는 이미지에 익숙한 학생들에게 책보다는 시각적 이미지로 만들어진 영화를 더 선호하는 경향이 있다. 이러한 특성 때문에 영화를 이용한 수업은 대학에서 재미있는 수업을 위한 하나의 방법으로 사용되고 있다.

영화로 배우는 강의는 재미와 학점이라는 두 가지 목적을 달성할 수 있지만 문제는 여전히 남아 있다. 그 문제는 재미만을 추구하다 보면 강의가 너무 쉽게 전개될 수가 있다는 점이다. 영화만 보게 되면 수업에 대한 집중도가 떨어져 수업의 목적을 달성하는 데 어려움이 있다. 이러한 경험을 가지고 연구자는 스포츠철학도 역시 쉽고 재미있게 가르치기 위하여 영화를 이용한 스포츠철학을 구상하고 실제 강의를 해보았다. 이러한 경험을 가지고 영화로 이용한 스포츠철학수업이 갖는 가능성과 과제를 알아보았다. 영화로 배우는 스포츠철학수업을 기획하고 준비 중인 분들과 정보를 공유하려고 한다.

이 연구의 목적은 영화로 배우는 스포츠철학수업 가능성과 과제를 알아보는데 있다. 영화에 관한 철학적 연구들(김용석, 2006; 김성태, 2003; 김성환, 1998; 김영민, 2006; 박용철, 2001; 수유연구실 + 연구공간 '너머', 2002; 이왕주, 2005; 이정우 외, 2003; 이진경, 1995)과 스포츠영화에 관한 선행연구들(김학덕, 이형일, 2007; 박대권, 박창범, 2009; 박창범, 임수원, 2006; 서재철, 2005; 이기천, 2006; 이학준(2005, 2006, 2008; 이학준, 이천희, 1999; 장희진, 최정은, 이루지, 2003; 하웅용, 정형균, 2010; Zang, D. C, 2004)은 영화에 대한 분석과 해석을 주로 다루었다면 이 연구는 영화를 이용한 교수법을 탐구한다는 데 차이점이 있다. 연구방법은 비판적 성찰을 사용하였고 연구절차는 스포츠철학수업의 자기성찰에 대하여 알아보고, 영화로 배우는 스포츠철학수업의 가능성과 과제를 제시하는 순서로 연구를 진행하였다.

II. 스포츠철학수업의 자기성찰

현재 대부분의 스포츠철학수업은 체육계 학과에서 필수보다는 선택과목이다. 인기 있는 수업보다는 들어야 하는 과목으로 인식되고 있다. 그 이유는 여러 가지에서 찾을 수 있겠지만 우선은 학문 자체의 특성에서 찾을 수 있다. 스포츠철학은 인식론과 존재론 그리고 가치론의 문제를 다룬다. 스포츠에서 몸과 마음은 어떤 관계에 있는가? 체육적 지식은 어떻게 생성되는가? 스포츠에서 최고선은 무엇인가? 등의 진지함과 논리적 사고가 필요하다. 특히나 생각연습과 논리 그리고 사상에 대한 수업이 많은 비중을 차지하고 있다. 이러한 요소들이 학생들이 쉽게 수업에 집중하지 못하게 한다. 그 결과 학생들은 스포츠철학수업은 지루하고, 재미없고, 어려울 뿐만 아니라 실생활에 도움이 되지 않는다고 말한다. 학생들이 가지고 있는 생각들을 다음과 같이 정리할 수 있다.

첫째, 스포츠철학수업은 지루하다. "학생들은 철학의 주제들이나 철학자들의 주장을 현실과 거리가 먼 내용으로 받아들인다. 왜 이 세상에서 그런 문제들이 문젯거리로 성립하는지 깨닫지 못하고 철학을 더욱더 어려운 과목으로 생각한다"(최훈, 2005). 스포츠철학은 이상주의, 현실주의,

진보주의, 실용주의, 현상학, 포스트모던니즘 등의 다양한 이론을 학습하는데 상당한 시간을 요구한다. 특정 사상에 대한 강의는 이론을 외워야 한다는 것과 무미건조함을 들 수 있다. 좀처럼 재미있는 시간을 찾아보기 어려운 것은 수업 내내 진중함을 가져야 하는 수업의 엄숙주의가 큰 영향을 미친다. 딱딱한 이론을 배워야 하는 학생들의 부담은 결국 지루하게 느껴진다. 철학하는 즐거움은 사유하는 가운데서 얻을 수 있기 때문에 생각연습이 필요한데 현실은 철학 이론을 중심으로 강의하고 있다.

둘째, 스포츠철학수업은 재미없다. "대학에서 가르치는 스포츠철학과 스포츠역사학은 현실적으로 말하면, 학생들에게 가장 인기 없는 과목이기도 하다. 이것은 어려운 용어와 복잡한 논의를 독자나 청자의 수준에서 가다듬지 않고 학문적으로 위장한 채 그대로 던져주기 때문이다"(최의창, 2011). 재미없는 이유는 현실 생활에서 필요한 것들은 말하지 않고 과거의 철학자의 사상을 주로 강의되고 있기 때문이다. 지금부터 2500년 전의 인물이라고 할 수 있는 소크라테스, 플라톤, 아리스토텔레스의 체육사상 등과 같이 과거의 철학자부터 현대 철학자에 이르기까지 스포츠의 연관성을 다루다 보면 스포츠에 관한 수업이기 보다는 철학수업을 연상하게 한다. 각 시대별 철학자의 특성과 그들이 스포츠에 미친 영향에 대하여 배우게 된다. 이 때문에 각 시대의 철학자에 대한 선행학습이 이루어지지 않은 이상 매시간 만나게 되는 철학자를 이해하는 데 어려움이 있다.

셋째, 스포츠철학수업은 어렵다. "철학은 암기과목이 아니다. 그리고 지식을 전달하는 과목도 아니다. 소크라테스의 전통을 따라 칸트에서 확인되고 비트겐슈타인과 같은 20세기 철학자들이 몸소 실천했듯이 '철학'은 가르칠 수 없다. 다만 '철학하기'만이 가르쳐질 수 있을 뿐이다"(박병철, 2009; Timothy L. Elcombe, 2005). 철학지식을 가르치는 것이 아니라 철학하는 방법을 교육하는 것이다. 다른 체육관련 수업에 비하여 스포츠철학수업이 어려운 이유는 각 사상에 대한 이해를 요구하기 때문이다. 철학은 독특한 이론체계를 가지고 있어서 그것을 이해하는 데 어려움이 있다. 한 철학자의 이론을 이해해도 다른 철학자의 이론이 기다리고 있다. 현실과의 접목을 살리지 못하고 과거의 이야기로 수업을 하기 때문에 학생들은 어렵다는 막연한 생각을 가지게 한다. 철학에 대한 사전 지식이 없이 수업을 듣는 것은 사실 어려움이 있다.

넷째, 스포츠철학수업은 비실용적이다. 스포츠를 하는 데 스포츠철학수업은 별 도움이 되지 않는 다고 생각한다. 실천과 이론이 불리 되어 있음을 알 수 있다. 이론은 이론위주로 수업이 진행되며 실천은 실기 중심으로 수업이 진행되기 때문에 나타나는 현상이다. 사실 스포츠철학수업에서 다루는 스포츠윤리는 현장에서 많은 시사점을 준다. 그럼에도 불구하고 학생들은 쓸모없다고 생각하는 것은 수업에서 배운 것을 현실에 적용하지 못하기 때문이다. 수업을 현실에서 만나는 문제를 중심으로 철학이론과 연계해서 수업을 할 수 있다면 스포츠철학수업이 쓸모없다고는 생각하지 않을 것이다.

앞의 내용은 스포츠철학수업에 대하여 학생들이 갖고 있는 선입견들이다. 지루하고, 재미없고, 어렵고, 비실용적이라는 생각이 스포츠철학수업에 대한 선입견 내지는 편견이라고 할 수 있다. "추상적인 철학수업을 구체적인 예를 끌어들이기 위해서는 영화를 이용하는 것이 한 가지 방법이 될 수 있다"(최훈, 2005). 학생에게 필요한 철학하기, 눈높이에 맞는 수업을 해야 한다는 데 문제가 있다. 이러한 문제를 해결할 수 있는 대안적인 수업방식을 영화로 배우는 스포츠철학수업에서 찾으려고 한다. 영화는 누구에게나 익숙하고 친밀함을 가지고 있다는 장점이 있고 접근성의 용의할 뿐만 아니라 영상언어라는 장점을 가지고 있다.

III. 영화로 배우는 스포츠철학수업의 가능성

좋은 수업 사례에 대하여 첫째, 학생들이 지적, 정서적으로 만족하는 수업, 둘째, 학생들이 주도적으로 참여하는 수업, 셋째, 교사와 학생 사이의 상호작용이 있는 수업, 넷째, 학생들의 눈높이를 고려한 수업 등이 있다(곽영순, 김주훈, 2003). 앞에서 제시한 좋은 수업 기준에 근거에서 영화로 배우는 스포츠철학수업을 제안할 수 있다. 왜냐하면 영화를 이용한 스포츠철학은 학생들의 호응을 얻는데 수월한 이점이 있을 뿐만 아니라 철학은 어렵고 지겹다는 편견과 선입견을 제거하는 데 유용하기 때문이다. 철학은 고리 타분한 것이 아니라 생각하는 재미가 있다는 것을 학생들에게 소개할 필요가 있다. 그러기 위해서는 학생들이 생각할 수 있도록 기회를 만들어 주어야 한다. 그 기회는 영화보기와 감상문쓰기를 병행할 때 가능하다. 영화로 배우는 스포츠철학수업의 가능성은 다음과 같다.

1. 수업집중: 영상언어의 몰입

영화로 배우는 스포츠철학수업은 수업집중력을 강화시켜 준다는 장점이 있다. 이미 영화를 이용한 수업들에서 그 효과를 확인할 수 있다(이봉지, 김진무, 2006; 최훈, 2005; 최용래, 유무근, 2003). 대부분의 학생들이 활자세대가 아니라 영상세대라는 점이다. 영상언어에 너무나 익숙하여 책을 읽어 오라고 말하는 것은 큰 부담일 수 있다. 그렇기 때문에 책보다 영화를 보고 그것에 대한 자신의 느낌과 생각들을 정리하여 수업준비를 하게하는 것이 신세대 학생들에게 부담이 적을 수 있다. 무엇인가 읽거나 보는 것이 전제되지 않는 강의는 이해를 끌어내기가 쉽지 않다. 공감되는 내용을 가지고 대화를 하거나 강의를 하면 쉽게 교육목적을 전달할 수 있다.

자신도 알고 있는 이야기를 중심으로 강의가 진행되기 때문에 참여도가 높을 수 있다. 왜냐하면 자신도 할 말이 많고 자신의 주장을 펼칠 수 있다는 자신감을 가지게 하기 때문이다. 이런 방법을 통해서 학생과 교수 간의 사유를 교류할 수 있는 장점이 있다. 또한 수업에 집중하지 못하는 학생들을 수업에 참여시킬 수 있는 전략 중에 하나로 영화이야기는 장점을 가진다. 모두가 알고 있고 공감하고 있기 때문이다. 학생들 수준에서 강의를 해야 하는 입장에서 영화를 이용한 수업은 학생들을 집중시킬 수 있다는 장점을 가진다.

2. 학습의욕: 흥미유발과 교육적 효과

영화로 배우는 수업은 학습의욕과 교육적 효과를 얻을 수 있다(서재철, 2005; 이학준, 2006, 2008). 이 문제는 스포츠철학수업에도 적용된다. 교재보다는 영화를 이용한 수업에 학생들이 학습의욕을 보이며 교육적 효과도 얻을 수 있다. 물론 기존의 스포츠철학 수업이 재미, 감동, 교훈이 없다고 말하는 것이 아니다. 기존의 수업보다는 영화를 이용한 수업이 재미와 감동 그리고 교훈을 전달하기에 더 효과적이다. 스포츠철학수업은 철학적 사유를 유도할 수 있는 수업이 주가 되어야 한다. 스포츠철학에 대한 지식과 정보를 제공하는 것보다 스포츠의 철학적 사유를 할 수 있는 방법과 훈련을 필요로 하기 때문에 영화를 이용한 수업은 적절하다고 볼 수 있다.

생각거리를 마련하는 것이 급선무이다. 어떤 것을 통해서 학생들을 생각하게 만들 것인가가 스포츠철학수업의 승패를 좌우한다. 학생들에게 접근하기 어려워하는 철학책을 강제로 읽게 할 수는 있지만 그 효과를 기대하기는 어렵다. 강제로 어쩔 수 없이 하는 것보다는 자발적 참여를 유도하는 것이 더 효과적이다. 하기 싫어하는 일을 강제로 한다고 능률이 오르지 않는다. 재미와 쉽게 빠져들 수 있는 영화가 그래서 제격이다. 일단 재미가 있기 때문에 영화를 볼 가능성이 높고 재미있게 영화를 시청했기 때문에 줄거리를 잘 알게 된다. 그런 단계에서 줄거리에서 스포츠철학과 관련된 소재를 발견하고 그 소재를 가지고 수업을 진행하면 된다. 그 결과 교육적 효과를 기대할 수 있다.

3. 문제의식: 생각거리의 발견

영화로 배우는 스포츠철학수업은 수업에서 필요한 문제의식을 갖게 한다(이천희, 이학준, 1999; 이학준, 2006: 김학덕, 이형일, 2007). 영화를 보고 개인적으로 느낌을 가질 수 있다. 느낌은 학생들이 서로 교류하는데 도움이 된다. 이러한 이유는 영화를 통한 스포츠철학수업을 시도할 수 있는 근거를 제공한다. 공유된 관심과 생각거리는 함께 문제를 해결하는데 유용하다. 학생들이 공유하고 있는 영화이야기를 중심으로 스포츠철학에서 배워야 할 사항들을 예를 들어 가며 설명할 수 있는 장점이 있다. 학생들도 이미 영화에 대하여 잘 알고 있기 때문에 수업시간에 논의되는 내용을 거의 흡수할 수 있다. 수업에서 논의되는 내용을 이해하지 못하는 것은 영화를 보지 않았기 때문이다. 스포츠영화를 볼 수 있도록 하는 것이 영화로 배우는 스포츠철학수업이 가질 수 있는 장점들을 살릴 수 있는 방법이다.

IV. 영화로 배우는 스포츠철학수업의 과제

영화로 배우는 스포츠철학수업은 장점만을 가지고 있는 것이 아니라 한계내지는 문제점을 가지고 있다. 문제점을 넘어서기 위한 과제를 몇 가지로 요약해보면 다음과 같다.

1. 영화선정: 진짜스포츠영화

영화로 배우는 스포츠철학수업에서 우선적으로 고려해야 할 사항은 스포츠영화를 선정하는 일이다. 선정기준이 무엇인지 명확한 제시가 있어야 한다. 기준이 없다면 스포츠영화를 선정하는 데 어려움이 있다. 누구나 공감할 수 있고, 철학적 주제의식을 담고 있으며, 토론과 발표를 유도할 수 있는 영화가운데 선정해야 한다. 이외에도 수업에 사용될 영화를 선정하는데 고려해야 할 기준은 여러 가지고 있다. 스포츠철학수업의 목표에 일치할 수 있는지, 아니면 철학적 사유 능력을 향상시킬 수 있는지, 수업에서 토론을 이끌어 낼 수 있는지를 생각해 봐야 한다. 먼저 스포츠영화란 무엇인지에 대한 이해가 필요하다.

"진짜스포츠영화와 가짜 스포츠영화 양자를 구분 짓을 수 있는 것은 스포츠에 대한 문제의식과 소제와 주제의 사용 여부이다"(이천희, 이학준, 1999; 이학준, 2009). 스포츠가 나오는 영화를 모두 스포츠영화라고 할 수 없다. 적어도 영화에서 스포츠가 주제의식으로 만들어진 영화가 진짜 스포츠영화이다. 승리의 문제, 상업주의의 문제, 승리지상주의, 코칭철학, 스포츠윤리, 도핑, 폭력, 지도자와 선수의 관계 등에 대한 문제 제기와 해결방안 등을 제시해 줄 수 있는 영화가 스포츠영화라고 할 수 있다. 이러한 주제를 반영한 영화중에 수업과 일치할 수 있는 영화를 선정하는 것이 필요하다.

2. 내용파악: 스포츠영화 관람

영화로 배우는 스포츠철학수업의 전제조건은 수강하는 학생들이 모두 스포츠영화를 봐야한다는 것이다. 영화를 보지 않고도 전체적인 줄거리만을 가지고 수업을 할 수 있지만 먼저 영화내용을 이해하고 있어야 강의를 이해하고 진도를 따라가기 쉽다. 전체적인 내용파악을 한 후에 개인적인 느낌과 깨달음에 대하여 서로 대화를 할 수 있다. 공동주제에 대한 이해라는 공감대가 형성되지 않고서는 토론을 중심으로 한 수업은 어렵게 된다. 논의 내용이 무엇인지에 대한 이해가 전제되어야 같은 선상에서 토론이 가능하다. 영화를 본 상태에서 등장하는 인물들과 줄거리를 중심으로 논의를 시도할 수 있다. 그래야 논의에 참가하여 자신의 의견을 개진할 수 있다. 영화를 보지 않은 상태에서 피상적으로 논의에 참가하게 되며 적극적인 참여를 유도하기 어렵다. 이는 교재를 읽고 수업에 참여하는 학생과 그렇지 않은 학생의 경우와 같다. 교재를 읽고 수업에 참여한 학생은 수업의 집중력이 높음을 알 수 있다.

영화를 보도록 권해도 바쁜 학사일정으로 보지 않고 수업에 들어오는 학생들이 의외로 많이 있다. 보려고 했는데 시간이 없어서 보지 못한 경우가 흔하다. 그렇다고 수업시간에 영화를 함께 보면 보통 영화가 1시간 20분 이상 요구되기 때문에 너무 많이 시간을 소요된다. 시간을 절약하고 토론과 강의 시간을 효율적으로 사용하기 위해서 영화 보는 시간을 분리해야 한다. 만약 과제로서 영화보기가 어렵다면 수업시간에 학생들과 함께 영화보기를 하는 수밖에 없다. 이것은 차선이지 최선의 방법은 아니다. 일단 학생들에게 과제로서 영화보기를 하도록 하고 이 일이 잘 지켜지지 않을 경우에는 강의시간에 함께 영화보기를 실행하면 된다.

강의 시간에 영화를 보는 것에 대하여 너무 안 된다는 강박관념에 사로잡히게 되면 수업에 집중하지 못할 가능성이 높다. 그렇기 때문에 강의시간에 영화를 보고 나머지 시간을 집중해서 강도 높은 수업을 진행해도 별 문제가 없다. 수업현장에서 영화보고 토론하기는 그 만큼 현장감에서 생생하게 다가올 수 있다는 장점이 있다. 이 점을 생각해서 강의시간에 영화를 보는 것에 대하여 죄의식을 가질 필요는 없다. 하지만 학생이나 교수의 입장에서 영화를 보는 것은 수업이 아니라는 인식이 있기 때문에 우려가 된다. 영화 보는 그 자체 역시 수업의 연장이라는 생각이 있어야 자유롭게 영화보기를 할 수 있다.

이 문제에 대하여 최훈(2005)은 다음과 같은 대안을 제시하였다. "최근 대학교의 강의실은 VTR이나 빔 프로젝트 등을 설치하여 영상매체를 쉽게 볼 수 있게 하고 있다. 그러나 수업 시간에 영화 한편을 모두 보는 것은 강의에 필요한 시간을 빼앗게 된다. 수업에 필요한 영화를 학교의 영상자료실에 비치하여 수업 전에 시청하게 하는 것은 한 가지 방법이다. 그러나 수업 시간에 영화를 직접 보면서 필요한 부분만을 골라서 보는 방법이 좋다. 그러기 위해서는 비디오 테이프 보다는 원하는 부분을 접근하기가 용이한 CD나 DVD가 훨씬 더 편리하다. 또 필요한 부분들만을 미리 편집하여 이용하는 것도 좋은 방법일 것이다."

3. 생각정리: 스포츠영화 감상문

스포츠영화 감상문이라는 글쓰기는 철학수업의 효과를 확인할 수 있다(김영민, 1994; 김용석, 2006; 임영택외, 2010). 김용석(2006)은 '영화

텍스트와 철학적 글쓰기 방법'이라는 논문에서 철학적 글쓰기교육의 방법으로서 '씨네-에세이'와 '비인용적 글쓰기' 방법을 글쓰기의 실례를 들어 설명한 바 있다. 이러한 글쓰기의 방법에서 중요한 것은 철학적 진지성과 성실성을 바탕으로 해야 한다고 강조한다. 그래야만 철학적 글쓰기가 기술적 글쓰기에 머물지 않을 수 있다고 말한다.

스포츠영화를 감상하고 학생 개인의 느낌과 생각을 정리할 필요가 있다. 막연한 생각을 가지고 수업에 참여하기보다는 자신의 느낌을 간단하게 메모를 해서 참여하는 것이 토론에서 소외되지 않고 적극적으로 주도해 갈 수 있는 이점이 있다. 영화내용과 영화주제 그리고 우리가 생각해 봐야 할 것들에 대한 자신의 생각을 정리하기 위해서 직접 종이에 생각을 정리하는 것이 효과적인 수업을 위해서 요구되는 사항이다. 생각이 정리되지 않은 상태에서 토론에 참여하는 것은 자신의 논지를 주장하지 못할 수 있다. 자신이 생각하는 입장이 있기 때문에 그 문제에 대하여 다른 학생의 생각을 교환할 수 있는 기회가 토론인데 자기 생각이 정리되지 못한 상태에서 토론에 참여하는 것은 수업에서 자신의 위치를 살리지 못하는 한계가 있다. 그래서 특정 학생들의 논의에 끌려가고 일방적으로 듣고 마는 수업이 될 가능성이 높다. 강의는 소수의 학생을 위한 것이 아니기 때문에 다수의 참여가 요구된다. 그 참여의 가능성은 바로 자신의 생각을 정리하여 수업에 참여하는 것이다.

자기 생각을 정리하는 것은 훈련을 통해서 점차적으로 향상시킬 수 있는 부분이다. 일단 영화를 보고나서 생각나는 것을 곧 정리하게 할 필요가 있다. 영화에서 핵심이 무엇이고 문제의식이 무엇인지 살펴보고 그 해결방안을 모색하는 과정이 필요하다. 영화만 보고 마는 것도 문제지만 생각만 하고 정리를 하지 않는 것 또한 문제가 될 수 있다. 가볍게 영화를 관람하는 과정에서 가지게 된 생각들을 제시하면 된다. 하나의 방법으로 강제력을 부여해서 글을 쓸 수 있도록 하는 방법이 있다. 자율적인 글쓰기가 중요하지만 처음부터 자율을 부여하게 되면 쓰지 않는 경향이 있다. 처음부터 강하게 나가는 것이 효율적인 학습을 위해 필요하다.

4. 교육효과: 발표와 토론의 병행

너무 재미만 추구하다보면 강의 목적을 상실할 수 있다. 이 점을 보완하기 위하여 발표와 토론을 병행해야 한다. 영화로 배우는 스포츠철학수업에서 목적과 수단이 전도되어서는 안 된다. 스포츠철학 수업을 위하여 영화를 본다는 점을 잊지 말고 수업에서 요구하는 생각들(교육전략)을 유도할 수 있어야 한다. 단지 시간 보내기 위한 영화보기가 아니라 수업을 위한 영화보기가 되어야 한다. 그렇다고 영화를 미리 보고 오라고 할 때 영화를 보고 오는 학생이 생각보다 적을 수 있다. 영화를 보지 않고 토론은 사실상 피상적인 대화에 머물 수밖에 없다. 수업시간을 일부 활용해서 함께 영화를 보고, 그것에 대한 발표와 토론을 하는 것이 수업의 질을 높일 수 있는 방법이다.

지금까지 영화로 배우는 스포츠철학수업의 과제에 대하여 알아보았다. 스포츠철학수업도 재미와 교육을 병행 할 수 있다는 생각이 전제되어야 한다. 재미와 교육은 양립할 수 없다는 생각은 재미와 교육의 관계를 악화시킨다. 강의는 더 이상 경직되고 재미없는 지루한 시간이 아니라는 공감대가 형성되어야 한다. 진지하고 엄격해야 수업이 되는 것이 아니다. 얼마든지 재미있는 방법을 사용해서 재미있게 수업을 할 수 있다. 수업은 오락이 아니기 때문에 재미없어도 된다는 생각은 과거적인 발상에 불과하다.

신세대의 눈높이에 맞게 재미있으면서 수업의 집중도를 높일 수 있다면 그것보다 좋은 방법은 없다. 재미있는 수업은 영화라는 영상언어를 활용할 방법이다. 익숙한 영상언어를 통해서 문제의식을 가지고 수업을 하게 되면 이해 또한 빠르다. 문제는 보는 것에만 한정된다는 것이다. 영화보기만으로 강의가 끝나게 되면 수업 효과가 반감된다. 그렇기 때문에 영화를 보는 것은 수업을 심화하고 집중력을 높이기 위한 방법이라는 것을 잊어서는 안 된다. 영화로 배우는 스포츠철학수업은 영화로 스포츠철학하기를 통해서 스포츠철학수업의 목적과 목표를 달성하는 데 유용하다.

V. 결론

지금까지 스포츠철학수업의 비판적 성찰을 통하여 영화로 배우는 스포츠철학수업의 가능성과 과제에 대하여 알아보았다. 영화로 배우는 스포츠철학수업은 스포츠철학을 어렵고 지루한 수업이라는 선입견을 불식시키고 좀 더 재미있고 수업의 집중도를 높이기 위한 한 방법이다. 이 글은 영상매체 중에 하나인 영화를 활용한 수업에 대한 반성과 향후 해결해야 할 과제에 대한 비판적 성찰의 글이다. 반성을 통해서 영화를 이용한 수업을 발전시키기 위한 연구자의 의도가 반영되어 있다. 이와 유사한 강의를 할 때 유용한 지침이 될 것으로 생각된다. 영화로 배우는 스포츠철학수업의 가능성은 학생들의 수업집중과 학습의욕 그리고 문제의식을 발견할 수 있다는 점이다. 과제는 다음과 같다.

첫째, 학생들이 스포츠영화를 봐야한다는 것이다. 영화를 보지 않고 줄거리만을 가지고 수업을 할 수 있지만 먼저 영화내용을 이해하고 있어야 한다. 줄거리를 알지만 영상 속의 장면들과 관련된 강의를 하게 되면 이해를 하지 못하는 경우가 있다. 단순한 줄거리의 이해만이 아니라 전체적인 상황과 맥락적인 이해가 필요한 부분이다. 영화 속의 대사 한마디가 스포츠철학에서 중요한 강의 내용이 될 수 있다. 어떠한 맥락에서 사용된 용어인가에 대한 이해가 필요한 부분이다.

둘째, 영화를 보고 느낌과 생각을 정리할 필요가 있다. 연구자는 수업에 참여한 학생모두에게 A4 쪽 글쓰기를 과제로 내준다. 과제 내용은 요약과 자기생각 그리고 질문으로 구성하게 하였다. 학생들이 영화를 보게 하는 방법으로서 영화 내용을 요약하고 영화를 보고 자신이 가지게 된 느낌이나 생각을 자연스럽게 작성하도록 하였다. 그리고 영화를 보면서 스포츠철학과 관련된 질문을 하도록 유도했다. 결과적으로 학생들은 영화보기에 끝나는 것이 아니라 자신의 생각을 확장하는 기회를 얻을 수 있었다. 하지만 과제를 하지 않을 경우 수업과 연관해서 교육효과는 떨어질 수밖에 없다.

셋째, 너무 재미만 추구하다보면 강의 목적을 상실할 수 있다. 이 점을 보완하기 위하여 발표와 토론을 병행해야 한다. 영화로 배우는 스포츠철학수업에서 목적과 수단이 전도되어서는 안 된다. 스포츠철학수업을 위하여 영화를 본다는 점을 잊지 말고 수업에서 요구하는 생각들(교수전략)을 유도할 수 있어야 한다. 그렇지 않을 경우 영화보기로 대부분의 수업시간을 사용 할 수 있는 위험성이 있다. 그래서 영화는 미리 보고 오도록 유도하는 것이 좋은데 실제로 영화를 보고 수업에 참석하는 인원이 적음을 알 수 있었다. 그 이유는 시간을 내서 영화를 보거나 아니면 관련 영상을 찾을 수가 없기 때문으로 나타났다. 이러한 문제점을 보완할 수 있다면 '영화로 배우는 스포츠철학수업'은 스포츠철학의 새로운 강의방법으로 활용하는 데 유용할 것으로 보인다.

참고문헌

김성태(2003). 『영화, 존재의 이해를 위하여』(서울: 은행나무).

김성환(1998). 『나는 본다 철학을』(서울: 동녘).

김영민(1994). 『철학으로 영화보기, 영화로 철학하기』(서울: 철학과 현실
　　사).

김용석(2006). 영화텍스트와 철학적 글쓰기: 글쓰기의 실례를 통한 접근.
　　『철학논총, 42』(432-477).

김학덕, 이형일(2007). 철학을 통한 스포츠영화 읽기. 『움직임의 철학: 한
　　국체육철학회지, 15(2)』(63-76).

박대원, 박창범(2009). 영화 '코치카터'의 교육적 함의. 『한국체육과학회
　　지, 18(4)』(731-743).

박용철(2001). 『영화 속의 철학』(서울: 서광사).

박용철(2009). 『생각의 창, 키노아이』(서울: 서광사).

박창범, 임수원(2006). 영화 <신데렐라 맨>을 통해서 본 스포츠영화의 사
　　회적 기능. 『한국체육학회지, 45(4)』(113-122).

서재철(2005). 영화를 통한 체육사연구의 가능성 탐색. 『체육사학회지,
　　10(2)』(91-109)

수유연구실+연구공간'너머'(2002). 『철학극장, 욕망하는 영화기계』(서울:
　　소명).

이기천(2006). 스포츠영화 속에 나타난 양성평등의 교육적 의미 탐구.『
　　한국스포츠교육학회지, 13(4)』(163-181).

이봉지, 김진무(2006). 영화를 이용한 프랑스어교육. 『프랑스어문교육, 23
　　』(109-128).

이천희, 이학준(1999). 영화를 통한 스포츠 이해. 『움직임의 철학: 한국체
　　육철학회지, 7(2)』(155-165).

임영택, 이만희, 진성원, 황성우(2010). 선생님! 비 오는데 체육해요?: 다
　　양한 웹 기반 테크놀로지를 활용한 교실체육수업의 실천. 『체육과학
　　연구, 21(1)』(1076-1093).

이왕주(2005). 『철학, 영화를 캐스팅하다』(파주: 효형출판).

이정우 외(2003). 『철학으로 매트릭스 읽기』(서울: 이름).

이진경(1995). 『필로시네마, 혹은 탈주의 철학에 대한 7편의 영화』(서울:
　　새길).

이학준(2005).『영화로 읽는 스포츠』(서울: 북스힐).

이학준(2006). 영화 속의 스포츠 읽기.『한국체육학회지, 45(4)』(41-48).

이학준(2008).『영화로 배우는 스포츠문화사』(서울: 북스힐).

이학준(2009).『인문체육학의 시선』(서울: 북스힐).

최용재, 유무근(2003). 영화를 이용한 영어교육.『영상영어교육, 4(1)』199
    -221.

최의창(2011). 인문적으로 운동하기: 스포츠인문학을 통한 건강 및 행복
    증진.『제30회 국민체육진흥세미나 자료집』(49-81).

최정은, 이루지(2003). 스포츠영화에 나타난 여성스포츠 이데올로기.『한
    국스포츠사회학회지, 16(2)』(447-463).

최훈(2005). 개인 동일성 수업에서 영화의 활용.『철학탐구. 18』(215-
    236).

하웅용, 정형균(2010). 구술사를 통한 스포츠영화의 팩션 분석.『한국체육
    학회지, 49(6)』(1-12).

Zang, D. C.(2004). *Still, we believe: The Boston Red Sox Movie.* Journal
    of Sport history. 31(3), 385-388.

Timothy L. Elcombe(2005). Overcoming maginalization and insignificance:
    A pragmatic critique and reconstruction of sport philosophy.
    Unpublish Doctor's degree. The pennsylvania state university.

ABSTRACT

Possibility and Task of Sport Philosophy Teaching through Movie

Lee, Hak-Jun (Hallym University)

The purpose of this study is to inquire possibilities and tasks of the sport philosophy teaching through movie. The study method used critical reflection. The results of the study are the following; First, sport philosophy teachings utilizing sport movies can increase motivation of learning of students. Second, sport philosophy teaching through movie is fun. Third sport philosophy teaching could provided students with an impression and educational value. it will be able to discuss with the students each other. I think that it is possibility that provides the grounds which able to teach the sports philosophy. while takes is following; First, the students have to see movie and must understand a movie contents. Second, There are necessity which will arrange self opinion of thinking and criticizing sport movies after seeing sport movies. Third, we have not to pursues fun in movie too and have to think feeing and problem represented in movie. In order to achieve two objective, announcement and discussion must be doing in parallel. The objective and means have not replaced in the sport philosophy which learns with a movie.

※ key words: sport philosophy teaching, sport movie, possibility, task, critical reflection.

PART 16

연구계획서

연구계획서는 연구를 위한 설계도이다. 집을 짓는데 설계도 없이 집을 지을 수는 있지만 원하는 집을 짓기는 어렵다. 설계도는 일종의 방향이다. 자동차의 경우도 목적지를 알고 출발해야 샛길로 빠지지 않고 빠른 시간 안에 목적지에 도착할 수 있다. 연구계획서는 연구의 방향뿐만 아니라 활용방안과 기대효과를 확인할 수 있다.

현실에서 연구계획서의 중요성은 대학원 학위과정과 한국연구재단의 과제 지원에서이다. 한국연구재단에서 연구비를 지원하는 방법으로 연구계획서를 검토하고 연구자의 연구역량을 참고하여 채택하고 있다. 연구계획서는 연구를 준비하는 단계에서 필요한 절차이며, 연구비를 지원하는 데 요구되는 사항이다.

한국연구재단에서 제시하고 있는 연구계획서의 목차는 다음과 같다. 1) 연구의 목적 및 필요성 2) 연구의 내용, 방법, 범위 3) 연구과제의 국내외의 연구동향(연구배경) 4) 연구결과에 대한 기대효과 및 활용방안 5) 참고문헌 순으로 정해졌다. 아래의 연구계획서는 저자가 2006년 학술연구교수지원 과제에 제출했던 연구계획서 전문이다. 제목은 <체육계열 학과 명칭의 정립과 그 정체성의 철학적 조명>이다. 아래는 한국연구재단의 평가항목 및 배점이다.

구분	평가지표	평가내용	비고
연구 실적 부문 (40)	연구실적(20)	· 연구과제를 수행할 수 있는 연구업적이 축적되어 있는가	
	연구능력(20)	· 연구과제를 수행할 수 있는 학문적 전문성이 있는가	
연구 계획 부문 (60)	연구 주제 및 내용의 충분성(10)	· 연구 주제, 내용 및 범위는 적절한가 · 포함된 내용들은 연구목적 달성에 필수적인가	
	연구방법의 타당성(10)	· 연구문제 해결에 적합한 접근방법인가 · 자료수집 방법은 적절한가	
	실행계획의 적절성(10)	· 자료수집 대상, 도구, 절차가 구체적으로 기술되어 있는가 · 연구 수행과정이 구체적으로 계획되어 있는가	
	교육과의 연관성(20)	· 연구결과가 교육 내용으로 중요성이 높은가 · 연구결과가 교육에 환류될 가능성이 높은가	
	선행연구의 검토(10)	· 중요한 선행연구들이 빠짐없이 검토되었는가 · 선행연구들은 정확하고 치밀하게 분석되었는가	

* 출처: 한국연구재단 (www.nrf.re.kr)

예시 체육계열 학과 명칭의 정립과 그 정체성의 철학적 조명

1. 연구의 목적 및 필요성

1) 연구의 목적

지난 몇 년간 대학의 체육계열 내에 다양한 학과 명칭과 전공영역이 등장하였다. 즉, 골프경영학과, 배구지도학과, 운동생리정보학과 등의 학과 명칭을 들 수 있다. 그러나 이러한 현상은 다양한 수요에 부응한다는 면에서 발전이라고 할 수 있는 반면 학과 정체성과 방향성 그리고 학문성에 이의를 제기될 수 있는 문제점 역시 피할 수 없게 되었다(Conat, 1963; Henry, 1964; Siedentop, 1990; 정응근, 1987, 1992; 김정명, 1989, 1995; 오정석, 1994; 정철수, 1996; 유진, 1996; 전태원, 1997; 김영환, 1998; 신현군, 1999; 김동규, 2002, 2004; 송형석, 2004). 공통적으로 학생 유치를 위한 기본적인 조건은 다른 학과들과의 명칭과는 상대적으로 차별성을 가지고 있어야 한다는 것에는 이견이 없다. 뿐만 아니라 시대감각이 반영된 학과 명칭이 요구되는 것이 현실적인 상황이다. 이런 차원에서 이색적인 학과 명칭은 학생유치에는 성공할 수 있었지만 이러한 학과들이 학생들의 학업 성취를 만족시켜줄 수 있는지는 앞으로 두고 보아야 할 문제이다. 이러한 차원에서 이 연구과제의 목적은 다음과 같다.

첫째, 국내 대학의 체육계열 학과 명칭의 시대적 변천과정과 다양화 원인을 알아보는 문제이다. 대학에서 학부제를 도입하면서 체육학부내에 다양한 전공이 설치되어 왔고, 지금까지도 여전히 새로운 전공의 개설을 서두르고 있는 학교가 적지 않다. 변화를 발전의 시작으로 본다면 이와 같은 경향은 분명 긍정적인 현상으로 평가되어야만 할 것이다. 그러나 발전을 지향하는 참된 변화는 외적인 변화뿐만 아니라 내적인 변화도 동시에 수반되어야만 한다는 점이다.

현재 목도되고 있는 변화는 외적 변화에만 치중하는 경향이 있어 진정한 발전의 징후라고만은 평가할 수 없다. 작금의 상황을 한 마디로 표현하자면 체육계 학과의 학문성과 전문성이 구별되지 못하고 개별종목의 명칭에 따라 학과와 학부제의 전공들이 만들어지고 있다. 이와 같은 학과

명칭은 학과의 정체성과 학문적 성격 그리고 교과과정의 구성 등을 종합하여 검토가 수반되어야 하는 일이다. 그럼에도 불구하고 이러한 전제사항은 고려하지 않고 학과 명칭은 만들어 졌다(C. Bucher, 1975; Roland Renson, 1991; 김정명, 1989; 강유원, 1996; 강신복·최의창, 1991; 오정석, 1994; 정철수, 1996; 유진, 1996; 전태원, 1997).

국내 대학의 체육계 학과 명칭이 다양화 되고 있다. 이런 다양화 현상에 대하여 어떻게 봐야 하는가 하는 문제가 있다. 체육학의 학문적 성장인지 아니면 양적 성장에 비해 질적 성장을 도모하고 있지 못한가에 대한 성찰이 필요하다. 체육계 학과 명칭의 다양화에 따른 원인을 찾아보아야 한다. 어떤 이유 때문에 급속하게 학과 명칭이 분화되고 있는지를 알아야 한다.

둘째, 미국의 체육계열 학과 명칭의 변천과정을 탐구하는데 있다. 미국은 지난 100년의 시간 동안 체육학의 흐름을 주도했기 때문에 미국의 체육계 학과 명칭의 변천과정에 관한 탐구는 우리나라 체육계 학과 명칭의 정립을 위한 일종의 시금석이 될 것이다. 미국의 경제발전과 사회변화가 한국보다 빠르게 진행되고 있다(Wood, 1962; Conat, 1963; Henry, 1964; Kroll, 1982). 이런 차원에서 미국의 체육계 학과 명칭의 변화과정에 대한 탐구가 필요하다. 이는 국내 체육계 학과 명칭의 정립에 도움이 될 것이다.

셋째, 한국과 미국의 체육계열 학과 명칭의 비교와 그 정체성의 조명의 문제이다. 한국과 미국의 체육계 학과 명칭의 분화에 따른 문제점과 체육계 학과 명칭에 대한 정체성의 철학적 조명을 통하여 체육계 학과의 명칭에 대한 정립과 새로운 방향을 제시하는데 있다. 이를 통하여 학과의 정체성 확립을 통하여 교과과정과 학생들의 진로의 방향을 제시하는 역할을 할 수 있을 것이다. 학과 명칭과 정체성의 불일치로 인하여 학생들의 진로와 방향에 혼돈을 줄 수 있기 때문에 학과 명칭의 정립이 그 만큼 시급한 사한이다.

2) 연구의 필요성

체육계 학과 명칭이 왜 다양화되고 있는가?

신자유주의와 IMF 이후 일부 사립대학에서도 경제적 유용성이 중심

기준으로 자리 잡어 학교경영의 잣대로 사용하고 있다. 학생유치에 미달하는 학과는 폐과되는 분위기에서 여전히 체육계 학과들은 많은 경쟁력을 유도하면서 학부제를 통하여 기존의 경우보다 많은 학생들을 모집하고 있다. 다른 학과들과 비교하여 볼 때 학생정원의 경우에는 상대적으로 체육계 학과들의 생존권은 확보하고 있음을 알 수 있다. 그 이유를 급격한 사회변화와 경제적 성장 그리고 여가시간의 증대 등의 다양한 근거들에서 찾을 수 있다. 반면 이러한 변화에서 간과해서는 안 되는 문제는 다양한 학과 명칭으로 인하여 체육학에 관한 혼돈을 초래할 수 있다는 점이다. 이미 체육계 학과의 명칭은 경기지도학과, 사회체육학과, 생활체육학과, 스포츠지도학과, 스포츠경영학과, 운동처방학과 등 수 없이 다양한 명칭 등이 생겨나고 있다.

이러한 시대적 흐름에 대하여 김영환과 권욱동은 다음과 같이 말한다: "현재 우리나라 및 외국의 경우에서 볼 수 있듯이 모든 학문은 경제적인 논리로 이해되어지는 관계로 많은 부분이 위축되어가고 있으며, 특히 우리나라의 경우 IMF 이후 대학에서의 구조조정으로 체육 관련학과는 많은 변화를 요구받고 있는 실정이다. 또한 많은 대학에서 체육이 필수과목에서 선택과목 혹은 완전히 교과과정 자체가 사라지면서 체육관련 교사 및 교수직이 줄어들고 결국에는 교사자격증도 점점 줄어들고 있는 것을 목격할 수 있다. 이러한 어려운 시점에 과연 우리체육 전공자들의 역할과 사명은 무엇인가, 새 천년의 새 체육의 비전을 어떻게 제시하여 갈 것인가에 대한 반성적 사고가 절실하다고 본다. 현대체육의 변화와 흐름을 살펴볼 때 체육은 끊임없이 변화하고 발전하여 왔음을 알 수 있다. 하지만 이러한 발전적 변화의 토대는 각 시대의 상황에 알맞은 방향성과 철학이 없이는 불가능하였을 것이다."

체육계 학과 명칭의 문제는 없는가?

지금 이 땅에는 다양한 체육계 학과 명칭이 생겨나고 있다. 이름만 다르지 내용은 대동소이하다는 것이 일반적인 생각이다. 물론 체육계 학과 명칭의 문제는 학과 자체의 생존권이 달려 있는 문제이기 때문에 쉽게 다룰 수 있는 문제가 아니라고 생각한다. 하지만 체육계 학과 명칭의 다양화는 그 자체로 문제를 가지고 있다. 물론 학과 명칭의 다양화는 학생유치에는 일단 성공하였지만 학생들의 학문적 욕구를 충족시키는데 성공하였는지에 대한 대답은 유보해야 할 것이다. 뿐만 아니라 이러한 문제는 학문의 정체성과 학문성의 문제로 연결되고 있다. 결국 명칭의 다양화는 학문의 정체성 혼돈을 가져올 수 있는 위험성을 가지고 있다. 이에 대한 구체적인 연구들이 불가피한 상황이다.

학과 명칭을 결정하는데 있어 우선적으로 요구되는 것은 학문의 정체성에 대한 문제의 해결이다. 이러한 문제의 해결을 전제로 할 때 다른 학과와 차별화가 가능한 새로운 학과 명칭이 가능해 질것이다. 그러나 현재의 학과 명칭의 다양화는 이와 같은 순서를 거치지 않고 단지 학생유지를 위한 생존권 차원에서 학과 명칭에 성형을 가한 결과라고 할 수 있다.

예를 들어 운동생리정보학과라는 명칭을 보면 과연 운동생리정보학이라는 학문이 어떻게 가능한가라는 점이다. 체육학의 하부학문을 보아도 운동생리학 또는 스포츠정보학은 존재하지만 운동생리정보라는 학문은 연구된 적이 없다. 이 학과의 교과과정을 보면 운동생리정보라는 과목은 존재하지도 않는다. 어떻게 이와 같은 학과의 명칭이 생겨났을까. 그 이유는 이 과의 대학 내의 성격과 학과 신설에 따른 제도적인 문제를 가지고 있기 때문이다. 여러 가지 복합적인 문제로 인하여 이 학과의 명칭은 생겨난 것이다. 그러나 이러한 명칭은 학문의 정체성을 애매모호하게 한다. 즉, 운동생리학이 학문자체가 발전하고 있지만 생리정보라는 말은 여전히 납득이 가지 않는다. 문제는 성형이후(학과 명칭 변경)의 정체성을 어떻게 확보할 것인가이다.

체육계 학과 명칭의 다양화, 어떻게 볼 것인가?

변화를 발전의 징후라고 할 수 있다면 지금의 학과 명칭의 다양한 변화는 분명 체육학이란 학문의 확장과 발전의 한 현상이라고 볼 수 있다. 그러나 현재 학과 명칭의 변화가 진정으로 체육학의 학문적 발전을 가져오고 있는지에 대해서는 대답을 유보해야 할 것이다. 우선 변화는 내외적 변화를 요구한다. 그러나 지금의 변화는 무늬만 달라진 외적변화만을 가져왔다. 이와 같은 변화는 내용(교과과정)은 같으나 외형(학과 명칭)만 다른 모습이라고 할 수 있다. 이러한 체육계 학과 명칭의 다양화는 시대적 흐름에 따른 변화라고 할 수 있다. 이러한 변화에 대하여 긍정적인 시각을 가지고 있지만 명칭에 따른 학문성과 전문성 그리고 정체성을 위한 노력이 필요하다는 것을 망각하지는 말아야 할 것이다. 그러므로 이러한 문제들을 해결하기 위해서는 체육계열 학과 명칭의 정립이 요구되는 것이다.

이상과 같이 우리는 학문의 다양화로 인한 양적 발전은 체육학의 학문적 성장을 자랑할 수 있는 근거가 되는지 의문을 던질 수 있다. 1964년 이후 체육의 학문성에 대한 논의가 진행된 지 40년 후의 지금의 학과 명칭의 다양화는 그 만큼의 학문적 팽창을 가져왔다는 것으로 수용할 수 있는지 아니면 양적 팽창에 머물고 있다고 할 수 있는지에 대한 재평가의 기회가 필요하다. 체육계 학과 명칭의 다양화와 정체성의 문제 그리고 체육학의 학문적 성장의 재평가를 위하여 이 연구는 필요하다.

2. 연구의 내용, 방법, 범위

1) 연구내용

국내 대학에서 체육계열 학과가 생겨난 것은 1945년 10월 이화여자대학교의 체육학과였다. 이후에 1946년 서울대학교 사범대학은 8월 22일자로 공포된 미군정 법령 제102호 '국립대학 서울대학교 설치령'에 그 근거를 두고 있다. 이 법령은 미군정청학무국이 '부족한 인적, 물적 자원을 최대한으로 활용함으로써 교육의 질을 향상시키고 국가재정을 가장 유효하게 쓰려'는데 그 목적이 있었다(김달우, 1992), 1947년 경북대학교에 체육계열 학과가 생겨났다. 국내의 4년제 대학은 204개교이며 이중 체육관련 학과가 설치되어 있는 대학교는 119개교이다(홍양자, 2005). 학과별 분류를 살펴보면 다음과 같다.

체육교육학과, 체육학과, 사회체육학과, 특수체육학과, 특수체육교육학과, 생활스포츠, 스포츠마케팅학부, 스포츠경영학과, 스포츠레저학과, 생활체육정보, 체육레포츠, 레포츠과학, 레저레크리에이션, 스포츠의학, 스포츠과학, 건강생활학, 경기지도학과, 스포츠지도학과, 스포츠지도자학과, 운동생리정보학과, 생활체육학과, 유도학과, 격기학과, 운동처방학과, 스포츠건강관리학과, 건강관리학과, 해양스포츠학과, 해양체육학과, 항공스포츠학과, 스포츠모델, 태권도학과, 무도학과, 격기학과, 국선도, 경찰무도, 경호학과, 경호비서, 동양무예학과, 골프학과, 골프경영학과, 골프지도 등이 있다.

체육계 학과 명칭의 변화와 그 정체성을 탐구하기 위한 연구를 수행하기 위하여 첫째, 1차년도의 연구에서는 우리나라 체육계 학과 명칭의 변천과정과 학과 명칭의 난립 원인을 알아본다. 둘째, 2차년도의 연구내용은 미국의 체육계 학과 명칭의 변천과정에 관한 것이다. 셋째, 3차년도의 연구에서는 한국과 미국의 체육계 학과 명칭을 비교하고 그 정체성의 철학적 조명을 통해서 명칭의 재정립과 새로운 방향성을 제시할 것이다. 연구내용은 그림-1과 같다.

그림-1. 연구과제의 절차

* 1차년도 연구과제 한국 체육계 학과 명칭의 변천과 정체성 탐구	
연 구 내 용	❶ 1980년 이전 ❷ 1980년부터 1999년대까지 ❸ 2000년 이후

* 2차년도의 연구과제 미국 체육계 학과 명칭의 변천과 정체성 탐구	
연 구 내 용	❶ 근대이후부터 1920년까지 ❷ 1921년부터 1960년까지 ❸ 1961부터 1980년까지 ❹ 1980년 이후

* 3차년도의 연구과제 한국과 미국의 체육계열 학과 명칭의 비교, 명칭의 정립, 그 정체성의 철학적 조명	
연 구 내 용	❶ 체육계열 학과 명칭의 재정립 ❷ 학과 명칭에 대한 정체성의 재정립 ❸ 체육계열 학과 명칭과 정체성의 방향성 제시

❶ 1차년도의 연구내용

우리나라 체육계 학과 명칭의 시대별 변천과정을 알아보기 위하여 변천과정을 1980년 이전의 시기, 1980년대부터 1999년까지의 시기, 2000년 이후 등과 같이 세 시기로 구분하여 알아볼 것이다.

첫째, 1980년 이전 시기의 체육계 학과 명칭과 그 정체성에 대하여 알아본다. 이 시기의 학과 명칭은 체육교육과, 체육학과가 대체적으로 일반적인 체육계 학과 명칭을 대표하였다. 체육교육과는 사범대학내의 학과로서 교사양성을 위하여 만들어졌다. 체육교육과의 설립하게 된 이유는 지덕체의 전인교육을 위하여 체육의 필요성이 인정되었기 때문이라고 할 수 있다. 지금도 사범대학 내에 체육교육과는 여전히 중등교사를 양성하고 있다. 이와는 다르게 체육학과는 교사양성이 아니라 체육학을 학문으로 연구하는 학과로서 만들어졌다. 이 당시 체육학과는 이공대학 또는 자연대학 내에 속하였다. 이는 체육학을 자연과학으로 분류하였기 때문이라고 할 수 있다.

둘째, 1980년부터 1999년까지 시기의 체육계 학과 명칭과 그 정체성에 관하여 알아본다. 이 시기에 1986년 아시안게임과 1988년 서울올림픽이 열렸다. 이 두개의 국제적 체육행사를 통하여 생활체육 혹은 사회체육에 대한 관심이 집중되었다. 그래서 엘리트체육 위주의 체육정책이 생활체육과 균등한 발전을 위한 정책이 마련되었다. 그것이 일명 호돌이 계획이라고 할 수 있다. 이와 같은 사회적 분위기에서 사회체육에 대한 관심이 늘어났고 사회체육의 활성화를 위하여 사회체육지도자가 필요했다. 이들의 양성을 위해서 사회체육학과가 만들어지기 시작하였다. 전국의 사회체육학과 생활체육학과 등을 조사하여 학과 명칭의 특성과 내용(교과과정)에 대하여 알아볼 것이다. 이를 통해서 체육학과, 체육교육과와의 차이점과 유사점을 조사할 것이다.

셋째, 2000년 이후 시기의 체육계 학과 명칭과 그 정체성에 관하여 알아본다. 이 시기는 1997년 IMF의 위기를 통하여 경제적 효율성이 사회의 중요성 핵심 잣대가 되었다. 그 여파로 대학 내에서 효율성이 없는 학과들은 학부제의 도입으로 사려져야 할 운명을 맞이하기도 하였다. 학과의 경제적 효율성을 증대시키기 위한 방안으로 학교차원에서 성공적인 학생유치에 주력하게 되었다. 이러한 분위기는 학생 유치를 위하여 대학들의 실질적 방안들이 현실적으로 반영되었다. 신입생을 위한 다양한 학과 명칭이 생겨났고 그것으로 인하여 어느 정도 학생유치에 성공하였다. 체육계 학과에서는 학생유치의 우위의 고지를 점령하기 위하여 기존의 체육학과와 체육교육과의 명칭과 차별을 두기 시작하였다. 이를 위하여 새로운 학과 명칭이 만들어 졌다. 골프학과, 골프경영학과, 스포츠경영학과, 운동건강관리학과, 운동생리정보학과, 건강지도학과, 스포츠의학, 여가레크리에이션과, 동양무예학과 등이 생겨나기 시작했다. 이와 같이 다양한 학과의 명칭이 생겨난 이유에 대하여 알아보고 그것이 어떻게 정당성을 갖는지 알아 볼 것이다. 이러한 학과 명칭이 시대적 반영인지 아니면 생존전략인지 학과 생성 배경과 요인에 대하여 조사할 것이다.

이상과 같은 학과들의 명칭변화는 체육계만의 문제가 아니다. 새로운 학과 명칭과 이색 학과들은 경제적 측면에서 학생유치와 시대적 필요성에 의하여 만들어졌다. 특히 자연과학대학의 컴퓨터 공학과 관련된 유사한 학과들이 많이 생겨나고 있다. 학과 명칭만을 보고서는 무엇을 배우는 학과인지를 좀처럼 판단하기 어려워졌다. 수학과, 물리학과, 철학과는 그 명칭만으로도 그 학과에서 무엇을 배우고 가르치는 학과인지를 대충 알수 있지만 지금의 학과 명칭인 응용동물학과 법률정보관리학과 등의 학과 명칭만으로 학과 특성을 구분할 수 없게 되었다.

이러한 시대적 분위기에 편승해서 체육계 학과 명칭이 다양하게 변화하기 시작하였다. 학과 명칭의 변화 원인을 셋으로 나눌 수 있다. 첫째, 시대에 따른 환경의 변화에서 찾을 수 있다. 급변하는 사회변화는 여가증대와 스포츠산업의 발전, 미디어스포츠의 증가 등의 시대적 환경의 변화에 따른 수요를 요구하게 되었다. 둘째, 학과 자체의 생존전략 차원에서 볼 수 있다. 학과 명칭의 변화는 대학 자체의 자생적인 생존전략의 차원에서 마련되었다. 차이의 존중이 필요하기 때문에 기존의 학과 명칭과는 차별성이 곧 학생유치의 유리한 고지를 차지할 수 있기 때문이다. 학생유치의 실패는 학과를 폐과해야 할 위험성을 가지게 된다. 셋째, 국가의 대학정책의 차원에서 찾을 수 있다. 국가 차원에서 전공계열별 전공학과 수와 인원을 조율하기 때문에 새로운 학과를 명칭을 요구하게 되었다. 이 때문에 새로운 전공계열의 학과 명칭이 필요하게 되었다. 어떻게 보면 새로운 학과 명칭은 체육학자들에 의하여 만들어진 것도 있지만 정책입안자들에 의해서 제도적으로 만들어진 측면도 있다.

❷ 2차년도의 연구내용

현대 체육의 주요한 부분을 담당하여 온 미국체육에 있어서 근대초기 체조에서 시작된 체육이 지난 100년간 어떻게 변해왔는지를 알아보고 이를 바탕으로 체육계 학과 명칭의 전망과 새로운 방향을 탐색할 것이다. 이를 위하여 김영환과 권욱동의 연구의 성과와 이들이 구분한 시대구분과 연구내용을 정리하여 살펴보면 다음과 같다. 근대이후부터 1920년까지, 1921년부터 1960년까지의 체육, 1961년부터 1980년까지, 1980년 이후의 체육 등으로 구분할 수 있다.

첫째, 근대이후부터 1920년까지이다. 1865년부터 1900년까지 미국의 체육은 그 체계나 실시 형태가 다양하였다. 이러한 다양한 체계는 대부분이 유럽으로부터 전해왔다. 미국 자체의 것도 일부 있었지만 대부분 국가주의 대두기에 다른 나라에서 중요시했던 건강 증진이 그대로 미국에 도입되었다고 볼 수 있다. 이 당시는 독일의 얀과 스웨덴의 링의 영향으로 대부분의 체육이 체조로 이루어져 지금과 같은 다양한 체육이 이루어지지 않았다. 이 당시의 많은 체육학자들은 거의가 의사들로 구성되어 있어 체육의 목적이 건강, 위생의 목적으로 이루어져, 체육에 대한 명칭은 Physical Education과 Physical Culture 등으로 불리어졌다.

둘째, 1921년부터 1960년까지의 체육이다. 이 당시의 체육의 Gulick, Wood, Hetherington 등이 기존의 독일의 얀 체조와 스웨덴의 링 체조에서 벗어나 놀이, 게임, 스포츠를 중심으로 한 New Physical Education을 주창하기 시작하는 시기이다. 둘째, 각 학교에서 체육교과목을 채택함으로 인하여 체육교사 양성이 가장 중요한 목적으로 작용하였으므로 체육의 영역은 교육적인 관점에서 이루어졌고, 셋째, 1950년대 중반부터 Physical Fitness Education이 조성되어 건강과 레크리에이션과 같은 영역에도 관심을 가지기 시작한 시기이다. 이 당시의 명칭은 Physical Education 이었다.

셋째, 1961년부터 1980년까지의 체육이다. 이 당시의 체육은 Rudolf Laban과 Eleanor Metheny의 영향으로 체육이 Human Movement의 개념으로 발전하기 시작하였다. 이를 바탕으로 체육학의 학문성과 전문성으로 구분하여 연구되기 시작하였다. Human Movement의 개념이 너무 광범위해서 보다 전문적인 연구의 필요성이 대부되기 시작하여 스포츠의 개념으로 바뀌기 시작하는 시기이다. 이때부터 각 학문의 명칭이 스포츠심리학, 스포츠사회학 등과 같이 스포츠를 연구의 초점으로 삼기 시작하였다.

넷째, 1980년대 이후이다. 스포츠의 과학화라는 슬로건 아래 모든 연구와 방향이 과학주의라는 패러다임을 가지게 되면서 체육학 그 자체의 연구초점과 방향성이라는 관점에서 벗어나고 있다는 주장들이 제기되기 시작하였다. 즉 체육 및 스포츠의 본질상 참여 및 활동에 있어서 질적, 경험적 관점에서의 중요성이 간과되고 있다는 지적이다. 이러한 비판을 바탕으로 현대의 체육은 새로운 인간교육이라는 관점에서의 Somatic Education등과 같은 새로운 전환기를 맞이하고 있다. 이와 더불어 스포츠 산업의 거대화와 스포츠와 미디어의 결합으로 인하여 스포츠 산업적 측면에서 스포츠산업 관련 학문 또한 꾸준히 발전하여 가고 있다.

❸ 3차년도의 연구내용

한국과 미국의 체육계 학과 명칭의 비교와 그 정체성의 철학적 조명을 통해서 명칭의 재정립과 새로운 방향성을 제시할 수 있다. 체육계 학과 명칭의 재정립과 방향성을 위해서는 몇 가지 기준이 마련되어야 한다. 첫째, 새로운 학과 명칭의 용어는 가급적 단일한 용어이어야 한다. 둘째, 인간 운동의 특성상 인간 개체의 운동, 운동과 사회적 측면과의 관련성을 포괄할 수 있는 통합적 용어야 한다. 셋째, 학문의 대상과 목적을 잘 나타낼 수 있어야 하고 학문발달 계보에 부합되어야 한다.

2) 연구방법

이 연구과제의 연구방법은 재구성적 작업과 구성적 작업이다. 재구성적 작업이란 기존의 체육 명칭에 나타난 체육의 의미를 기술하는 경험적 작업이다. 이와 같은 경험적 작업은 규범적인 체육개념을 새롭게 창출하는 구성적 작업의 토대가 된다.

체육계열 학과 명칭 개념을 재구성하는 작업은 체육이라는 말이 역사라는 시간 속에서, 그리고 사회라는 공간 속에서 어떻게 이해되어 왔고, 어떻게 이해되고 있는지 분석해 내는 일이다. 모든 언어는 각각의 역사성과 사회성을 갖는다. 이와 같은 언어의 역사성과 사회성을 구조주의 언어학자 소쉬르는 통시태와 공시태라고 부른바 있다. 소쉬르는 언어를 연구하는데 있어서 이 두 가지 특징을 모두 고려해야만 한다고 강조한다. 즉, 어떤 언어를 명확하게 이해하기 위해서는 시간 속에서 나타난 그 언어의 의미구조를 수직적으로 연구해야 명확하다는 것이다. 이것은 나무의 구조를 파악하기 위해서는 나무줄기의 수직 단면도와 수평 단면도를 동시에 파악해야만 하는 것과 동일한 이치이다(이익섭·임홍빈, 1999).

이 외에도 어떤 사상의 기원과 흐름 또는 그것에 관한 통시적 기술이라고 할 수 있는 계보학이 이 연구과제의 또 다른 연구방법이라고 할 수 있다. 계보학은 푸고의 고유한 방법론 중에 하나로서 담론의 질서를 형성하고 변화시키는 가능성의 조건들 중에서 권력의 놀이에 초점을 맞춘다. 즉 권력 중심의 담론을 지칭하는 것이다.

체육이란 명칭이 어떻게 변모해 왔으며, 현시점에서 어떻게 사용되고 있는지 동시에 고려해야만 그 명확한 이해에 도달할 수 있다. 따라서 이 연구과제는 일차적으로 체육계 학과 명칭이 역사적으로 어떻게 이해되어 왔으며, 현재라는 시점에서 어떻게 이해되고 있는지 그 개념을 재구성해 볼 것이다. 다양한 체육계 학과 명칭의 변천과정과 그 정체성의 철학적 조명을 위하여 학문성, 정체성, 교과과정, 교육목표를 중심으로 체육이라는 언어가 갖는 통시태와 공시태를 동시에 고려하여 탐구 할 것이다.

❶ 학문성

James Conant는 1960년대부터 일어나기 시작한 "체육의 학문화 운동"에 사회적 촉매역할을 하였다. 하버드 대학의 총장을 역임하였던 그는 각 분야의 교사교육프로그램을 연구하여 "미국의 교사교육(The Education of American Teachers, 1963)"이라는 제목의 연구결과를 발표하였다. Connat는 체육을 '기능중심적'인 학교교과로 인정하였고, 체육교과의 유일한 교육내용을 운동기능이나 신체활동으로만 간주하였다. Conant는 체육교육에서 기능중심적인 교과목은 모두 폐강시켜버리고 "얼마나 능숙하게 잘 할 수 있을까?"를 평가하는 실기시험으로 대처해 버려야 한다고 제안하였다. Conant는 체육이 기능교과라고 믿었기 때문에 운동기능과 그 숙달 정보가 대학교육을 받는 동안에 가르쳐질 것이 아니라 대학에 들어오기 이전에 반드시 필요한 전제조건이라고 생각하였다. 그는 한 걸음 더 나아가, 체육과 학생은 학문 중심적인 과목을 배우지 말 것을 제의하였다. 학문적인 지식은 체육에서는 다루어지지 않는다는 것이 그의 주장이었다. 게다가 대학원 체육프로그램에 관해서도 보다 직접적이 비판을 가하였다. 그의 주장은 체육학의 독특한 이론체계란 존재하지 않는 다는 것이다. Conant에게 있어서 대학원 수준에서의 체육학의 지식체계란 신체활동과 운동기능에 관련된 것이었다(강신복·최의창, 1995).

체육학자들은 Conant의 이러한 도전에 그들의 학문적 응전을 보여주었다. 그들은 체육원리 등과 같이 지나치게 일반적이고 포괄적인 과목들을 폐강시켜 버리고 운동학습, 운동생리학 그리고 생체역학 등과 같은 구체적으로 세분화된 과목들을 개설하기 시작하였다. 이것은 체육전공 대학 프로그램에 있어서 상당히 중요한 변화였으며 많은 대학에서 이러한 변화에 발맞추기 시작하였다.

이처럼 일찍이 선진국에서도 체육의 학문성에 대한 활발한 논란이 있었다. 특히 미국에서는 1964년 Dallas에서 열린 체육학회에서 Franklin M. Henry의 '학문으로서의 체육'이라는 유명한 연설을 계기로 Warren P. Fraleigh, Ruth Abemathy, Hal. A. Lawson, W. Robert Morferd, Thomas J. Sheehan 등 여러 학자들이 체육을 학문적으로 정립하려는 노력을 기울였다. 그러나 오랜 기간을 걸친 여러 학자들의 논쟁은 체육학의 통합성을 유지하기 위한 탐구과제가 무엇이냐에 이르러서는 서로 대립하여 합의에 이르지 못하고 지금은 각자의 독특한 학과를 형성하여 지식체계를 발전실켜 나가고 있다. 이와 같은 서로 대립되는 학과들의 주장은 크게 체육학의 중요탐구과제를 '인간움직임'으로 해야 한다는 입장과 스포츠'로 해야 한다는 입장의 두 가지 방향으로 나누어졌다(전태원, 1996: 5).

이와 같이 이 연구에서도 학문성의 문제를 다룰 것이다. 체육은 학문성에 따른 체육적 지식과 전문성에 따른 체육적 지식으로 구분할 수 있다. 현재 체육계 학과 명칭의 다양화는 학문성보다는 전문성 위주에 의해서 비롯되는 것 같은 인상이 짓다. 골프학과, 태권도학과, 골프경영학과, 배구지도학과, 동양무예학과 등 학문성의 보다는 전문성에 치중하고 있다. 전문성을 위한 학과는 전문대학에서 설치 운영하는 것이 필요하다. 전통적으로 인정된 학문이 되기 위해서는 고유한 연구대상과 고유한 지식체, 독자적인 연구방법 등이 요구된다. 현행 학과 명칭을 보면 이 세 가지의 학문의 성립조건을 충족시키지 못하는 학과 명칭이 있다. 이전의 학과는 곧 학문성을 의미하였다. 하지만 지금은 학과의 명칭과 학문성은 관련성이 없는 것 같다.

전통적으로 인정된 학문을 구성하는 요소는 첫째, 고유의 연구대상이 존재할 것, 둘째, 독자적인 연구방법이 존재할 것, 마지막으로는 대상과 연구방법에 의해 산출되는 고유한 지식의 본체가 존재할 것 등이다(H,

Lawson & Morfod, 1979).

❷ 정체성

체육의 방향성에 관한 논의는 체육의 주요 탐구 과제가 무엇이냐에 관한 문제이며 또한 체육의 정체성에 관한 문제이기도 하다. 지금까지 우리나라에서 체육이 통념적으로 '신체활동을 통한 교육'이라 정의되고 있으나 체육 분야에서 이루어지고 있는 탐구 활동은 교육, 스포츠, 건강, 레크리에이션 등 다양한 방법으로 이루어져 왔다. 바로 이것들이 우리나라 체육의 방향을 제시하고 있고 또한 우리가 체육을 통해 성취해야 할 중요한 목표이다. 현재 교육의 한 영역으로 규정되는 체육이 교육에의 종속성을 벗어나 하나의 독립된 학문으로서 체계를 갖추기를 위해서는 체육 분야에서 이루어지는 연구들이 일정한 목표를 향하여 나가야 하고, 그 목표를 중심으로 체계화되어 통합성을 유지하여야 하며, 뚜렷한 탐구과제가 있어야 하고, 그것이 타학문과 구분되는 고유한 특성을 가지고 있어야 한다(전태원, 1996: 5).

학과 명칭의 다양화로 인하여 학과 정체성이 결여되었다고 할 수 있다. 도대체 이 학과에서 무엇을 배우고 가르치는가에 대한 궁금증을 유발한다. 학과 명칭만을 가지고는 학과의 특성을 분간하기 어렵다는 것이다. 그것은 학과 정체성의 위기를 가져올 수 있다는 것을 의미한다.

❸ 교과과정

체육계열 학과 명칭만 다를 뿐 배우는 것이 같다면 우리는 어떻게 이를 받아들여야 할 것인지에 대한 당혹감을 가질 수 있다. 특히 학과 명칭의 다양화에도 불구하고 교과과정의 기존의 체육학과와 유사하다는 것은 문제가 아닐 수 없다. 예를 들어 체육학과와 사회체육학과의 교과과정을 보면 대체로 유사한 점을 발견할 수 있다. 다른 점이라면 사회체육개론, 사회체육 프로그램론 등 일부 과목만을 제외하고는 상당히 유사한 점을 가지고 있다. 뿐만 아니라 기존의 체육학의 명칭에 사회체육이라는 말만 바꾸어 사용하는 경우도 상당수 발견된다. 이렇게 되면 대학입학 수능생들의 학과선택에 혼돈을 줄 수 있다는 것이다. 학과 명칭만을 보고 입학해서 실제로 배우는 것은 기존의 체육학과와 다를 바 없다는 것에 대하여 학생들은 실망하게 될 가능성이 높다. 물론 학생이 사전에 자신이 진학할 학과가 무엇을 배우는지 확실히 확인한다면 문제가 없지만 그렇지 않고 학과 명칭만을 보고 선택하게 될 경우에 혼돈이 생길 수 있다는 것이다.

❹ 교육목표

학과의 교육목표는 학과의 존재이유를 나타내기 때문에 교과과정과 관련성이 있다. 학과의 교육목표에 따라서 구체적인 교과내용이 마련되기 때문이다. 우선 학과의 교육목표와 이에 따른 교과과정 그리고 진로와 방향이 구체적으로 마련된다. 교육목표는 학과의 방향성과 성격을 특성 짓는 중요한 잣대이기 때문에 교육목표에 부합되는 교과과정이 설정되는 것이 필요하다. 하지만 국내 체육계열 학과의 교육목표와 교과과정이 맞지 않는 경우가 생각보다 많다. 특히 전공교수의 전공에 따라서 교과과정이 구성되는 경우가 있다. 이는 교육목표를 고려하지 않는 임의적 구성이라고 볼 수 있다. 이것은 교육목표와 교과과정이 관련성 없이 교과과정이 마련되었음을 확인할 수 있다. 이 연구에서는 교육목표의 검토를 통해서 학과의 성격과 방향을 확인하고 이를 바탕으로 교과과정과의 비교를 통해서 문제점을 확인한다.

3) 연구범위

제1장에서 본 논문의 목적과 필요성을 제시한다.

제2장에서 연구방법과 분석 틀로 계보학적 방법에 대하여 알아보고 체육계 학과 명칭의 재정립의 문제를 해결하기 위하여 어떻게 적용할 것인가에 대하여 정리한다.

제3장에서 체육계 학과 명칭의 재조명을 위하여 학문성, 정체성, 교과과정, 교육목표를 중심으로 다양한 학과 명칭에 대하여 재조명한다.

제4장에서 전체적으로 본 논문의 요약과 결론을 중심으로 정리한다. 이상과 같이 연구범위는 다음의 그림-2와 같다.

그림-2, 연구범위

서론	⦿ 연구의 목적　　⦿ 연구의 필요성	
연구 방법	⦿ 계보학적 방법 ⦿ 재구성적 작업 ⦿ 구성적 작업 ⦿ 문헌연구	
연구 내용	⦿ 체육계열 학과 명칭 정립과 　 그 정체성의 철학적 조명	❶ 학문성
		❷ 정체성
		❸ 교과과정
		❹ 교육목표
연구 절차	⦿ 1차년도: 한국 체육계 학과 명칭의 변천과정 탐구 ⦿ 2차년도: 미국 체육계 학과 명칭의 변천과정 탐구 ⦿ 3차년도: 한국과 미국의 체육계 학과 명칭의 비교, 　 정립, 정체성의 철학적 조명과 새로운 방향 제시	
결론	⦿ 체육계열 학과 명칭의 정립과 정체성 조명 그리고 　 새로운 방향성 모색	

3. 연구과제의 국내·외 연구동향 (연구배경)

인간형성의 중요한 과정으로서 학교 교육의 분야에 속하게 되면서 체육(physical education)이라 칭하게 되었다. 1910년 이전까지만 해도 체육은 신체문화(physical culture)나 신체훈련(physical training)으로 불리던 것이 19세기 초부터 신체(physical)와 교육(education)의 두 말의 합성어인 체육이라고 문헌에 나타나기 시작했다. Vanderzwaag와 J.C. Warren이 1983년에, A. L. Pierson이 1840년에 체육의 용어를 저서의 타이틀로 처음 사용했으며 그 후 1861년에 Spencer가, 1869년에 Maclaren이 사용함으로서 일반화 되었다.

현재 사용하고 있는 체육의 영문 명칭인 physical education이란 용어는 1840년도 하버드 대학의 생리 및 해부학교수로 있던 John Warren이 그의 저서 "Theoretical Treatise on Physical Education"에서 처음 사용하였다(Sidentop, 1976). 하지만 그 시대는 독일의 Jahn체조와 스웨덴의 Ling 체조가 지배하였기 때문에 지금의 체육과는 그 영역 및 내용이 달랐다. 그 후 소수학자들에 의해 체육학의 명칭과 범위에 대한 논의가 활발히 진행되어 오다가 20세기초에 접어들면서 Luder Gulick, Thomas Wood 및 Clark Hetherington 등이 그 당시의 체조중심의 체육이 너무 형식적이고 비민주적이라는 비평아래 놀이, 게임, 스포츠를 중심으로 New Physical Education을 주장하기 시작하였다(Sidentop, 1976).

국내에서 체육계 학과 명칭은 체양, 체조, 체육 등으로 소개되었다. 신체훈련, 신체활동, 스포츠 등의 의미로 인식되던 체육은 1900년대에 들어서면서 그 개념이 구체화되어 정리되기 시작하여 체육이란 용어가 등장하고, 체육을 신체의 교육 또는 신체를 통한 교육으로 정의함으로써 체육이 교육의 한 분야로서 굳게 자리를 잡게 되었다. 교육적 의미를 지닌 체육개념이 형성되면서부터 그에 따른 체육의 학문적 지식체가 이루어지기 시작했다(윤경희, 1992). 체육계 학과 명칭에 관하여 지금까지 연구된 성과를 종합하여 볼 때 세 가지 주장으로 요약된다.

❶ 체육학에로의 회귀

기존의 체육학 명칭의 상징적 의미로 사용해야 한다. 대표적인 학자로 윤경희(1992)와 김동규(2000)를 들 수 있다. 윤경희(1992)는 "체육학의 학문적 구조에 관한 연구"에서 체육학의 학문적 구조에 대한 여러 모형을 지금까지 살펴보았지만 결국 다시 체육이란 개념의 명확한 정의가 무엇이냐 하는 점이 문제이다. 많은 학자들이 범하고 있는 실수는 바로 개념의 확장이 무엇이냐 하는 문제를 인식하지 못하는 점에서 출발한다. 기존의 체육이란 개념이 설령 교육학적 의미를 다분히 갖고 있다고 하여도 여기에 필적할 만한 다른 용어의 선택은 몹시 어려운 일이다. 올바른 체육개념을 정립하고 그 개념의 내포와 외연에 따라 체육학의 학문적 구조체계를 형성한 다음, 체육학의 구성하고 있는 각각의 분야별로 개별 정립과 연구영역인 범주를 확실히 하면서 아울러 체육학이 지향해야 할 학문적 방향을 다시 제시해야 하는 것이 앞으로의 과제이다." 라고 말한다.

김동규는 "체육학에로 회귀"라는 논문에서 "체육, 즉 Physical Education이라는 명칭은 '교육으로서의 체육'에 있어서는 합당한 것으로 이해되고 있으나 '학문으로서의 체육'의 영역을 대변하기에는 부당한 것으로 받아들여지고 있다. 이를 대체할 명칭으로서 "운동학"의 사용을 주장하는 입장이 있다. 그러나 이는 체육학 내 자연과학의 분과학을 대변하기에는 용이할 수 있으나 스포츠와 관련된 제 문제의 인문사회과학적 접근을 대변하기에는 합당하다고 보기 어렵다. 또 한 주장으로서 "스포츠학"으로 대체하자는 입장이 있다. 이는 체육학의 영역을 협소하게 한다는 점과 미래의 체육학이 인류를 위한 건강이 기축이 되어야 한다는 입장에서 보면 합당한 명칭이 되기 어렵다. 또 하나의 주장은 하위영역의 명칭을 그대로 사용하자는 입장이다. 이는 체육학의 정체성을 상실케 하는 문제와 직접적인 관련이 있다. 의학은 Medical Science라고 하는 영역과 의과대학에의 소속을 포기하지 않고 있으며 교육학의 영어명칭이 교육과 동일하게 Education을 사용하고 있음에 유의할 필요가 있다. 체육관련 연구를 총칭하는 체육학, Physical Education의 명칭을 보존하면서 체육학의 큰 틀 내에서 하위 영역간의 통합연구가 우리가 지향해야 할 바이다."라고 체육학으로 회귀해야 할 당위성에 대하여 구체적으로 제시하고 있다.

❷ 체육학에서 스포츠학에로

새로운 체육학 명칭이 마련되어야 한다. 즉 동서양의 통합할 수 있는 새로운 체육학 명칭이 정립되어야 한다. 체육 개념이 체육의 제현상을 포괄할 수 있는 개념으로 정립되어야 한다. 대표적인 학자는 정철수(1996), 박현우(1997) 등이 있다. 정철수는 체육의 학문 재정립을 위해서 체육이라 용어가 주는 의미의 혼란 때문이라고 보고 있다. 이를 해결하기 위해서는 첫째, 체육이라는 개념 형성 및 정착과정의 역사성 문제이다. 둘째, 체육이라는 개념의 배경이라고 할 수 있는 인간관의 문제이다. 셋째, 체육이라는 용어의 한계성에서 그 해결의 실마리를 찾고 있다. 뿐만 아니라 체육계 학과 명칭 정립의 필요성에 대하여 전태원(1997)은 첫째는 체육의 학문성에서 그 이유를 찾고 있다. 둘째는 체육의 정체성, 셋째는 체육의 학적체계에서 그 이유를 찾고 있다.

박현우(1997)는 "체육학에서 스포츠에로"의 논문에서 다음과 같은 내용으로 기존의 체육학에서 스포츠학에로의 명칭의 변경을 주장한다: 우리나라에서 체육학의 학문적 구조의 딜레마를 해결하기 위한 시도이다. 엄밀하지 못한 과학적 구조를 갖는 체육학은 자신의 학문적 정체성이 의심받고 있으며, 후학들의 연구방향에 혼란을 주고 있으며 또한 서양 지식체계의 계속적 유입을 초래케 하여 우리의 스포츠 및 체육현실과 시각에 대한 둔감하게하고 결국은 우리의 학문적 창의성 감소에 부채질한다. 현대의 과학은 확실한 지식을 생산하기 위해서 단일한 연구대상을 설정하고, 다양한 시각으로 연구하는 연구방식을 자신의 지배적인 구조로 한다. 새롭게 등장하는 과학은 현재의 사회적 관심의 대상을 연구대상으로 하고 있으며, 그 연구대상은 세분화되고 단일한 것이 된다. 현재 우리 체육학의 여러 연구대상은 보다 명백한 지식을 얻기 위한 전문적인 연구에뿐만 아니라, 한 고유한 과학의 체계를 구조화에도 불리하다. 따라서 단일한 연구대상으로서, 증가하는 사회적 관심의 대상으로서 스포츠를 연구대상으로 하는 스포츠학의 체육학 대체의 가능성을 타진하고 있다.

❸ 제3의 명칭의 모색

이처럼 체육의 대체할 수 있는 개념이 다양하게 모색되고 있다. 체육개념을 한 단어로 함축하고 있는 대표적인 예가 바로 학과의 명칭일 것이다. 이런 차원에서 미국의 체육계 학과 명칭을 참고할 수 있을 것이다. 미국의 체육학과의 명칭은 매우 다양하다는 것을 알 수 있다. Exercise and Sport Science, Physical Education, Kinesiology, Exercise Science and Physical Education, Health, Physical Education and Recreation, Health, Kinesiology and Leisure Studies, Kinesiology and Health Promotion, Physical Education, Recreation and Dance, Physical Education and Sport Studies, Kinesiology and Health Education, Exercise and Movement Science, Human Biodynamics, Health and Human Performance, (Health, Physical Education, Recreation and Dance, Health and Physical Education. 이와 같이 미국의 체육학과의 명칭은 한 단어의 선택으로 인하여 체육개념의 내포와 외연이 얼마나 달라질 수 있는 가를 잘 보여주고 있다.

이상과 같이 체육계 학과 명칭의 변천과 그 정체성에 관한 연구는 셋으로 분류할 수 있을 것이다.

첫째, 기존의 체육개념을 그대로 사용해야 한다는 주장이다. 첫 단추를 잘못 끼면 전체가 잘못될 수 있다는 논리이다. 이미 학자들은 체육이라는 용어에 익숙하게 사용하고 있기 때문에 언어소통을 위해서 체육이라는 용어를 그대로 사용할 것을 주장하는 입장이다(Vanderzwaag & Warren, 1831; Pierson, 1840; Spencer, 1861; Maclaren, 1869; 윤경희, 1992, 김동규, 2000).

둘째, 기존의 체육이라는 개념의 교육학의 범주를 벗어나지 못하고 있기 때문에 새로운 학문성과 정체성을 확보한 다른 개념으로 전환이 필요하다는 주장이다(장성수, 1992; 정철수, 1996; 정태원, 1996; 박현우, 1997). 대표적인 학자는 박현우를 들 수 있다. 그는 체육학에서 스포츠학에로 전환을 주장하였다.

다른 대체 용어로는 Somatics Education를 들 수 있다(정응근·오정석·박현우, 1992; 신현군, 1999). 이들은 이 개념이 심신일원론의 바탕을 두고 있고 현행 체육개념의 문제점을 해결할 수 있다고 주장한다.

4. 연구결과에 대한 기대효과 및 활용방안

1) 기대효과

첫째, 우리나라 체육계 학과 명칭의 변천과정의 탐구를 통해서 나타난 특성과 문제점을 알 수 있을 것이다. 이를 통해서 학과 명칭이 난립하고 있는 현 체육계 자체의 자각과 올바른 인식을 제시할 수 있을 것이다. 또한 앞으로 반복될 수 있는 체육계열 학과 명칭에 대한 혼란을 차단할 수 있는 예비 책이 될 것이다. 급격한 시대변화에 따라서 학과 명칭의 변화가 있어왔다. 특히 신자유주의 시장경제논리에 의하여 유용성을 갖추지 못한 학과를 폐과되는 분위기에서 자생할 수 있는 자구책을 마련하는 것이 시급한 일이다. 이 때문에 지방에 소재한 체육계열 학과들은 학생유치에 온 관심을 기울이고 있다. 학생 수는 감수하고 대학은 남아도는 기이한 현상에서 생존할 수 있는 방법은 모집정원을 채우는 길 밖에 없다는 심리가 지방대학을 중심으로 번져가고 있다. 그렇기 때문에 학과 명칭을 신세대의 기호에 맞게 변경하고 있지만 그 명칭에 따른 정체성이 모호함을 확인할 수 있다.

둘째, 미국의 체육계 학과 명칭의 변천과정의 탐구는 지금의 우리나라 체육계 학과 명칭의 정립을 위한 일종의 시금석이 될 것이다. 왜냐하면 미국은 지난 100년의 시간동안 체육학의 흐름을 주도했기 때문이다. 미국 체육계의 학과 명칭의 변천에 대한 고찰을 통해서 우리나라의 체육계 학과 명칭에 대한 대안과 방향성을 찾을 수 있을 것이다. 미국체육의 흐름에서 자유로울 수 없는 우리나라는 미국의 체육계열 학과 명칭에 주목하는 이유도 바로 거기에 있다. 우리보다 앞서서 변화를 경험하고 있기 때문에 우리에게 적합한 학과 명칭과 정체성을 제시하는 것이 중요한 일이다.

셋째, 체육계 학과 명칭의 재정립에 도움이 될 것이다. 학과 명칭의 재정립은 지금과 같은 학과 명칭의 난립에서 벗어날 수 있을 것이다. 뿐만 아니라 체육계열 학과 명칭의 불일치로 인하여 문제로 나타날 수 있는 학문성의 위기에 대한 대책이라고 할 수 있다. 일종의 체육이라는 학문의 정체성과 위상 마련을 위한 유용한 근거가 될 것이다. 학과 명칭만 다르고 기존의 체육학과와 교과과정이 같은 문제점을 가지고 있다. 학과 명칭에 부합되는 학과의 정체성과 방향의 정립이 시급한 과제라고 할 수 있다. 이 연구를 통하여 이러한 문제를 해결하는데 기초를 형성할 것이다.

넷째, 이 연구과제는 체육의 학문성과 정체성의 확보, 교육목표와 교과과정의 체계성의 유용한 바탕이 될 것이다. 체육학 정체성의 토대 위에서 마련된 교과과정은 학문의 발전은 물론 학과의 발전을 위한 중요한 지침이 될 수 있다. 그렇지 않고 임시방편으로 마련된 교과과정을 학생들을 기만하는 일을 자행하는 결과를 가져올 위험성을 가지고 있다. 학과 명칭에 부합되는 교육목표, 교과과정과 방향성 그리고 정체성이 제시되어야 한다.

2) 활용방안

이 연구과제는 체육계 학과 명칭의 정립을 통하여 체육계의 학문성과 정체성을 확립하는데 유용한 지침이 될 것이다. 무엇이 잘못되었는지 알수 없을 정도로 다양한 학과 명칭의 난립은 장기적으로 체육계 학과의 위상과 정체성의 걸림돌이 될 가능성이 높다. 그렇기 때문에 체육계 학과 명칭의 정립이 다른 무엇보다도 시급한 과제이다. 따라서 체육계 학과 명칭의 정립은 체육학 학문일반의 발전에 기여할 것이다. 이 연구과제의 활용방안은 다음과 같다.

첫째, 지금과 같이 체육계 학과 명칭이 가지고 있는 체육학의 정체성, 학문성, 전문성의 문제는 학과 명칭과 학문 명칭의 정립을 통해서 해결될 수 있을 것이다.

둘째, 국내의 체육계 학과 명칭의 정립을 위한 유용한 지침과 기준으로 활용될 수 있을 것이다.

셋째, 체육계 학과 명칭에 따른 교육목표와 교과과정 그리고 체육학의 학문성과 정체성이 정립되는데 큰 효과를 줄 수 있을 것이다. 교육에의 활용정도는 정체성의 확보 차원에서 활용될 수 있을 것이다.

PART 17

A+ 시험답안지

🔵 시간계획

학생들이 시험을 보는 태도는 다양하다. 대부분은 답안지를 받음과 동시에 쓰는 학생들이 있다. 암기사항이 잊혀버리기 전에 옮겨 써야 한다는 생각 때문에 서둘러 쓰기 시작한다. 그렇게 하면 문제가 생길 수 밖에 없다. 제대로 정리해서 글을 쓰지 못하게 된다. 이러한 유형의 학생들은 암기위주로 공부를 했기 때문에 문제가 약간 변형이 되면 당황해서 잘 풀지 못한다. 또 다른 학생들은 답안지를 받으면 5분 정도 시간계획을 짜보고 푸는 경우이다. 시간계획을 하지 않고 시험을 보면 일찍 끝나거나 아니면 맨 나중에 끝나게 된다. 시간 계획을 구체화해서 보게 되면, 답안지를 조급하지 않고 여유를 가지고 작성할 수 있다.

◉ 개요작성

답안지 여백에 전체의 개요를 작성한 후에 글을 시작하는 것이 나중에 시간안배에도 도움이 된다. 개요는 전체의 내용을 축약해서 미리 작성하는 것이다. 내용을 어떻게 구상할 것인가에 대해서도 써보는 것이 중요하다. 개요작성 없이 글을 쓰다보면 잘못된 길로 접어들 수가 있다. 목적과 필요성, 방법, 내용 등에 대하여 친절하게 상세하도록 정리하는 것이 글을 잘 쓰는 비결 중의 하나이다. 개요는 글의 순서를 정하는 일이다. 순서 없이 글을 쓰다 보면 뒤죽박죽이 될 수 있다. 개요는 일종의 목차를 설정하는 일이다.

◉ 문단나누기

답안지를 보면 한 문단으로 써 논 글을 만날 수 있다. 채점을 해야 하는 입장에서도 평가를 피하고 싶어진다. 문단나누기가 필요한 이유는 평가자를 배려하는 차원에서 꼭 필요한 부분이다. 가독성을 높일 수 있을 뿐만 아니라 한 눈에 글을 들어올 수 있도록 하는데 필요하다. 문단나누기를 잘 하면 내용이 일목요연하게 만날 수 있다. 그렇지 않고 문단나누기가 되어 있지 않은 답안지를 읽는 데 어려움이 있다. 자신의 생각을 효율적으로 전달하는 방법 중에 하나는 문단나누기를 잘 하는 것이다.

◉ 문장표현

무엇을 서술하라는 문제에 대한 답안지를 살펴보면, 수업 때 본

파워포인트 자료의 요약내용을 그대로 적어 놓는 경우를 볼 수 있다. 노트필기와 답안지는 분명히 다름에 불구하고 똑 같은 경우라고 하겠다. 문제는 노트와 답안지는 다르다는 것을 알지 못하기 때문에 나타나는 현상이다. 답안지를 노트필기와 같이 써서는 안 된다. 답안지를 노트정리와 같이 정리하는 것은 문제가 있다. 간략하게 핵심만을 제시하고 있지만 서술형 문제의 출제 의도는 학생들의 암기능력을 평가하려는 것이 아니다. 그 동안 학습한 것을 확인하려는 것이 서술형 시험의 핵심이다.

◉ 답안작성

답안에서 중요한 것은 형식이 아니라 내용이다. 하지만 형식이 보기 좋아야 내용도 좋게 보여 진다. 형식에 따라서 띄어쓰기, 들여쓰기, 문단 나누기를 지켜주어야 한다. 특히 오자와 탈자가 없도록 몇 번의 수정을 해야 한다. 답안지를 한 번 쓰고 검토를 하지 않고 제출하는 학생이 있다. 좋은 점수를 받기 위해서는 충분한 검토를 통해서 문법적 오류와 맞춤법에 맞게 고쳐야 한다. 한 눈에 봐도 일목요연하게 정리되어 있다면 좋은 점수를 받을 수 있다.

예시

[문] 학생선수의 문제 2개를 제시보고 그 해결방안을 서술하시오.

[답] 학생선수의 문제는 현대사회에서 크게 개선되어야 할 사회문제 중의 하나다. 학생선수들은 공부를 잘하지 않아도 된다며 운동만 열심히 해서 대학입시에 좋은 결과를 이루기 위해 공부를 위해 머리가 아닌 운동을 위해 몸을 쓴다. 학생 선수들의 이러한 생각은 왜 생겨난 것일까?

박정희 정권시절 체력이 곧 국력인 시대에 작고 힘없는 대한민국을 세계에 알리기 위해서는 올림픽에서 좋은 성적을 거두는 것만이 방법이라 생각했다. 그래서 선수들의 훈련의 노력의 결과로 좋은 성과를 거두게 되자 정부에서는 선수들에게 그만한 보장을 해주었고 이때부터 운동만 잘하면 된다는 생각이 생겨난 것이다.

어린 선수들 부터도 초, 중학교 때 공부보다 운동에 매진하여서 최저 성적기준에 도달하는 것이 어려워졌다. 이는 미래의 운동선수가 아닌 다른 길로 가게 되었을 때 다양한 직업을 선택할 수 있는 가능성을 축소시킴으로써 어릴때 부터 운동만 하면 된다는 생각은 굉장히 위험하다. 어릴 때부터 운동을 시작한다고 해서 꼭 운동선수의 길로만 가는 것이 아니기 때문이다.

이를 해결하기 위한 방법은 최저 학력제를 마련하여 기준 미달시에는 선수등록을 하지 못하도록 하는 것이다. 외국의 사례를 보면 최저 성적에 미달되어 훈련소를 떠나는 학생선수들도 있다. 이 방법으로 기본적인 학습력은 기를 수 있다.

또 다른 문제로는 학생선수들의 학과 선택의 자유를 막는 것이다. 운동을 한다고 해서 운동관련 학과로만 진학하는 이유는 아마도 수업을 학교에서 듣는 것 보단 실제 훈련에 더 시간 투자를 하는 편의도 가질 수 있기 때문일 것이다. 학과 선택의 자유를 제한하는 것으로 학생선수들의 학습권이 박탈당하는 것이고 이는 나아가 미래 직업 선택에도 영향을 미친다.

자율적 선택을 통하여 원하는 수업을 들을 수 있도록 하여야하며 학생선수들의 학습권을 보장하기 위하여 지역리그제나 지역분산개

최 또는 대회를 주말이나 방학에 개최함으로써 선수이기 전에 학생으로써의 권리를 보장받을 수 있도록 인식과 제도 전환이 시급하다.

PART 18

●

리포트

대학생활에서 리포트를 빼어 놓고 말할 수 없을 정도로 대학에서 리포트의 중요성은 높다고 하겠다. 시험을 대체하는 과제로 부여하는 것이 리포트다. 리포트는 일종의 소논문이다. 분량은 적지만 형식은 소논문의 형식을 하고 있다. 논문과 같이 서론, 본론, 결론으로 구분하여 쓰는 것이 보통이다. 리포트에는 성격에 따라 여러 유형으로 나눌 수 있다. 실험보고서, 연구보고서, 기록보고서 등이 있다. 리포트는 역시 올바른 인용방법에 의해서 작성되어야 하고 참고문헌에 밝혀주어야 한다.

학생들의 리포트를 읽다보면 인용방법을 잘 알지 못하여 인용 처리를 하지 않은 경우가 많고, 참고문헌을 밝히지 않은 리포트가 있다. 리포트를 잘 써도 마무리가 좋지 않으면 좋은 점수를 받기 어렵다. 모든 리포트는 반드시 인용처리와 참고문헌을 밝혀주는 습관이 되어 있어야 한다. 참고문헌 없이 리포트를 쓰기는 어렵다. 그런데 참고문헌을 밝히지 않고 리포트를 작성하는 것은 스스로 표절을 인정하는 것이 되기에 참고문헌을 밝히는 것을 꼭 해야 한다.

리포트를 통해서 얻을 수 있는 효과는 다음과 같다. 첫째, 학생들의 관심을 확장시키고 연구심을 기르는 효과를 갖는다. 둘째, 강의를 보충하는 효과를 갖는다. 셋째, 학생들의 독서력과 글쓰기 능력을 기른다. 넷째, 자기주장이나 견해를 체계적 논리적으로 전개하는 능력을 키우는 기회를 제공한다. 다섯째, 졸업논문을 작성하는 예비 훈련이 된다.[22]

이러한 다양한 효과를 얻을 수 있는 글쓰기 훈련의 시간을 짜 깁기와 표절로 대충해버리는 것은 문제가 있다. 왜냐하면 자신의 글쓰기 능력을 개발할 시간을 사라지게 하기 때문이다. 조금은 어렵지만 리포트를 자신의 논리력과 표현력을 향상시킬 수 있는 기회라고 생각하고 최선을 다해서 써보는 일이 중요하다. 해보지 않고 잘하기를 바라는 것은 어리석은 일이다. 연습하고 또 연습하는 과정에서 자신이 원하는 글쓰기 능력을 향상 시킬 수 있다. 이하에서 예시로 들어본 논문은 한 대학생의 리포트를 원문 그대로 옮겨보았다. 제목은 <병역혜택과 스포츠>[23]이다.

---

22) 김해식, 2011: 248.

23) 이상헌 sanghun20@nate.com

병역혜택과 스포츠

서론

우리나라의 남자는 일정한 연령이 되면 병역의 의무를 져야하는 징병제이다. 세계유일의 분단국가로써 병역은 징벌의 대상도 아니고 포상의 대상도 아닌 4대 헌법의 의무 중 하나이다. 하지만 일반사람들과 다르게 스포츠 선수들 중 국위 선양이라는 이유로 국민정서를 고려하여 병역혜택을 받는 사례가 있다. 운동선수에게 병역혜택은 굉장히 민감한 부분이다. 군대를 가야하는 나이는 20살부터 30정도까지가 전부인데 이 연령대에 대부분의 스포츠 선수들이 전성기를 경험하고 돈을 벌 수 있기 때문이다. 국내 스포츠 선수들이 병역혜택을 받을 수 있는 경우는 다음과 같다.

> 병역법 시행령 제 49조(예술·체육요원의 공익 근무 요원 추천 등)
> ① 법 제26조 제 2항의 규정에서 "대통령령이 정하는 예술·체육 분야의 특기를 가진 사람"이라 함은 각호의 1에 해당하는 사람을 말한다. 1. 병무청장이 정하는 국제예술경연대회에서 2위 이상으로 입상한 사람. 2. 병무청장이 정하는 국내예술경연대회에서 1위로 입상한 사람. 3. 「문화재보호법」 제5조의 규정에 의한 중요무형문화재로 지정된 분야에서 5년 이상 중요무형문화재 전수교육을 받은 사람으로서 병무청장이 정하는 분야의 자격을 얻은 사람. 4. 올림픽대회에서 3위 이상으로 입상한 사람. 5. 아시아경기대회에서 1위로 입상한 사람

위의 내용에 적용된 선수는 법에 의해서 병역혜택을 받을 수 있다. 스포츠 선수에 대한 병역혜택은 꾸준히 논란이 되고 있다. 내용에서도 볼 수 있듯이 선수 개인의 성적에 의해서 법이 적용된다. 이러한 현실은 스포츠 선수들에게 승리, 기록, 결과 등의 결과 중심의 승리지상주의의 이유가 될 수 있으며 스포츠의 본질인 예술로써의 스포츠 그 자체의 몰입과 자기 주도적인 신체활동을 찾을 수 없게 되는 이유가 될 수 있다.

스포츠란 1등을 하지 못해도 즐거울 수 있고, 좋은 기록을 내지 못해도 즐거울 수 있고, 결과가 나빠도 즐거울 수 있어야 하는데 우리나라의 현실과 그 병역혜택의 기준이 운동선수들에게 스포츠의 본질을 잊게 만들고 있다. 이는 단순히 스포츠 본질의 중요성을 잃는 것을 뛰어넘어 사회 전반에 걸친 많은 이슈와 문제를 만들고 있다. 병역혜택으로 인한 그 혜택과 선수들의 스포츠에 대한 마음가짐 및 태도가 어떤 관계가 있는지 알아보겠다.

더 나아가 글의 주제인 병역혜택에 대해 선수들이 영향을 받고 있는지 국내 최고의 인기 스포츠인 축구선수들의 사례를 통해 살펴보고 올바른 방향은 어떠한 것인지 알아보고 생각해 보고자 한다.

본론

서론에서 언급했듯이 "병역혜택" 이라는 그 자체가 승리지상주의의 결과중심주의로 선수들을 유도해서 갖가지 이슈와 문제를 만들고 스포츠의 본질을 해하고 있다고 생각하고 있다. 과거 2002년 한·일 월드컵에서 우리나라는 4강에 오르는 좋은 성적을 거뒀고, 좋은 성적을 보상으로 선수들은 병역혜택을 제공 받았다. 당시 수많은 선수들이 혜택을 받았고 그 중심에는 박지성, 이영표 등이 있다. 이 선수들은 병역혜택을 등에 업고 유럽에 진출 했고 병역혜택을 받아 선수생활 전성기를 유럽에서 선진 축구를 경험했다.

또 하나의 다른 예가 있다. 2006년 WBC에서 대표팀 선수들에게 병역혜택이 제공 되었다. 이 두 사례는 스포츠의 목적은 결국 좋은 성적과 결과만이 가장 중요한 점이라는 것을 직·간접적으로 제시하고 있다. 설령 4강에 진출하지 못했다 하더라도 국민들에게 감동을 주었고 최선을 다한 모습을 보여줬다면 그 혜택이 과연 4강이라는 호성적과 다른 결과였을지 의문이다.

다른 나라 선수들에게 대륙별 스포츠 대회는 나라를 대표하는 자랑스럽고 위대한 자신의 선수경력과 수많은 의미를 가지고 있을 것이다. 그 나라의 문화와 성격을 가지고 있지는 않지만 경기를 하는 선수들과 결과에 상관없이 응원해주는 모습에 깊은 감동을 받는다. 올림픽에서 스포츠 약체인 몽골선수에게 느끼는 진한 감동은 사람들에게 많은 깨달음을 알려준다.

반면에 우리나라의 경우는 금메달 즉, 성적에 굉장히 민감하다. 이는 병역혜택과 연관이 깊다고 주장하고 싶다. 올림픽과 아시안게임의 성적에 의한 병역혜택과 관련된 그 스트레스와 성적에 대한 압박감은 말할 필요도 없이 엄청나다. 자신의 플레이를 다 못할 상황까지 올 것이다. 종목에 따라 병역혜택의 문제점도 존재한다.

법에 명시 되어 있듯이 올림픽 3위와 아시안게임 1위가 병역혜택의 적용 범위인데, 이 병역법은 겉으로 보기에는 굉장히 공평해 보인다. 이유는 세계 최대 규모의 스포츠 대회인 올림픽을 기본으로 삼아서 금, 은, 동이라는 객관적이고 명확한 평가기준이 존재하기 때문이다. 좋은 성적은 누구에게나 인정받을 수 있고 병역혜택이 주어지는 것에 마땅하다고 본다. 그러나 사실은 종목에 따라 선수들에게는 너무나도 가혹한 방식이다.

스포츠 종목에 있어서 그 수준과 기준이 너무나도 다르다. 유도와 태권도, 양궁 같은 경우 개인이 하는 스포츠 이고 우리나라는 상대적으로 강국이다. 따라서 개인의 노력으로 잘한다면 언제든 메달을 딸 수 있고 병역혜택을 받을 수 있다. 반면에 축구나 농구, 야구 등은 개개인이 하는 스포츠가 아니다. 팀플레이 스포츠는 모두가 잘해야 하는 스포츠이다. 더군다나 참여하는 나라의 숫자가 너무 많다. 이는 좋은 성적을 내기 어려운 것을 뜻하며 선수들은 성적에 대한 압박감, 병역에 의한 미래의 불명확함으로 심리적으로 흔들릴 수밖에 없고 스포츠의 본질에 다가서기 어렵다. 스포츠는 방식도 모두 다르고, 처해 있는 수준과 상황이 다르다.

병역과 관련해 스포츠 전반에 걸친 많은 문제와 이슈들이 있다. 그 사례는 다음과 같다.

사례1. K리그 승부조작

김동현, 승부조작 이어 부녀자 납치 '끝없는 추락'
축구 국가대표 출신 김동현(28)이 끝없는 추락을 하고 있다. 김동현은 지난해 프로축구 승부조작 사건으로 곤혹을 치른데 이어 이번에는 부녀자 납치 및 강도 혐의로 구속돼 충격을 던져주고 있다. 작년 9월 프로축구 승부조작 사건을 수사했던 창원지검은 예상을 깨고 김동현을 '단순가담자'가 아닌'몸통'으로 지목했다. 검찰은 "김동현이 15개 경기 중 8개 경기의 승부조작을 주도해 대가를 챙겼고 직접 복권까지 구매해 4억원 상당의 배당금을 챙겼다"며 징역 3년에 집행유예 5년 추징금 3,000만원을 선고했다. 이후 대다수 팬들은 김동현이 자숙의 시간을 갖고 있을 것으로 짐작했다. 그러나 김동현은 다시한번 실망스런 모습을 보였다. 전직 야구선수 윤찬수(26)와 짜고 부녀자를 납치하려다 붙잡혀 구속된 것. 29일 서울 강남경찰서는 "지난 26일 새벽 2시 20분께 서울 강남구 청담동의 한 빌라 주차장에서 귀가하던 부녀자 박씨(45)를 차량에 납치해 달아난 혐의로 김동현과 윤찬수를 구속했다"고 밝혔다. 경찰에 따르면 이들은 범행 전날 저녁 청담동의 극장 앞에서 시동이 켜져 있던 승용차를 훔쳐 타고 강남 일대를 4시간 동안 돌아다니다가 박 씨가 혼자 벤츠 승용차를 운전하는 것을 보고 표적으로 삼아 납치했다. 그러나 박 씨는 차가 속도를 늦춘 틈에 탈출, 지나가던 택시를 타고 뒤쫓으면서 택시에 타고 있던 여성 승객에게 112신고를 요청했다. 박 씨가 탈출하자 김 씨 등은 차를 버리고 달아났지만 신고를 받은 경찰은 즉시 출동해 주변 거점에서 검문검색 실시, 20여분 만에 현장에서 300m 떨어진 곳에서 이들을 차례로 붙잡았다. 상무 선수 시절 만난 이들은 경찰에서 사업을 하려 거액을 빌렸으나 이자를 갚지 못해 이번 범행을 저질렀다고 진술한 것으로 전해졌다. 한편 프로축구 승부조작에 가담해 실망을 안겼던 국가대표 출신 김동현이 부녀자 납치라는 범행까지 저지르자 팬들은 씁쓸한 마음을 감추지 못하고 있다.

이 기사는 승부조작으로 인한 사회적 물의와 그 실태의 현장이다. 작년 K리그에 한바탕 소동이 일어났다. 승부조작이 발각된 것이다. 승부조작과 병역혜택이 무슨 관계가 있겠느냐 라는 반응이 있겠지만 근본적인 이유를 살펴보면 깊은 연관이 있다고 생각한다. 그 첫 번째 이유로 승부조작의 중심인물들로 상주상무의 선수들이다. 김동현, 최성국이 그 주요 인물이다.

이 선수들은 유소년 시절부터 호흡을 맞춰온 단짝콤비로 올림픽에 참여했으나 그 성적을 이루지 못했다. 앞서 언급했듯이 선수들에게 20~30

은 전성기이자 자신의 직업상 가장 금전적으로 활발할 시기이다. 하지만 이들은 올림픽에서 금메달을 따지 못했고 월급 10만원의 상주상무에 입대한다. 축구를 계속 할 수는 있으나 이들에게 직업으로 인한 금전적 보상은 이뤄지지 못한 것이다. 결국 이 둘은 승부조작의 주범으로 활동하고 상주상무는 그들의 의도대로 보기 좋게 패배를 했다.

병역으로 인해서 승부조작의 이유가 시작되었고 선수들은 결국 영구 제명을 당했다. 김동현 선수는 최근 납치라는 충격적인 결말까지 보여주었다. 만약 이들에게 병역혜택이 제공되었다면? 개인적으로 이런 일은 벌어지지 않았으리라 생각한다. 나라를 대표하는 선수에서 스포츠의 본질을 망각 한 채 벌인 승부조작 사건까지 그들에게 병역은 치명적이었다.

사례2. 박주영 병역 연기

박주영 "병역의무 이행..올림픽 뛰고 싶다"

"병역 의무는 반드시 이행하겠다. 그리고 런던 올림픽에 꼭 나가고 싶다." 모나코 장기 체류 자격 취득으로 병역 논란에 휩싸였던 박주영(27)이 자신의 입장을 명확하게 했다. 박주영은 13일 오전 서울 신문로 축구회관 1층 로비에서 진행된 기자회견에서 "병역 연기일 뿐, 병역 의무나 회피는 절대 아니며 반드시 신성한 병역 의무를 다할 것"이라고 입장을 분명히 했다. 또 박주영은 올림픽 대표팀 선수들과 함께 하고 뛰었던 추억이 행복했다며 올림픽에서 다시 뛰고 싶다는 생각도 밝혔다. 박주영은 모나코 장기체류 자격 취득에 대해 "모나코에서 3년 동안 생활하면서 선진 축구를 많이 배웠고 더 많이 배워 국위 선양하고 싶었다"며 "법률 검토하는 과정에서 장기 체류 자격 취득으로 병역 연기가 가능하다는 것을 알았고 지난해 8월 9일자로 허가를 받았다"고 말했다. 이어 "병역 연기 요청한 것은 절대 이민이나 병역 면제를 받기 위함이 아니다"며 "이미 병무청과 언론을 통해 반드시 병역의 의무를 다하겠다는 말을 했다. 그렇기 때문에 지금 내가 할 수 있는 것은 병역을 충실히 이행하는 것을 보여드리는 것 밖에 없다고 생각했다"고 밝혔다. 또 영국에서 돌아온 후 최강희 한국 축구대표팀 감독이 기자회견을 하라고 충고했음에도 이를 거절한 것에 대해 박주영은 "개인적인 입장이 정리도 되지 않은 상황에서 대표팀에 불러달라는 기자회견을 한다는 것이 쉽지 않았다"며 "대표로 선발되고 말고는 감독의 결정 권한인데 나서서 불러달라는 식의 기자회견을 한다는 것은 감독에게 부담을 줄까 두려웠다. 하지만 감독 요청에도 응하지 않은 것은 내가 부족해 생긴 잘못이다"고 전했다. 여기에 박주영은 "병역 연기로 인해 신성하게 국방의 의무를 다하고 있을 장병을 비롯해 대한민국 국민 모든 분들께 죄송하다"며 "반드시 대한민국 국민으로서 신성한 병역 의무를 다할 것"이라고 강조했다. 한편, 박주영은 올림픽에서 뛰고 싶다는 입장도 함께 정리했다. 박주영은 "축구 선수로 뛰면서 지금까지 있었던 모든 경기가 생각났다. 특히 올림픽 대표팀에서 아름다웠던 기억이 있다"며 "승패를 떠나서 경기장에 있는 것 자체가 행복했고 올림픽 선수들과 함께 했던 추억들도 행복했다. 가장 행복할 수 있는 그런 경기를 다시 할 수 있다면 가장 행복할 수 있고 다른 분들께도 행복을 줄 수 있지 않을까 생각한다"고 말해 올림픽 대표팀에 들고 싶다는 생각을 분명히 했다. 한편, 기자회견에 동석한 홍명보 올림픽 대표팀 감독은 "지난 7일 시리아전을 마치고 박주영과 만나서 얘기했고 올림픽 대표팀뿐만 아니라 전체적인 것에 대해 허심탄회하게 마음을 열었다"며 "이번 결정은 박주영을 설득해서라기보다 박주영 본인이 직접 한 것이다. 어렵고 힘든 결정이라는 것을 잘 알며 이 때문에 박주영에게 고맙다"고 말문을 열었다. 또 홍 감독은 "팀을 위한 감독, 선수를 위한 감독이 되자는 것이 내 지도 철학이다. 선수가 필드 안팎에서 어려움을 겪고 있을 때 선수들과 함께 하고 싶다"며 "이 자리도 팀을 위한 자리이기 때문에 염치 불구하고 기자회견에 참석했다. 이번 문제는 선수 스스로 풀어야 할 문제여서 옆에서 용기를 줬고 축구 선배, 올림픽 대표팀 감독 입장에서 내 몫이라고 생각했기에 기자회견에 함께 나왔다"고 설명해 올림픽 대표팀에 와일드카드로 활용할 것임을 시사했다.

이 기사는 최근 병역법을 교묘하게 이용한 박주영 선수의 최근 인터뷰와 관련된 기사이다. 2010년 베이징 올림픽이 생각난다. 병역법에서는 아시안게임 1위가 병역혜택의 기준이다. 박주영 선수는 당시 와일드카드로 출전하였지만 이란에게 이기며 3위에 그친다. 당연히 법에 의거하여 병역혜택 기준이 적용되지 못했다. 이후 박주영선수는 소속팀 AS모나코에서 선수생활을 계속했고 장기체류자로 소속국가 영주권 소유를 통해 이민 준비기간을 통해 병역을 연기했다.

박주영 선수에게 병역은 운동선수로써 치명적이었던 것이다. 그가 2010년 올림픽에 참가하기 앞서 인터뷰했던 내용이 생각난다. 병역혜택을 바라고 대회에 참여한 것이아니라고 언급했었다. 과연 그랬을까 라는 의문이 생긴다. 분명 병역혜택은 운동선수에게 큰 선물이고 보상이자 박지성 선수처럼 선수경력에 있어서 더 큰 무대로 나갈 수 있는 발판이다. 병역은 선수들에게 기피대상이라는 것이 다음과 같은 사례에서 직·간접적으로 증명이 되었다고 볼 수 있다.

박주영 선수는 어쨌든 병역을 36세까지 연기한 최초의 경우가 되었고 형평성에 논란에 종지부를 찍었다고 볼 수 있다. 기록과 결과에 치우칠 수밖에 없는 구조, 병역혜택은 선수들에게 집착과 아집을 만들었다.

김동현, 박주영 선수의 사례처럼 병역은 스포츠 선수들에게 심리적, 정신적 고통을 주고 있다. 선수들이 스포츠의 본질을 즐길 수 없게 만드는 현재 우리나라의 현실이 결과중심주의, 승리중심주의로 이어지게 된 것이다.

결론

지금까지 병역과 스포츠의 문제점을 사례를 통해 짚어 보았다. 박주영 선수가 인터뷰에서 말하듯이 올림픽에 참여가 단순 병역의 문제가 아니라고 하는데 사실은 그렇지 못하다. 축구와 농구, 야구 등의 단체 스포츠에서 선수 구성의 100%가 병역을 이행하지 못한 선수들이였다. 스포츠의 본질을 병역으로 인한 심적압박과 스트레스로 알 수 없었고 승리지상주의에 길들여 질 수밖에 없는 구조로 이어져 왔던 것이다. 그렇다면 이 같은 현실에서 병역에 대한 스포츠 선수들의 올바른 자세와 사회적인 대책은 어떠한 것이 있는지 제시해 보고자 한다.

일단 병역은 피할 수 없다. 스포츠 선수들에게는 안타깝지만 어쩔 수 없다. 스포츠 하는 것도 놀이라는 생각을 가져야 할 것이다. 병역혜택을 받는 선수는 일부에 불과하다. 놀이정신이 함양되야 스포츠 본질의 목적에 다가설 수 있을 것이며 병역에 의한 승리지상주의에서 조금 더 자유로워 질 수 있을 거라 생각한다. 이런 정신을 강조하고 주입시키기 위해서 선수들에게 첫째로, 도덕적 자율성을 강화해야 한다. 승부조작의 피해처럼 병역과 선수 개인의 목적이 이용되어서는 안 된다. 선수들에게 선수로써의 도덕적 양심을 지키게 하는 인성교육과 더불어 제도적, 안정적 경제생활 환경구축이 필요하다.

둘째로 스포츠 병역혜택에 관한 법이 다시 한 번 신중하게 다뤄져야 할 필요가 있다고 본다. 앞서 말한 것처럼 스포츠는 방식도 모두 다르다. 각각 종목에 따라 맞춤형 병역혜택이 필요하다. 종목에 따라 유연한 법의 적용이 선수들에게 그 부담을 덜게 해줄 수 있을 것이다. 간간히 언급되는 누적점수제 정도가 좋은 방법인 것 같다.

하지만 병역으로 인한 문제들과 그 이슈들에 관한 어떠한 답변과 대책도 모든 운동선수를 충족해 주지 못하고 스포츠 본질의 아름다움에 다가서게 하진 못할 것이다. 결국 중요한 점은 어떠한 방식이든 스포츠 선수들의 병역혜택에 대한 간론을박의 논란이 불거질 수밖에 없지만 실상 이론적인 데이터를 필두로 적용할 수도 없는 것이 사실이다. 그들을 바라보는 우리들도 성숙된 자세로 대표급 선수들의 병역혜택을 일정 부분 인정해야 하고 지지해 줘야한다. 물론 선수들이 병역의 의무를 다하면서도 스포츠의 재미와 본질을 알 수 있겠지만 사례의 내용처럼 사실은 그렇지 못하다.

그들에게 중요한 것은 자신의 미래와 가치이다. 병역 혜택은 아마 시대가 바뀌면서 제도적 정착을 만들기 위해 노력할 것이고 이에 따른 많은 논란은 점점 커질 것이다. 그러나 무엇보다 선수와 응원하는 팬들 미디어가 힘을 합쳐 성숙된 병역에 대한 인식을 정립하고 거시적으로 바라보는 습성을 갖는 것이 최우선이 될 듯하다.

마지막으로 스포츠의 그 본질은 예술에 근거한다고 생각한다. 그 예술이 우리에게는 건강을 주기도 하고 기쁨을 주기도 하고 슬픔을 주기도 한다. 다루어진 내용은 스포츠 그 자체의 문제기 보다 외적인 요소로 인한 본질의 악화를 애기하고 있다. 따라서 스포츠 본질을 해하지 않는 범위에서 제도적인 요소와 주변의 올바른 자세가 이루어져서 승부조작과 박주영선수의 병역연기 사례 등의 문제와 이슈가 생기지 않았으면 하고, 베이징 올림픽에서 금메달을 따내며 병역혜택을 받았던 추신수 선수가 병역혜택을 생각했다면 금메달이라는 성적을 내지 못했을 것이라는 말처럼 병역혜택과 관련하여 선수들이 승리에 대한 압박감과 스트레스를 받지 않고 스포츠를 즐겨 주었으면 한다.

참고문헌

강순전(2009). 효과적인 철학, 논술, 윤리교육을 위한 학습자 중심의 수업 모델 연구(1): 말하기 듣기 형식의 방법을 중심으로. 철학연구. 87, 313－338.

강순전(2010). 효과적인 철학, 논술, 윤리교육을 위한 학습자 중심의 수업 모델 연구(2): 읽기 및 글쓰기 형식의 방법을 중심으로. 철학연구. 88, 307－335.

강신복(2003). 학원스포츠의 현실과 개선방안. 새교육 6월호. 한국교육신문사.

강영욱(2007). 고통. 우리말 철학사전. 서울: 지식산업사.

강준만(2005). 대학생 글쓰기 특강. 서울: 인물과 사상사.

고려대학교 대학국어편찬실(1994). 언어와 표현. 서울: 고려대학교 출판부.

권영택(1997). 다문화시대의 글쓰기. 서울: 문예출판사.

김광수(2006). 철학과 논술. 철학논총. 42(1), 393－414.

김동규(2002). 체육학에 있어서 인문학 연구의 자생적 패러다임. 움직임의 철학: 한국체육철학회지. 10(2), 173－191.

김영민(1996). 탈 식민성과 우리 인문학의 글쓰기. 서울: 민음사.

김영민(1998). 손가락으로, 손가락에서: 글쓰기(와)철학. 서울: 민음사.

김영정외(2003). 비판적 사고와 학술적 글쓰기. 서울: 서울대학교 교수학습센터 글쓰기교실.

김용석(2006). 영화텍스트와 철학적 글쓰기. 대동철학. 42(1), 415－478.

김용옥 역(1989). 老子: 길과 얻음. 서울: 통나무.

김용옥(1990). 태권도철학의 구성원리. 서울: 통나무

김용옥(1995). 동양학 어떻게 할 것인가. 서울: 통나무.

김정근 편(1990). 학술연구에서 글쓰기의 혁신은 가능한가. 서울: 민음사.

김정명(1995). 진정한 체육학과 그 방법론. 한국체육학회보. 재62호.

김정명(1997). 체육학의 정체성과 그 방법론에 관한 초 방법론적 고찰. 한

국체육학회지. 36(4).

김정훈 역(2005). 네 멋대로 써라. 서울: 삼인.

김충렬(1995). 김충렬교수의 노장철학 강의. 서울: 예문서원.

김희정, 박은진(2008). 비판적 사고를 위한 논리. 서울: 아카넷.

대학국어편찬실(1994). 언어와 표현. 서울: 고려대학교 출판부.

박구용(2007). 교육과 논술, 그리고 현대사회. 철학연구. 101, 71－98.

박기동(1997). 강원도민의 체험: 황영조 읽기. 강원사회의 이해. 서울: 나남.

박기동(1997). 토론 수업을 위한 교수－학습 모형의 탐색. 강원대체육과학 연구소 논문집. 제21호.

박기동(1998). <몸>의 교육학: 글쓰기로 가로지르기. 강원대 체육과학연구 소 논문집. 제21호.

박기동(2004). 체육과학도를 위한 글쓰기. 움직임의 철학: 한국체육철학회 지. 36(4), 38－56.

박기동(2006). 체육학 분야에서 새로운 글쓰기는 가능한가? 움직임의 철학: 한국체육철학회지. 14(4), 169－182.

박동규(1997). 글쓰기를 두려워 말라. 서울: 문학사상사.

박원재(1996). 도가의 이상적 인간상에 대한 연구. 미간행 박사학위논문, 고 려대학교 대학원.

박정하(2003). 인문교육의 근본: 글쓰기 교육의 이론과 실제. 철학윤리교육 연구. 19, 115－128.

박정하(2007). 논술교육의 주체는 누구인가. 시대와 철학. 18(3), 521－550.

박청미(2009). 공부의 의미 탐색: 퇴계의 공부론에 나타난 즐거움을 중심으 로. 교육철학. 44(6), 61－79.

박희병 역(1997). 선인들의 공부법. 서울: 창작과 비평사.

배석원(2007). 대학 철학교육과 논술교육인증제. 철학윤리교육연구. 23(3), 3－18.

배성복(2004). 문장기술. 서울: 랜덤하우스중앙.

서기원(2001). "황제 펠레와 악동 마라도나." 조선일보. 1월 4일자. 31면.

서장원(2007). 글쓰기로 체육활동 내면화하기: 하나로 수업모형의 초등체육 교육 적용. 한국스포츠교육학회지. 14(3), 89－105.

서장원(2008). 초등체육수업에서의 글쓰기 유형 및 적용 사례. 한국스포츠교육학회지. 15(4), 87－106.

서정혁(2008). 비판적 읽기와 논술교육. 독서연구. 20, 233－264.

석주연(2005). 학술적 글쓰기의 평가에 대한 일고찰. 어문연구. 33(1), 493
－520.

소흥렬(2009). 철학적 수채화. 서울: 서광사.

손병홍(1998). 기초논리학. 서울: 현실과 미래.

손철성(2007). 논술을 위한 토론수업의 운영방안. 윤리교육연구. 13, 241－
260.

송숙희(2005). 돈이 되는 글쓰기. 서울: 21세기북스.

신경림·안규남 역(1994). 체험연구: 해석학적 현상학의 인간과학 연구방법
론. 서울: 동녘.

심보경(2006). 대학생의 글쓰기 실태조사와 효율적인 지도방안 연구. 국어
교육연구. 39, 31－50.

아시아투데이. 2012년 5월 30일자.

오진탁 역(1990). 감산의 노자풀이. 서울: 서광사.

오진탁 역(1990). 감산의 장자풀이. 서울: 서광사.

오진탁(1987). 장자의 도를 통해서 바라보는 기술문명. 『현대의 위기 동양
철학의 모색』. 서울: 예문서원.

윤상철(2007). 철학수업을 위한 방법으로서의 논술교육. 철학윤리교육연구.
23(3), 149－163.

이광모(2007). 대학 교양교육으로서 토론과 글쓰기의 의미와 방향. 동서철
학연구. 44, 35－50.

이성용(1999). 사회과학자의 글쓰기. 서울: 일신사.

이왕주(1998). 철학살이 철학풀이. 서울: 문예출판사.

이재훈(2008). 논술교육의 기초로서의 비판적 사고. 초등도덕교육. 27, 5－
24.

이정우(1997). 가로지르기: 문화적 모순과 반 담론. 서울: 민음사.

이진수(1999). 체육에서의 몸 닦기. 서울대학교 체육연구소논문집. 19(2).

이학준(1999). 체육학의 참된 글쓰기. 한국사회체육학회 학술대회. 계명대
학교.

이학준(2003). 체육의 공부론: 기의 습득과 도의 체득. 한국체육학회지.

42(4).

이학준(2006). 체육학 글쓰기. 서울: 북스힐.

이학준(2009). 인문체육학의 시선. 서울: 북스힐.

이학준(2011). 체육교과 논리 및 논술교육의 쟁점과 방향, 한국체육학회지. 50(6).

이학준(2012). 수행으로써 체육학 글쓰기. 스포츠인류학연구. 7(1).

이학준(2012). 영화로 배우는 스포츠철학수업의 가능성과 과제. 움직임의 철학: 한국체육철학회지. 20(2).

이학준, 신현군(2002). 체육의 참된 글쓰기: 서사적 글쓰기와 사람됨의 지향. 움직임의 철학: 한국체육철학회지. 10(2), 159－172.

임수무(1997). 장자의 공부론. 동서철학. 제29집.

임수무(2002). 공부(工夫). 제397회 목요철학세미나 자료.

임재춘(2004). 한국의 이공계는 글쓰기가 두렵다. 서울: 마이너.

정희모·이재성(2005). 글쓰기의 전략. 서울: 들녘.

조혜정(1996). 탈식민지 시대 지식인의 글 읽기와 삶 읽기 1. 서울: 또 하나의 문화.

채석용(2011). 논증하는 글쓰기의 기술. 서울: 소울 메이트.

최원준, 김진희(2009). 체육과 논술교육의 현황과 지향. 중등교육연구. 57(3), 191－209.

최의창 역(2001). 존 우든: 부드러운 것보다 강한 것은 없다. 서울: 대한미디어.

최의창(2000). 배거밴스의 전설. 서울: 두리미디어.

최의창(2001). 읽는 스포츠의 매혹: 서사적 글 읽기를 통한 스포츠이해. 체육과학연구, 12(3).

최의창(2002). 인문적 체육교육. 서울: 무지개사.

최의창(2002). 체육의 역연금술(2판). 서울: 태근.

최의창(2010). 가지 않는 길: 인문적으로 체육보기. 서울: 레인보우북스.

탁석산(2001). 오류를 알면 논리가 보인다. 서울: 책세상.

탁석산(2005). 탁석산의 글쓰기 1, 2, 3. 서울: 김영사.

하병학(2005). 기초학문으로서 비판적 사고의 개선방향. 범한철학. 38, 47－69.

한국출판마케팅연구소(2005). 글쓰기의 힘. 서울: 한국출판마케팅연구소.

한귀은(2007a). 영화를 경유하는 논술교육. 배달말. 41, 367－389.

한귀은(2007b). 소통과 자율을 위한 논술교육. 어문학 97, 419－445.

한상기(2007). 비판적 사고와 논리. 서울: 서광사.

황소웅(2005). 바른 글 좋은 글. 서울: 랜덤하우스중앙.

후지사와 고지(2004). 문장의 기술. 연주미 역. 서울: 예솜출판.

http://cafe.daum.net/SPiL

http://www.sookmyung.ac.ke/8001

Behrmen, Edward H(2004). Writing in the physical education class. Journal of physical education, Recreation & dance. 75(08), 22－32,

http://philos.re.kr/ragwon

Temizkan, Mehmet(2011). The effect of creative writing activities on the story writing skill. Education Science: theory and practice. 11(2), 933－938.

Van Mannen, John(1988). Tales of the Field: On Wright Ethnography. Chicago and London: The University of Chicago Press.

한국체육학회지 논문 투고 규정

일반규정

1. 본 학회지는 체육학에 관련된 독창성과 실효성이 있는 논문을 그 내용으로 한다.
   1) 원저(Regular paper): 독창적인 연구로서 그 자체가 독립적으로 가치 있는 결론 또는 사실을 포함한 것이다.
   2) 단신(Note): 어떤 한정된 부분의 발견이나 새로운 실험방법 등과 같이 원저논문으로 정리 할 수 없지만 발표할 가치가 있는 것이다.
   3) 총설(Review): 체육학에 관련되는 제 분야의 총설을 게재한다. 철저한 문헌조사를 통한 어떤 특정분야의 최신 연구동향이나 현재까지의 지식에 대한 비판적인 것을 우선적으로 채택한다.

2. 본 학회지에 게재하는 논문은 다른 학술지에 발표되지 않은 것을 원칙으로 한다.

3. 투고자는 공동연구를 포함하여 모두 본회 회원을 원칙으로 한다.

4. 편집위원회에서 채택여부가 결정될 때까지는 다른 간행물에 투고하지 않아야 한다.

5. 본 학회지는 매년 6회(1, 3, 5, 7, 9, 11월 말일) 간행하는 것을 원칙으로 한다.

6. 인문·사회과학편/자연과학편으로 나누어 간행한다.

7. 논문 투고는 매년 9, 11, 1, 3, 5, 7월 말일에 마감한다.

8. 본 학회지는 책자로 제작하는 것을 원칙으로 한다.

9. 논문투고 시에는 연구자 점검표를 반드시 작성 제출하여야 한다.

원고작성규정

연구 논문(**양적, 질적 연구**)의 원고작성 체제 범례
- 논제(국문)
- 저자(소속)(국문)
- 논제(영문)
- 저자(영문)
- Abstract(영문초록 본문)
- 국문초록본문
- Key words
- 교신저자 E-mail
- **서론**
  1. 제목
  1) 제목
- **연구방법**
  1. 제목
  1) 제목
- **결과**
  1. 제목
  1) 제목
- **논의**
- **결론 및 제언**
- **참고문헌**

단, 문헌연구 형식의 논문일 경우 서론과 결론 및 제언 부분의 형식은 갖추고 나머지 부분의 체제는 논문주제와 방법의 특성에 적절하게 선택 할 수 있다.

---

1. 논문의 작성은 다음 체제에 준한다.

   1) 논문 표제, 영문초록, 국문초록, key words, 본문, 참고문헌 순으로 구성한다.

   - 연구자 소속기관 표시

     ① 단독연구: 홍길동(동해학교)

     ② 공동연구: 홍길동(동해학교)·임꺽정(서해학교), 홍길동·장보고(동해학교)

2) 논문의 부제는 순차적인 일련번호에 따라 표기한다.

```
<예시>
    1 → 1) → (1) → ① ……
```

3) 이론적 배경(혹은 관련 연구)은 간결하게 분석 요약하여 서론 부분에
   포함시킨다.
4) 결과는 결과(분석) 및 논의로 결론은 결론 및 제언 등으로 쓸 수 있다.

2. 원고의 서식은 횡서로 하여 국문으로 작성하는 것을 원칙으로 하되 부득
   이하게 외국어를 사용할 경우에는 (   )를 이용하여 표기한다.

3. 원고 편집과 분량은 한국체육학회지 편집양식에 준하여 10매 이내를 원
   칙으로 한다.

4. 원고는 반드시 워드프로세서(아래 한글 2004)로 작성하여 제출한다. 제출
   된 원고는 반환하지 않는다.

5. 원고에는 영어·한글 초록을 첨부하여야 하며, 영어 한글 초록은 첫 페이
   지 1매를 초과할 수 없으며, 국문 영문초록에서는 문단을 구성하지 않는
   다. 영문 국문 초록의 분량은 편집양식 기준으로 첫 페이지에 여백 없이
   구성한다.

6. 본문에서는 가급적 외래어 표기를 피하고, 원어를 사용 할 경우에는 우리
   말 의미를 덧붙이도록 한다.

7. Key words 는 소문자로 표기하되 고유 명칭은 첫 글자를 대문자로 쓸 수
   있다.

8. 교신저자 E-mail를 표기한다.

그림 및 표 작성

1. 그림은 인쇄용 원고로 직접 사용할 수 있도록 선명하게 작성해서 첨부한
   다.

2. 표와 그림의 제목은 한글로 작성한다.

3. 표 및 그림 제목의 번호는 본문에서 설명을 할 경우 <표 1>, <그림 1>로

괄호를 사용해서 표기하고, 표와 그림에서는 표 1. 그림 1.과 같이 괄호 없이 표기한다.

4. 모든 표는 반드시 가로 선으로만 작성한다. 단, 특별한 의미를 나타낼 필요가 있는 경우에는 세로선도 사용할 수 있다.

5. 표의 제목은 표의 상단 왼쪽에, 그림의 제목은 그림 하단 중앙에 표기한다.

6. 표 및 그림이 인용된 자료일 경우 표, 그림의 하단 왼쪽에 참고문헌 형식을 제시한다.

7. 표 및 그림에 필요한 단위는 반드시 상단 오른쪽 끝에 원어로 표기한다.

수학 및 통계기호

1. 논문 작성에 사용한 원 자료(raw data)는 논문이 출간된 이후 최소한 3년간 보관하는 것이 일반적인 관례이므로 본 학회에 제출한 논문 자료도 최소한 3년간 보관해야 한다.

2. 일반적으로 사용되는 통계치에 대한 공식 등은 논문내용에서 설명하지 않는다.

3. 통계 또는 수학식이 새로운 것이거나 꼭 필요한 경우에는 논문에 제시한다.

4. 논문에서 추리 통계치를 제시할 때는 통계치 기호와 함께 자유도, 통계치 그리고 유의수준을 같이 제시한다(이때 유의수준의 소수점 앞에는 0을 쓰지 않는다($p < .001$).

5. 피험자의 수를 나타낼 경우 전집일 경우 N으로, 표본대상일 경우 소문자 n을 사용한다.

6. 수식과 단위는 다음 표기에 따른다.

서체 및 숫자

1. 통계 부호, 또는 수학의 변수로 사용된 문자는 이탤릭체로 작성한다. <F

검증 Z점수 t test F(1.53) = 10.03>

2. 화학 용어, 삼각함수 용어, 그리스 문자, 약어로 쓰인 문자 등은 이탤릭체를 사용하지 않는다.

3. 일반적으로 본문 중의 10이하의 수는 글자로 표시한다. 1,000이상의 숫자는 아라비아 숫자를 사용하고 10이하의 수는 글자로 표시한다. 1,000이상의 숫자에서는 세 자리씩 쉼표로 구분한다.

문헌이용

본문에서 문헌을 이용할 때 한국인은 성과 이름 전부를, 외국인은 성(family name)을 발행 연도와 함께 괄호 속에 표시한다.

- 다른 저자의 책·출간된 연구물에서 인용된 자료, 검사 항목에서 따온 자료 그리고 피험자에 대한 언어적 지식 사항 등은 문자 그대로 표기한다.
- 짧은 인용(40단어 이하)은 본문 속에 포함시키고 직접 인용 부호(" ")로 인용문을 표시한다. 40단어 이상의 인용문은 본문과 별도로 적고 인용부호는 생략한다. 별도로 인용문을 기술할 때는 문단을 바꾸고 왼쪽, 오른쪽을 각각 5자씩 들여 쓴다.
- 인용을 할 때 본문에는 저자, 연도 그리고 페이지만 표기하고 참고문헌에 완전한 출처를 제시한다.
- 저자가 단체일 경우 처음 인용 때는 단체명을 모두 쓰고 그 이후부터는 약어로 표기한다.

1. 저자가 1명 또는 2인인 경우는 본문 내에 인용될 때마다 모두를 표기한다.

<예시>
홍길동 및 홍춘희(2001)는---
Affonso & Lee(2001)는 ---

2. 저자가 3인 이상인 6인 까지 경우 첫 인용에는 한국인은 성과 이름 전부, 외국인인 경우 성(family name)을 전부 표기하고, 같은 문헌이 반복 인용

될 때, 한국인은 첫 저자의 이름 전부와 등(等), 외국인은 성과 등(et al.), 연도를 표기한다.

<예시>

Hospitalized Stress (Volicer, K. A. 2001; Volicer, M. Y. 2001)

둘 이상의 논문이 같은 성을 가진 저자: 외국인의 경우 같은 성의 저자에 의해 같은 연도에 게재된 것이면 혼란을 막기 위해 성과 그의 이름의 첫 글자(intial)를 써준다. 한국인은 이름의 전부를 써준다.

<예시>

홍길동, 홍춘희, 및 김길수(2001)는 비만의------ 첫 인용
홍길동 등(2001)은 비만의------------------ 반복인용
Willams, Johnes, Smeith & Lee(2001)는 스포츠 경영에서 ------- 첫 인용
Willams et al. (2001)은 스포츠경영에서--------------------------반복인용

3. 같은 저자의 복합인용은 연대순으로 하여 " , " 로 띄어 쓰고, 저자명은 각 논문마다 반복하지 않는다.

<예시>

국문일 경우: (이기동, 1991, 1998).
영문인 경우: (Price, 1988, 1999).

4. 같은 해에 동일 저자에 의한 한편 이상의 논문은 년도를 기입 후 a, b, c, 등으로 첨부하고 연도를 반복하지 않는다.

<예시>

영문논문인 경우: (Price, 1980a , 1980b)
국문논문인 경우: (홍길동, 1980a , 1980b)

5. 본문 내용에서 다른 저자가 같은 내용에서 인용될 때는 한국인 먼저 가나다순으로, 그 다음 외국인은 알파벳순으로 괄호내용에 (;)를 이용하여 배열한다.

> <예시>
>
> ----에 대한 연구들(김성태, 1978; 남해구, 1997; 최경수, 2001, Brown & Smith, 1975; Lee, 1954; Williams, 1998)-----

6. 저자가 6인 이상인 경우에는 처음부터 한국인은 첫 저자의 이름전부와 등(等), 외국인은 성과 등(et al.), 연도를 표기한다. 참고문헌에는 전체 저자의 이름을 표시한다.

> <예시>
>
> 최영광 등(1998)은 성인병 발병에 관한 연구에서 ----- 첫 인용, 반복인용 모두 Price et al. (1987)은 만성질환 추의 변화에 관한 연구에서 ---- 첫 인용, 반복인용

참고문헌

참고문헌 작성 원칙은 미국심리학회 출판요강에 준한다. 참고문헌의 나열은 먼저 동양어 표기 문헌을 가나다순으로, 다음에 서양어 표기 문헌을 알파벳순으로 한다. 세부 주요작성원칙은 다음과 같다.

1. 정기간행물 참고문헌의 표기

1) 저자(출판년도). 논문제목. 학술지명, 권(번호), 페이지번호. 저자명은 모두 명기. 영문일 경우 성은 전부 쓰고 나머지 부분은 머리글자만으로 표시. 성 다음은 쉼표(" , ")로 표시하고 저자가 2명이나 그 이상인 경우에는 마지막 저자 앞에 &를 사용. 출판년도는 저자 다음에 붙여서 괄호 안에 표기.

- 논문제목

> <예시>
>
> Beard, J. B., & Ragheb, M. G. (1980).
> 홍길동, 홍남수, 홍길남(1995).

영문인 경우 제목과 하위제목(" : " 다음에 이어지는 제목) 첫머리 글

자에서만 대문자로 표시 나머지는 모두 소문자.

- 학술지 이름과 출판 정보(권 번호, 페이지 번호)
  국문인 경우 학술지명은 고딕으로 표기하고 영문인 경우 학술지명은
  이탤릭체로 표기한다. 영문학술지명은 축약형이 아닌 원제 명칭으로
  기재하고 명사, 대명사는 첫머리 글을 대문자로 표시한다. 권 번호와
  페이지는 각각 숫자로만 표시하되, 국문에서는 권 번호를 고딕으로, 영
  문에서는 이탤릭으로 표기한다.

> <예시>
>
> 홍길동(1993). 학생체력검사의 평가방법 개선방안. 한국체육학회지. 32(2),
> 512-530.
> McPherson, B. D. (1994). Sport participation across the life cycle: A review
> of the literature and suggestions for future research. Sociology of Sport
> Journal, 1, 34-32.

2) 신문기사

> <예시 1>
>
> 홍길동(1998, 7월 20일). 운동선수의 상해 실태. 조선일보, 15면.
> New drug appears to sharply cut risk of death from heart failure (1933, July
> 13). The Washington Post, p. 112.

> <예시 2, 저자 명기안된 신문 기사>
>
> New drug appears to sharply cut risk of death from heart failure (2004, May
> 15). The Washington Post, p. A12.

2. 단행본 참고문헌의 표시

1) 저자 또는 편집자(출판년도). 책제목. 출판도시: 출판사.

- 저자, 편집자(출판년도): 편집된 책일 경우 국문은 저자명 뒤에(편) 표
  시하고 영문일 경우(Ed.) 혹은(Eds.)라는 약어로 표시.
- 출판년도: 책이 발간된 년도 표시.
- 책제목: 국문일 경우 고딕체로 진하게, 영문일 경우 이탤릭체로 표기하

되 책제목은 명사, 대명사만 대문자로 표기. 책이 재판 이상으로 간행된 경우 책제목 다음에 판수를 기재.
- 출판도시: 출판도시와 출판사 사이는 콜론(:)으로 표시.

<예시>
홍길동(1995). 운동생리학. 서울: 동양출판사.
Safrit, M. J. (1990). Introduction to measurement in physical education and exercise science(3rd. Eds.). St. Louis, Missouri: Times Mirror.

2) 연구 또는 용역과제 보고서 참고문헌의 표시.
- 보고서 저자(출판년도). 보고서 제목(출판물 고유번호). 출판도시: 출판부서 기관명.

<예시>
김천식(1993). 국민건강관리 프로그램 개발. 서울: 한국체육대학 체육과학연구소.

3) 석·박사논문 참고문헌의 표기
- 저자(논문작성년도). 논문제목. 미간행 석사(박사)학위논문. 대학원명.

<예시>
홍길남(1994). 준거지향 검사의 기준설정방법 비교. 미간행 박사(석사)학위논문. 서울대학교 대학원.

4) 학술회의나 심포지엄의 자료(proceedings)
- 출판된 심포지엄

<예시>
Deci, E. L., & Robert, R. M. (1997). A motivational approach to self: Intergration in personality. In R. Dienstbier(Eds), Perspectives on motivation(pp. 231-248). Nebraska Symposium on Motivation, Vol. 37. Lincoln: university of Nebraska press. － 포스터 발표자료(Poster Session)

<예시>

Ruby, J. & Fulton, T. (1994, June). Beyond redlining: Editing software that works. Poster session presented at the annual meeting of the society for scholarly publishing, Washinton. DC.

3. 인용, 본문에서 참고문헌 인용

1) 다른 저자의 책, 출간된 연구물에서 인용된 자료, 검사 항목에서 따온 자료 그리고 피험자에 대한 언어적 지식 사항 등은 문자 그대로 표기 한다.

2) 짧은 인용(40단어 이하)은 본문 속에 포함시키고 직접 인용 부호(" ") 로 인용문을 표시한다. 40단어 이상의 인용문은 본문과 별도로 적고 인용부호는 생략한다. 별도로 인용문을 기술 할 때는 문단을 바꾸고 왼쪽, 오른쪽을 각각 5자씩 들여 쓴다.

3) 인용을 할 때 본문에는 저자, 연도 그리고 페이지만 표기하고 참고문헌 에 완전한 출처를 제시한다.

4) 저자가 단체일 경우 처음 인용 때는 단체명을 모두 쓰고 그 이후부터 는 약어로 표기한다.

* 참고문헌에서 허용되는 축약형 용어는 다음과 같다.

Chap.	chapter
ed.	edition
Rev. ed.	revised edition
2nd ed.	second edition
Ed.(Eds.)	Editor(Editors)
Trans.	Translator(s)
n.d.	no date
p.(pp.)	page(pages)
vol.	Volume
vols.	volumes
No.	Number
Pt.	Part
Suppl.	Supplement

5) 인문, 사회 분야의 논문일 경우 필요에 따라 미주(Note 또는 Endnote) 를 사용할 수 있으며, 참고문헌 뒤에 게재한다. 본문 중의 각주 (Footnote)는 사용하지 않는다.

6) 컴퓨터(Web DB, 전자저널) 검색 정보

> Eid, M., & Langeheine, R.(1999). The measurement of consistency and occation specificity with latent class models: A new model and its application to the measurement of affect. Psychological Method, 4, 100 — 116. Retrieved November 19, 2000, from the PsycARTICLES database.

> Electronic reference format recommended by the American Psychological Association.(2000, October 12). Retrieved October 23, 2000, from http://www.apa.org/journals/webref.html

> 최의창(2004). 스포츠교육과 체육교육─스포츠교육론 서설. 한국체육학회 보 19─27. 검색일 2005년 5월 1일,
> 웹주소 http://ksa.sports.re.kr/tmp/qoohfgood/06305708.pdf.

7) 심사완료 후 게재 예정 논문

> Zuckerman, M., & Kieffer, S. C.(in press). Race differences in face—ism: Dose facial prominence imply dominance? Journal of Personality and Social Psychology.

8) 논문집 부록(Journal Supplement)

> Regier, A. A., Narrow, W. E., & Rae, D. S.(1990). The epidemiology of anxiety disorders: The epidemiologic catchment area(ECA) experience. Journal of Psychiatric Research, 24(Suppl. 2), 3─14.

9) 편 저서에 게재된 논문 또는 장(chapter)

> Bjork, R. A. (1989). Retrived inhibition as an adaptive mechanism in human memory. In H. L. Roediger III & F. I. M. Crail(Eds.), Varieties of memory & consciousness(pp. 309─330). Hillsdale, NJ: Erlbaum.

10) 세미나, 학술대회, 학술회의 발표 자료집

> 김경숙(2005). 국민체육진흥을 위한 생활체육지도자의 역할. 한국체육학회,
> 제24회 국민체육진흥세미나, 국민체육진흥을 위한 전문체육인의 역할(pp.
> 29－56). 서울: 한국체육학회.

11) 포스터 세션 발표 자료

> Ruby, J., & Fulton, C.(1993, June). Beyond redlining: Editing software
> that works. Poster session presented at the annual meeting of the Society
> for Scholarly Publishing, Washington, DC.

12) TV프로그램

> KBS Media(2000). 비만과의 전쟁(일요스페셜). 서울: KBS Media.

심사 절차 및 판정

(이 항은 전체적으로 학회 회칙의 시행세칙 중 "한국체육학회지 논문심사
규정"과 "한국체육학회지 편집위원회 구성 및 운영에 관한 규정"에 따르는
실무적 내용으로, 총회의 인준을 거치지 않아도 되는 항목 임. 개정된 규정
을 바탕으로 전반적으로 보완 필요)

1. 투고원고의 게재여부는 편집위원회가 의뢰한 심사위원의 심사를 거쳐서
   편집위원회에서 결정한다.

2. 편집위원회로부터 위촉받은 심사위원 2명중 1명 이상의 게재불가 판정을
   받은 원고는 본 편집원회에서 게재 여부를 결정한다.

3. 학회지 게재 여부와 관련하여 본 위원회가 필요하다고 판단되면 외부로
   부터 약간의 위원을 위촉 할 수 있다.

4. 분과 편집위원회은 각 논문주제에 따라 2명의 심사위원을 별도로 위촉,
   합의제에 의한 심사를 실시한다.

5. 편집위원회로부터 위촉받은 심사위원은 심사 결과, 게재요청 논문의 내용

이 부적당하다고 판단 될 때는 저자에게 보완 및 수정을 요구 할 수 있으며, 학회지 투고 규정에 따라 원고를 수정 가감 할 수 있다.

6. 편집위원회가 원고의 수정 및 보완을 요구한 후, 저자가 2주 이내에 이에 응하지 않으면 그 원고는 다음 호에 재 투고 한다.

7. 논문 심사는 비공개를 원칙으로 한다.

8. 논문 접수는 수시로 하며, 접수일은 원고가 학회 홈페이지 논문 투고란에 정상적으로 접수된 시점으로 한다. 그리고 논문은 학회 홈페이지 논문투고란에 접수된 논문만을 인정한다.

9. 심사결과에 대한 "이의신청서"와 수정사항 지시 이행확인을 위한 "수정지시이행표" 양식은 학회 홈페이지 논문관련양식에서 다운 받아 작성하여 E－mail로 제출한다.

논문심사에 대한 종합판정표

기타규정

1. 외국어(영어) 논문은 저자 중 1인이 외국인이거나 외국기관에 소속되어 있는 경우에만 가능하다.

2. 같은 호에는 단독 2편 논문투고 불가하고 단독 1편 공동연구자포함 1편 가능하다(공동연구 포함 총2편).

3. 논문투고자는 논문 1편당 심사료 60,000원을 원고 제출 시 납부해야 한다. 심사 후 게재가 확정되면 인쇄 페이지 수에 따라 1페이지 15,000원의 논문 게재료를 납부해야 한다(10페이지 이상인 원고는 초과된 1페이지에 30,000원).

4. 학술연구용역을 받아 발표되는 논문은 게재료 200,000원을 별도로 납부하여야 한다.

5. 게재된 논문에 대해서는 편당 20부의 별쇄본을 증정한다. 그 이상의 별쇄본을 희망하는 투고자는 원하는 부수만큼의 인쇄비를 납부해야 한다.

6. 본 학회지에 게재된 논문은 본 학회의 승인 없이 무단 복제할 수 없다.

한국체육학회지 편집양식(한글 2004)

	서체(영문)	장평(%)	자간(%)	급수	행간	단수	내어쓰기	들여쓰기
본문	휴먼명조	90	-10	10p	150%	2		10pt
논문제목	휴먼명조	90	-10	16p(진하게)	150%	1		가운데
부제목	휴먼명조	90	-10	12p(진하게)	150%			가운데
이름(소속)	휴먼명조	90	-10	10p(진하게)	150%			가운데
영문논문제목	휴먼명조	90	-10	12p(진하게)	150%			가운데
영문부제목	휴먼명조	90	-10	12p(진하게)	150%			가운데
영문이름	휴먼명조	90	-10	10p(진하게)	150%			가운데
Abstract	휴먼명조	90	-10	10p(진하게)	150%			가운데
영문초록본문	휴먼명조	90	-10	9p	150%			10pt
국문초록	휴먼명조	90	-10	10p(진하게)	150%			가운데
국문초록본문	휴먼명조	90	-10	9p	150%			10pt
Key words	휴먼명조	90	-10	8p	130%			
제목	휴먼명조	90	-10	14p(진하게)	150%	2		가운데
1. 제목	휴먼명조	90	-10	10p(진하게)	150%	2		10pt
1) 제목	휴먼명조	90	-10	10p(진하게)	150%	2		10pt
표제목	휴먼고딕	90	-10	9p	105%	1 o r2		
표내용	휴먼명조	90	-10	9p	105%	1 o r2		
그림제목	휴먼고딕	90	-10	9p	105%	1 o r2		
그림내용	휴먼명조	90	-10	9p	105%	1 o r2		
참고문헌	휴먼명조	90	-10	14p(진하게)	150%	2		가운데
참고문헌 내용	휴먼명조	90	-10	10P	150%	2	35pt	

- 용지설정: 사용자 정의 ― 190×260, 여백주기 ― 위쪽: 20, 아래쪽: 20,

심사위원 A	심사위원 B	종합판정
게재가	게재가	게재가
게재가	수정 후 게재	수정 후 게재
수정 후 게재	수정 후 게재	수정 후 게재
게재가	수정 후 재심	수정 후 재심
수정 후 게재	수정 후 재심	수정 후 재심
수정 후 재심	수정 후 재심	수정 후 재심
게재가	게재 불가	심사(심사위원 C)
수정 후 게재	게재 불가	심사(심사위원 C)
수정 후 재심	게재 불가	게재불가(재투고)
게재 불가	게재 불가	게재불가

1. **심사위원 C 종합판정**
   게재가: 게재가
   수정 후 게재가: 수정 후 게재가
   게재불가: 게재불가

2. **재심결과 종합판정**
   <1인 재심인 경우>
   게재가: 게재가
   수정후 게재: 수정후 게재
   게재불가: 게재불가

   <2인 재심인 경우>
   게재가, 게재가: 게재가
   게재가, 수정후 게재: 수정후 게재
   수정후 게재, 수정후 게재: 수정후 게재
   게재가, 게재불가: 게재불가
   수정후 게재, 게재불가: 게재불가
   게재불가, 게재불가: 게재불가

게재가: 수정사항 없이 게재가능.
수정 후 게재가: 논문 내용 중 철자, 단위, 편집 등의 수정지시사항을 수정하여 확인 후 게재여부 최종결정.
수정 후 재심: 본문 내용이 불확실하거나 불충분하여 수정보완, 보충하여 재심을 거쳐 재심사의 결과에 따라 게재여부 판단.
게재불가: 당호 및 이후 호 등에 논문을 투고 할 수 없는 것으로 논문 게재가 불가한 것.

한국체육학회지 윤리규정 및 심사지침

한국체육학회지는 한국연구재단의 등재 학술지로 평가되고 있을 뿐 아니라, 체육계의 대표적인 학술지로 권위를 인정받고 있다. 앞으로도 수준 높은 학회지 발간을 통하여 체육계와 학문 발전에 기여함은 물론, 사회 전체에서 체육인의 전문가적 책임과 역할을 다하여야 한다. 체육인들의 귀중한 학술연구결과를 공정하게 평가하고 그 가치를 인정하며 공유함으로써 진정한 학술적 발전을 이루는데 무엇보다도 객관적인 투고 및 심사절차가 중요하다. 보다 질적으로 수준 높은 학술지 발간을 위하여 연구자의 투고 지침과 윤리규정을 상세화 하여 적용하고자 한다.

윤리규정

총론

- 연구논문에는 학술적으로 충분한 가치가 있는 결론과 그것을 뒷받침 할 수 있는 충분한 논거가 포괄적으로 포함되어야 한다.
- 동일한 연구와 연구결과가 수행되고 발표되었는지 사전에 충분히 검토하여야 하며, 연구 결과는 임의로 제외시키거나 첨가되지 않아야 한다.
- 원저(original paper), 단신(note), 총설(review)의 유형에 적절하게 작성되어야 한다.
- 이중투고, 복수출판, 부분출판 또는 표절의 문제가 발생하지 않도록 연구자로서 책임을 다해야 하며, 문제 발생시에는 학회 규정에 따라 불이익 등의 제반 조치를 받을 수도 있다.
- 선행연구, 다른 연구자의 결과에 대한 학술적 비판과 평가는 필요하지만, 개인적 비난은 허용되지 않는다.

연구진

- 연구에 중요한 기여를 하였고 결과에 대하여 책임과 공적을 함께 공유할

연구자는 공저자가 되어야 한다.

- 공저자로서의 참여 사실은 모든 공저자에게 명백하게 동의를 받아야 하며, 연구 기여도를 감안하여 나열하는 것이 바람직하다.
- 학위논문의 일부를 정리하여 게재하는 경우 학생과 지도교수가 공동저자가 되는 것이 바람직하다.
- 저자의 소속은 연구를 수행할 당시의 소속으로 명기하되, 투고 시점에서 소속이 변경되었을 때는 각주에 그 사실을 적절하게 표기할 수 있다.
- 연구 수행과정에서 학술외적인 행정적 기술적 지원을 주신 분들께 사의 (acknowledgement)로 그 내용을 밝힐 수 있다.

연구방법

- 관련 분야의 지식과 경험을 가진 체육인이 동일한 방법의 연구를 반복 수행할 수 있도록 연구방법은 상세하게 기술되어야 한다.
- 연구 자료를 임의적으로 생성하거나 조작하는 사례가 발생하지 않도록 하여야 한다.
- 인용문헌의 출처는 명확하게 제시되어야 하며, 특히 2차 자료를 인용한 경우 적절한 형태로 표기되어야 한다.

연구대상

- 연구의 대상이 사람인 경우, 연구자는 피험자의 신원이 노출되지 않도록 하여야 하며, 피험자 또는 보호자에게 연구의 목적·방법·내용·예견되는 이득·내재하는 위험성 등을 피험자 또는 보호자에게 구체적으로 알리고 서면 동의를 받았음을 명시하여야 한다.
- 연구자는 사전에 피험자 또는 보호자에게 언제든지 연구 대상자로서 참여하는 것을 거절할 권리가 있다는 사실을 알려 주고 그러한 권리를 보장해야 한다.
- 연구 대상이 동물인 경우 실험동물의 고통과 불편을 줄이기 위하여 행한 처치를 기술하여야 하며 동물복지를 위한 연구자의 책무를 간과해서는 안된다.
- 심사과정에서는 필요에 따라서 연구자에게 대상자 동의서 및 대상자 선정

과 관련된 자료의 제출을 요구할 수 있다.

심사 절차

- 논문 심사과정에서 제시된 심사의견에 대하여 호의적인 태도로 수용하며 논문에 반영되도록 최선을 다하여야 한다.
- 심사자 또는 편집위원의 의견에 동의하지 않을 경우는 그 근거와 이유를 상세하게 기술하여 이의신청을 하되 감정적인 의견은 배제하도록 한다.
- 연구자는 논문출판으로 말미암아 발생할 수 있는 저작권 및 지적 소유권 문제가 발생하지 않도록 유념하여야 한다. 저작권은 원칙적으로 학회가 소유하며 전자저널 등의 형식으로 재 간행 될 경우 등은 예외 규정에 따른다.

심사지침

총론

- 심사위원은 심사논문에 대해 긍정적인 입장에서 공정하게 양심적으로 심사에 임하여야 하며, 많은 시간과 노력이 수반되는 일임을 충분히 이해하고 감수해야 한다.
- 심사위원은 자신의 견해와 주장을 지지하는 원고에 대해서는 관대하고, 자신의 연구 또는 견해에 상반되는 입장의 연구에 대해서 지나치게 비판적인 편견을 갖지 않아야 한다.
- 출판되지 않은 투고원고는 어떠한 일이 있어도 도용당하지 않도록 보호되어야 한다. 심사위원은 원고가 출판되기 전에 투고된 원고 내용을 인용하거나 자신의 연구를 진행하는데 이용해서는 안 된다.

심사절차

- 심사위원은 저자와 논문에 대해 토의를 해서는 안 되며, 저자에게는 심사위원이 누군지 모르게 해야 한다.
- 만약 개인적인 친분이나 기타 사적인 여건상 공정하게 심사할 수 없다고 판단되면, 그 이유와 함께 즉시 심사 원고를 편집위원장에게 반송하여야

한다.
- 주어진 심사기간 내에 심사를 마칠 수 있도록 기간을 엄수하여야 하며, 부득이한 사정으로 기간 내에 심사를 종료할 수 없는 경우에도 즉시 편집위원장에게 알려주어야 한다.
- 심사자의 심사지연으로 인하여 결과적으로 저자에게 피해가 발생할 수 있다는 점을 염두에 두어야 한다.

심사서 작성

- 수정 지시 등의 심사의견은 정중한 문체(표현)로 쓰고, 심사평의 표현으로 인해 감정적인 오해가 야기되지 않도록 배려해야 한다. 또한 심사 지적사항이 게재를 위한 조건으로 표현되지 않도록 해야 한다.
- 심사의견을 작성할 때 반드시 수정되어야 하는 것과, 수정되는 것이 바람직한 내용으로 구별하여 제시해야 한다.
- 게재불가로 판정한 경우 그 사유에 대하여 충분하고도 구체적인 내용을 제시해야 한다. 구체적 설명이 부족한 심사결과로 인하여 불필요한 논쟁이 발생될 수 있음을 감안해야 한다.
- 게재여부에 관한 최종결정은 2인, 경우에 따라서는 3인의 의견을 종합하여 판정하기 때문에 심사자 1인의 의견이 그대로 반영되지 않을 수도 있다.
- 심사의견에 대하여 심사위원은 그 책임을 다할 수 있어야 한다는 점을 주지해야 한다.

중복 및 표절 여부 확인

논문심사에서는 먼저 심사할 논문의 전체 또는 일부가 본 학회지나 타 학술지에 이미 게재되었는지 여부를 면밀하게 검색하여 복수출판, 부분출판 또는는 표절 여부를 확인한 다음 심사에 임해야 한다.

제목

논문의 제목은 논문 내용 전반을 함축적으로 나타낼 수 있는 최소한의 단어를 사용하여 간결하고도 구체적으로 표현해야 한다. 지나친 전문용어는 가급적 피하고, 부제 표현은 바람직하지 않다.

국문 영문 초록

연구의 필요성과 목적이 명확하게 기술되어야 한다. 연구방법은 적용된 방법(양적, 질적)의 주요 요소들을 반드시 포함하여야 한다. 연구결과는 연구 문제에 부합되도록 간결하게 제시되어야 하며 결론과 제언은 연구결과에 근거하여 명확하게 진술되어야 한다. 국·영문초록에서 문단 구성은 하지 않으며 영문 초록의 경우 시제와 문법적 표현 오류를 점검하여야 한다. 국·영문초록은 첫 페이지를 넘지 않도록 작성되어야 한다.

서론

독창적이며 흥미로운 문제 제기가 가장 중요하며, 연구와 직접적으로 관련된 핵심적 배경과 이를 토대로 한 연구의 목적이 명확히 언급되어야 한다. 흔히 최근의 관련 연구 경향만을 나열하는 경향이 있으나 연구문제의 학문적 경험적 발전과정도 필요에 따라 간결하게 기술해야 한다. 교과서적이고 일반적인 설명은 완전히 배제되어야 하며, 참고문헌 인용은 가급적 일차 자료에 근거하여야 한다. 인용된 자료가 2차 자료인 경우에는 2차 자료 인용 형식에 적절하게 제시되어야 한다.

연구방법

관심 있는 독자로 하여금 기술된 방법으로 연구를 수행할 경우 동일한 연구결과를 얻어질 수 있도록 상세하게 기술되어야 한다. 관찰 또는 연구 대상자의 선정 방법이 명확히 기술되어야 한다. 연구의 형태에 따라 적절한 연구절차가 제시되어야 하며, 도구를 사용한 논문일 경우 도구의 특성(신뢰도, 타당도)에 대한 명확한 근거가 제시되어야 한다. 적용된 통계적 분석방법과 절차의 타당성에 대하여는 전문적인 관점의 평가가 필요하다. 연구방법(통계적 방법)에 대한 전문적 평가에 한계가 있을 때는 편집위원회에 심사를 반송해야 한다.

결과

연구문제나 가설의 진위 여부를 밝힐 수 있는 결과만을 체계적으로 제시해야 한다. 질적 연구인 경우는 자신의 연구를 진행하면서 얻어진 결과만을 서술한다. 통계적 분석 방법을 적용한 연구에서는 기본적이고 필수적인 분석 결과만을 정리한다. 연구문제와 직접적인 관련이 없는 표와 그림은 싣지 않는다. 연구결과는 연구자가 의도하거나 기대하는 방향으로 서술되지 않고 객관적이어야 한다. 통계용어, 약어, 기호의 의미는 명확하게 표현되어야 하며, 약자의 사용은 최소한으로 한다.

논의, 고찰

결과에서 얻어진 사실의 의미를 해석하고, 그러한 결과를 얻을 수밖에 없는 이유를 관련 이론이나 선행연구에 근거하여 설명한다. 관련이론이나 선행연구에 부합하는 결과로서 또는 상반된 결과차원에서의 설명이 필요하다. 예상하지 못했던 결과를 해석하기 위하여 모호하거나 비논리적 주장을 나열하는 것은 좋지 않다. 연구 진행과정의 문제점 및 제한점 등도 다룰 수 있으며, 결과에서 얻어진 자료를 반복해서 설명하지 않아야 한다.

결론

결론에서 가장 일반적인 오류는 연구결과에서 얻어진 수치를 제시하며 반복 설명하는 사례이다. 결론에서 변인간의 인과적 관련성 진술은 주어진 연구(실험) 방법(설계)의 범위 안에서 진술되어야 한다. 비실험, 유사실험, 조사 및 관찰연구에서의 인과적 결론은 이론적 근거, 비 허위적 관계, 시간적 전후관계, 연관성 정도를 바탕으로 매우 신중히 진술되어야 한다. 결론은 연구 목적(문제)과 연관시켜 진술하되 검증되지 않은 가설에 대한 어떠한 주장도 제안할 수 없다.

참고문헌

참고문헌(references)은 본문에 인용한 문헌만 제시한다. 목록에 포함된 문헌은 투고규정의 다양한 표기 형식에 일치하여야 한다. 특히 2차 자료를 인용한 경우 그 출처를 정확하게 제시해야 한다. 참고문헌은 연구의 충실성과 신빙성에 매우 중요한 지표인 만큼 매우 철저하게 정리되어야 한다. 학회 투고규정에 제시되지 않은 기타 문헌들의 표기 방법은 미국심리학회 출판요강(Publication Manual of American Psychological Association)에 준한다.

이오덕의 우리말 바로 쓰기[24]

<ㄱ>

가격(價格) 파괴=값 깨뜨리기/ 가끔씩=가끔/ 가능(可能), 불가능=할 수 있는, 할 수 없는/ 가구(家口)=집; 가구당=한 집에/ 가구원수=식구가/ 가변적이라는=바뀔 수 있다는/ 가시화할=드러날/ 가열(加熱)차게=힘차게, 맹렬하게/ 가옥(家屋)=집/ 가중(加重)=더해가고, 겹쳐/ 가(可)히=넉넉히, 바로, 그야말로, 말 그대로/ 각인(刻印)=마음에 새기다/ 각종 쓰레기=여러 가지 쓰레기/ 간식(間食)=사이참/ 감안(勘案)하다=생각하다/ 감미(甘味)로운= 달콤한/ 간과(看過)하다=보아 넘기다/ 간극(間隙)=틈/ 간주(看做)=로 본다/ 각선미(脚線美)=다리맵시/ -감(感)=, 기대감으로= 기대로, 바람으로; 자신감 있게=자신 있게/ 감지(感知)=느껴 알아/ 감축(減縮)=줄이다/ 갹출(醵出)=추렴, 내놔/ (중학교)까지로의=-까지의

개가(凱歌)=자랑스러움 /개시(開始)=시작 /개발(開發)=만들다, 새로 짓다, 찾아내다, 파내다 /개방(開放)=열어놓다 /개선(改善)의 전기=개선하는 기회 /개입(介入) 우려=꺼릴까 걱정 /개화(開花)=꽃피워야 /개체(個體)종=낱종 /거액 할당(割當)=큰돈 배정 /거주(居住)=-에 사는 /거대한=크나큰 /-건(件)=-가지 /건의(建議)=의견

격파(擊破)=쳐부수다 /격상(格上)=격을 높이다 /견지(堅持)=굳게 가진, 끝내 이어간 /견지해야 할 자세=굳게 지녀야 할 몸가짐 /결식(缺食)=굶다 /결실을 맺었다= 열매를 맺었다 /결집(結集)=모아 /경과(經過)하다=지나가다 /경색(梗塞)= 막혀, 굳어져 / 경사(慶事)=기쁜 일 /경신(更新)= 바꾸다 /경악

(驚愕)을 금할 수=놀라지 않을 수 /경이(驚異)=놀라움 /경주(競走)하다=기울이다 /경청(傾聽)=듣는다 /게양(揭揚)=달다 /계곡(溪谷)=골짜기 /계기(契機)=기회 /계속(繼續)되었다=이어졌다.

고(古)-=옛- / 고가구=헌 가구, 낡은 세간 /고갈(枯渴) 가능성=말라버릴 수, 마를 수 /고조(高調)=높은 가락, 높아지다, 심해지다 /고독(孤獨)=외로움 /고객(顧客)=손님 /고의(故意)적으로=일부러 /고사(固辭)=굳이 사양하다 /고의적인 범행 가능성은 없는 것으로=일부러 저지른 범행은 아닌 것으로 /고양(高揚)=드높여 / 고조고의 누락 의혹=일부러 빠뜨린 듯 /고착(固着)화=굳어지다 / 고찰(考察)=살피다 /고통(苦痛)=아픔 /곡물(穀物), 작물=곡식 / 곤충(昆蟲)=벌레 /공고(公告)=알림 /공전(空轉)=헛돌아 /공공(公共)=사회공동 /공(共)히= 함께 /공조(共助)=함께 도와야

과다(過多)경쟁=지나친 경쟁 /과도(過度)한=지나친 /과연(果然)=정말 /관통(貫通)=꿰뚫다 /과속(過速)=지나친 속도 /-과의 면담을=-과 만나기를; 불의와의 싸움에서= 불의와 싸워서 /관심사=관심거리 /관행(慣行)=버릇 /괄목(刮目)할=주목할 /굉음(轟音)=소리 /교각(橋脚)=다릿발 /교량(橋梁)=다리 /교체=바꾸다. 구(舊)-=옛- /고분(古墳)= 옛 무덤 /고어(古語)=옛 말 /구릉지=언덕 /구조(構造)=틀 /(말을)구사(驅使)하다=말을 하는 /구입(購入)=사다 /구체적=뚜렷한 /국가(國家)=나라 /국가채무=나라 빚 / 철새의 군무(群舞)=철새 떼의 춤, 춤추는 철새 떼 /국면(局面) 전환= 판세 돌리기 /굴(屈)하다=굽히다 /굴절(屈折)=꺾다 /균열(龜裂)=금 가다 /권위적인=권위에 갇힌

그때 이래=그때부터 /극명(克明)해지는=환히 밝혀지는 /극복(克復)=이겨내기 /극적인=연극 같은 /극소수=극히 적은 수 /근면(勤勉)=부지런하다 /근본적인 문제=근본이 되는 문제 /근거한=근거를 둔, 뿌리내린 /금품 살포(撒布)=돈 뿌리기 /근해(近海)=가까운 바다 /급급(汲汲)=바빠 /급속(急速)=빨리 /긍지(矜持)=자랑

기능(機能)하다=작용하다, 활동하다, 일하다 /기도(企圖)하다=하다 /기도(祈禱)한다=빈다 /기록(記錄)=적는다 /기만적인 종결=속임수로 끝내기 /기반

한=기반을 둔, 바탕, 터전을 두고 /기아(飢餓)=굶주림 /기인(起因)=원인 /ㅡ
에 기초하여=을 바탕으로 / 기재(記載)=써 넣다, 적어 넣다 /기조(基調)=바
탕 /기로(岐路)=갈림길 /기사회생=살아나 /기선(機先)을 제압하겠다=선수를
쓰겠다 /기간에=동안에; 기간 동안=동안, 사이 /기여해=이바지해 /기정사실
화된=이미 사실로 된 /기층(基層)=밑층 /기타(其他)=그밖에 /길잡이로서의
역할=길잡이 노릇 /기치(旗幟)=깃발

<ㄴ>

나락(奈落)=지옥, 밑바닥 /나태(懶怠)=게으르다 /낙엽이 지고 있다=나뭇잎
(=가랑잎)이 내려온다 /난사(亂射)=마구 쏴 /난적(亂賊)=버거운 적 /납득(納
得)=이해, 곧이듣다, 알아듣다; 납득이 가지 않는다=곧이들을 수 없다. 내지
(乃至)=ㅡ에서 ㅡ까지, 6만 내지 8만=6만에서 8만까지; 이나, 혹은, 또는, 하
거나, 불평등 내지는 불공평=불평등하거나 불공평

ㅡ내(內)=ㅡ안 /내달 발족(發足)=다음 달 결성 /내홍(內訌)=집안다툼 /냉
수=찬물; 온수=따슨물 /냉소=비웃음 /노동=일 /노상(路上)=길가 /노폐(老廢)=
묵은 찌꺼기 /노후(老朽)된=낡은 /(질병)노출해 있다=버려져 있다 /녹색=푸
른색, 풀색, 풀빛 /논경지=논밭 /농작물=곡식 /노골화(露骨化)=드러내놔 /누
출(漏出)=새나가다 / ㅡ는데도 불구하고= ㅡ는데도 /능선(稜線)=산등

<ㄷ>

다름 아니다=지나지 않는다, 과 같다 /다망(多忙)= 바쁘다 / 다소(多少)=
조금 /다수(多數)=많이 /단아(端雅)한=아담한 /단어(單語)=낱말 /단언(斷言)=
잘라 말하다 /단장(丹粧)=꾸미다 /단초, 단서(端緒)=실마리 /단적으로 표현한
=바로 나타낸 /달하다=이르다 /담담(淡淡)하다=태연하다 차분하다 /담합(談
合)=짬짜미, 의논 /당시(當時)=그때 /담화(談話)=이야기 /담소(談笑)한다=웃
으며 얘기 한다.

대(對)ㅡ=에 대한 ex) 대북=북한에 대한 /대대적=크게 /대부분=거의 모두
/대량으로= 무더기로 /대중적 설득력=대중을 설득하는 힘 /대(大)ㅡ= 큰ㅡ /

대미(大尾) 장식=마지막 장식 /대부(貸付), 대출(貸出)=빌려주기, 빌리기 /대응(對應)=맞대기, 맞대하기 / 대지(大地)=땅 /대응 부실=맞서기 애써 /대로변=큰길가 /對韓차관제공=한국에 꿔 주기로 /대체(代替)=바꾸다 /대치(對峙)=마주 놓인 /대하(大河)=큰 강물 /대폭 축소=큰 폭 줄인 듯 /대기(大氣)=공기(空氣)

도모(圖謀)함에 있어=꾀하면서,하려 하면서 /도보(徒步)=걸어 다님 /도서(圖書)=책 /도서(島嶼)=섬 /도주(逃走)=도망, 달아나 /도로변=길가 /도약(跳躍)=뛰어오르다 /도정(道程)=가는 길 도래(到來)=오기를 /도래지=찾아오는 곳 /도착(到着)=다다르다 / 독백(獨白)=혼자말 /독서(讀書)=책읽기 /독식(獨食)=독차지 /돌연(突然)=갑자기 /돌입(突入)=들어가 /돌파(突破)=넘다, 뚫다 /돌파구 모색=해결책 찾기 /동참(同參)=함께 참가 /동공(瞳孔)=눈동자 /동적인=움직이는, 살아 있는 /동토(凍土)=언 땅 /동향을 예의 주시한다=움직임을 잘 살펴보다 /동의(同意)=찬성 /동일(同一)= 같은 /두절(頭切)=끊어져 /등(等)=들, 같은, 따위, 그밖에/등한시한=게을리 한, 허투루 한

<ㄹ>

로비=쉬는 방 /평화리=평화로, 평화스럽게; 성황(盛況)리=성황으로 /ㅡ로의=의, 신세계로의 출발=신세계로 떠나기; 앞으로의 대비책=앞으로 대비할 방법

<ㅁ>

마모(磨耗)되는=닳아 없어지는 /마을에 거주하는 주민들이= 마을 주민들이 /(정확성을) 만전(萬全)을 기해=틀리지 않도록, 정성을 다해 /만끽(滿喫)할 수=실컷 볼 수 /만류(挽留)=말리다/ 만(萬)수위=면(목의 앞)찬물 높이 /말살(抹殺)=죽이다 /망각(忘却)=잊다 /망(網)=그물

매각(賣却) 추진=팔려고 하다 /매도(賣渡)인=파는 사람 /매수인(買受人)=사는 사람 /매도(罵倒)=거꾸로 꾸짖어대고 /매매(賣買)=팔고 사다 /매일=날마다 /매물(賣物) 급증=팔 물건 급히 불어나, 팔 것 /매립(埋立)=묻다 /매출

액=판 돈 /맥박(脈搏)=맥 / 맹아(萌芽)=싹

면목(面目)=낯, 체면 /멸종 위기의=씨가 없어질 지경이 된 / -명(名)=-
사람 ex) 한 명=한 사람 /명명=-라 이름 지어 /명성(名聲)=이름 /명실(名實)
공히=이름 그대로 /모공(毛孔)=털구멍 / 모멸(侮蔑)=업신여김 /모방하는=흉
내내는 /모음집=모음, 집 /목조(木造)주택=나무집 /목격했다고 보고 있다=보
았다고 알고 / 목격자=본 사람 /몰두(沒頭)=애쓰다 /묘(苗)=모종, 싹

무관(無關)=관계없다 /무단횡단=함부로 건너기 /무려(無慮)= 놀랍게도 /무
산(霧散)=못하다 /무용(舞踊)=춤 /무의식적으로=저도 모르게 /무차별=마구잡
이로 /묵살(黙殺)=안 들어주는, 뭉개버리기 /문의(問議)=묻다 /문장(文章)=글
/문장(文章) 부호=글표 / 물의(物議)=말썽 /무승부=비기다 /무조건적=조건
없는

(기능의) 미비(未備) 내지 상실(喪失)=모자람이나 잃어버림으로 /미 제전
(祭典)= 아름다움 잔치 /미명하에=허울 좋은 이름으로, 핑계로 /미달(未達)=
못 미쳐 /미소(微笑)=방긋 웃음 /미래의 세기=다가오는 세기 /미세(微細)=작
음 /미온(微溫)적=미지근 /및=과 /미래=앞날 /미신고 된=신고 되지 않은, 신
고 안 된 / 미적 구성=아름다움을 짜 만들다 /미흡(未洽)=모자라다, 못 미쳐
/미지(未知)=알 수 없는 /미아(迷兒)= 잃은 아이

<ㅂ>
박차(拍車)=서두르다; 박차를 가해오던=힘써오던 /반대여론에도 불구하고
=여론이 반대했는데도 /반복(反復)=되풀이 /발발(勃發)한 지=터진 지, 일어
난 지 /발족(發足)=첫발, 시작 /발상(發想)의 전환=생각을 바꾸어 /발차(發
車)=서둘러 /발생한다=생겨난다, 일어났다 /방기(放棄)=책임 없는, 버려둬 /
방황(彷徨)한다= 헤매다, 떠돌다 /방치(放置)=내버려두다 /방류(放流)=터놓
다, 흘려보내다 /밭작물=밭곡식 /배제하지 않고=제쳐놓을 수, 할 수 ex) 협
동의 가능성을 배제할 수 없는= 협동할 수 있는 사정을 제쳐놓을 수 없는 /
배출(排出)=쏟아내다 /배회(徘徊)=헤매다 / 백미(白眉)=뛰어난 작품

번복(飜覆)=뒤집어 /범람(氾濫)=넘치다 /범국민적=전 국민적 / 변신(變身)=몸바꿈 /변하다=달라지다, 바뀌다 /별도(別途)=따로 /병행(竝行)하고=아울러 하고 /보다 철저히=더욱 잘 /보도 위에= 길바닥에 /보류(保留)=미루다 /보행(步行)=걸어 다니는 /복기(復棋)=되놓기 /복약(服藥)=약 먹다 /본래(本來)적=본디 /본질적= 본바탕에서 오는 /봉우리 정상 주변=봉우리 둘레 /본격(本格)적= 한창인 /붕괴(崩壞)=무너지다

부각(浮刻)=드러내다 /부상(浮上)=떠올라 /부상(負傷)=다치다 / 부식(腐蝕)=삭다 /부응(副應)=따르다 /부족(不足)=모자라다 /부진(不振)=활기 없어, 시원찮다 /부착(附着)=부치다 /부채(負債)=빚 /분기점(分岐點)=갈림점 /분화(分化)=나뉘어 /불(不) -= , 불치병=못 고칠 병, 불참= 빠짐, 불필요한= 필요 없는 /불가피(不可避)=못 피해 /불가사의(不可思議)=알 수 없는 /불사(不辭)=사양 안 해 /붕괴 위기=무너질 판 /불린다, 불리운다=부르는, 말하는 /불연성(不燃性)=타지 않는 것

비교육적 풍토=교육이 될 수 없는 풍토 /비밀리에=비밀로, 남 모르게 /비애(悲哀), 비탄(悲嘆)=슬픔 /비자금=비밀 자금 /비일비재(非一非再)=수두룩하다 /비가역성을 담보할=거스를 수 없는 성격을 보장함 /비교적 양호하다는= 대체로 좋다는 /비(比)하여, 비교(比較)하여=견주어 /비상(飛翔)=날아오르다 날아가다 /비상식적=상식에 벗어난 /빈번(頻繁)=자주 /빈축(嚬蹙)=눈살 찌푸리다 /빈궁(貧窮)하다=가난하다 /빈곤(貧困)=가난 /비호(庇護)=두둔 /빈발(頻發)=잦아

<ㅅ>

사고(思考)=생각 /사문화(死文化)된 고서(古書)=죽은 글이 된 옛날 책 /사자후(獅子吼)= 열변 /사안(事案)=문제, 사건내용, 일 /사인(死因)=죽은 까닭 / 사용(使用)=쓰다 /사체(死體)=시체, 시신, 주검 /사망(死亡)=죽다 /사망자=죽은 사람 /사취(詐取)=속여 뺏기 /사후관리를 철저히=뒷관리를 알뜰히 /사회 제반=사회 모든 /사망률=죽은 율 /(사고) 발생 상황=사고가 일어난 형편 / 사막(砂漠)=모래밭 /사인진상규명=죽은 까닭 밝혀야 /산하(山河)=강산(江山) /산록(山麓)=산기슭 /산하(傘下)기관=딸린 기관 / 산화(散華)하다=스러지다 /

삼자(三者)가=다른 사람이 /살포(撒布)=뿌리다 /상담(相談)=의논, 상의 /상실(喪失)=잃다 /상회(上廻)하다=웃돌다 /상판=다리판 /상호의존적=서로 기대는 /ㅡ상(上)=외형상으로=외형으로, 겉으로 /상충될=서로 어긋날

생계비(生計費)=생활비 /생래(生來)적인=타고난 /생수(生水)= 샘물 /생에서 죽음까지=태어나서 죽기까지 /생명(生命)=목숨 / 생의(生意)=살아 있는, 살아 있는 /생환(生還)=살아 돌아와 / 생존자=살아 있는 사람 /생체(生體)=산 몸

서서(徐徐)히=천천히 /서식(棲息)=살아 /서식지=사는 곳 /서적(書籍)=책 /서점(書店)=책방 /석권(席卷)=휩쓸어 /선박(船泊)=배 /선발(選拔)=뽑아 /선불(先佛)=미리 내다 /선별(選別)=가려 나누기 /선율(旋律)=가락 /선정(選定)=뽑다 /선행(先行)=앞서 /설전(舌戰)=말다툼 /섭취(攝取)하다=먹는다 /성과물=성과 /성인=어른 /성취(成就)=이뤄내다 /세 장(丈)=석 장 /세척(洗滌)=씻다 /세탁(洗濯)=빨래 /세탁소=빨랫집 /세탁실=빨랫간

소모임=작은 모임 /소감(所感)=느낌 /소고(小考)=작은 살핌 / 소각장(燒却場)=태움장 /소란(騷亂)스럽다=시끄럽다 /소모(消耗)적=쓸데없는 /소비(消費)=쓰기, 써버리기 /소아(小兒)=어린이 / 소액(少額)=적은 돈 /소요(所要)=들어갔다 /소음(騷音)=시끄러운 소리 /소지(所持)=가지기 /소재(所在)=ㅡ에 있는 /소재(素材)=거리, 글감 /소제(掃除)=청소 /소속(所屬)=에 들어 있는 /속수무책(束手無策)=손을 쓰지 못하다 /속속 탄로=잇달아, 자꾸 드러나다

수목(樹木)=나무 /수차례=몇 차례 /수십여 명=수십 명 /수거(收去)=거둬간다 /수락의사 가시화=받아들일 뜻 보여 /수렴(收斂)=걷어 모으다 /수매(收買)=사들이다 /수분(水分)=물기 /(금품) 수수(收受)=받은 (금품) /수면(睡眠)=잠 /수미일관=한결같은 / 수명=몇 사람 /수수방관(袖手傍觀)하는=보고만 있는 /수속(手續)=절차 /수업(授業)=공부 /수용(受容)용의=받아들이겠다 /수용(受容)할=받아들일 /수재(水災)=물난리 /수집(收集)=모아서 /수취인(受取人)=받는 사람 /수위(水位)=물높이 /수확(收穫)=캐기 /수상(授賞)=상 받다 /수순(隨順), 순서(順序)=차례 /수천여명=몇 천 명 /수취(受取)=받음 /수혜(受惠)=

혜택 받아, 덕 봐 /순식간에= 번개같이, 눈 깜짝할 사이에 /승부(勝負)=결판 낸다, 승패 /승화(昇華)=꽃피운다.

―시(時)=―때 / 금기시하고=꺼림칙하게 보고; 등한시하게=등한히 여기게, 대수롭잖게 여기게 /시도(試圖)하다=해보다 /시련(試鍊)=단련, 닦다; 시련에 봉착=어려움에 부닥치다 /시사(時事)해=귀띔 해, 암시해 /시식(試食)= 맛보기 /시음장(試飮場)= 마시는 자리 /시의적절(時宜適切)=때에 알맞다 /시선(視線)=눈길 /시점(時點)=때 /시합(試合)=경기 /시도해 보다=해 보다 /시민들과의 연대의 힘을 발휘하는=시민들이 연대하는 힘을 보여준

식량난=양식 난, 양식 난리 /식이요법=식사요법 /식탁(食卓)= 밥상 /신(新) ―=새― /신기원(新紀元)=새 기원; 신작(新作)=새 작품; 신록(新綠)=새 잎 / 신음(呻吟)=앓다 /실각(失脚)=밀려나 / 실시하다=하다 /실천하려고=다 /실체화된 망분별에 의해=실제 모습을 갖춘 망령된 가름을 따라 /실종(失踪)= 잃은 /심심한 유감(遺憾)을 표시한다=깊이 사과한다 /식품(食品)=먹을거리 /심야(深夜)=한밤 /심신(心身)=마음과 몸 /씽크대=설거지대

<ㅇ>

야기시키다=일으키다 /야채(野菜)=채소, 나물 /야생(野生)화=들꽃 /애매(曖昧)=알쏭달쏭해 /애매모호(曖昧模糊)=흐리멍덩하다 /애로(隘路)=어려움 / 애잔한 미소=가냘픈 웃음, 애처로운 웃음 /야외(野外)=들로 /양자(兩者)=양쪽, 두 편 /양상이 고착화되는=모양이 굳어지는 /어법(語法)=말법 /어선(漁船)=고기잡이배 / 언어=말 /엄습한=덮친 /없으므로 인하여=없기 때문에, 없어서 / 여유(餘裕)치 못한=여유가 없는 /연계(連繫)=연결, 어울려 /연일(連日)=날마다 /―에서의=―에서, ―의/ 한국에서의 접촉=한국에서 갖는 접촉 / 일본 내에서의 공작원=일본 안에서 활동하는 공작원 /사령부에서의 체험을= 사령부에서 체험한 일을 /항간에서의 소문=민간에서 떠도는 소문 /역사 속에서의 민중=역사 속에서 살아가는 민중 /자유에의 교육=자유에 이르는 교육, 자유를 위한 교육/ 연기에의 집념=연기에 대한 /민주주의에의=민주주의를 향한

에게서=－에서, 공직자들에게서 발견되는=공직자들에서 /사람들에게서나 듣는=사람들에게나 /우방에게서조차 외면당하면=우방에조차 /주부에로까지 확산=주부에게까지, 주부까지 /아이들마다에서=아이들마다 /에 의해=따라서, 때문에, 에서, 으로, /－에 속한=－에 딸린 /엔화(貨)=엔돈

20여 명=20명 남짓 /역자(譯者)=옮긴이 /역으로=거꾸로 /역할 담당=일 맡아 /연명(延命)해오다=목숨을 이어오다 /연안(沿岸)= 근처 바다 /연패(連敗)= 잇달아 짐 /연령(年齡)=나이 /연패(連覇)= 잇달아 이김 /연계(連繫) 시사=함께 할 뜻 비쳐 /역할(役割)=노릇, 할 일 /엽총(獵銃)=사냥 총 /연결(連結)하여=이어서 /연속(連續)=이어지는 /염색(染色)=물들다 /염가로 공급=싼값으로 대어 / 염원(念願)=바라다

예측불허의 사태가=미리 짐작할 수 없는 일이 /예의(銳意)주시=눈여겨보다, 잘 살려 /예비처=준비할 곳 /오류(誤謬)=잘못 / 오열(嗚咽)=흐느껴 울음 /오인(誤認)=잘못 보다 /오자(誤字)=틀린자 /오지(奧地)=벽지, 산골 /오찬(午餐)=점심 /오락(娛樂)=놀이 /오점(汚點)=얼룩점 /옥탑=지붕 /옥상(屋上)=지붕 바닥

－와중에=틈, 가운데 /와해(瓦解)=무너지다 /외화 차입=외국돈 빌려 오기 /－외에=말고, 밖에 /외곽(外廓)=바깥쪽 /왕왕(往往)= 가끔 /외상(外傷)=상처 /왠지=어쩐지, 왜 그런지, 웬일인지 /왜곡(歪曲)=비뚤어지다 /왜곡보도=그릇된 보도 /요(要)는=요점은, 중요한 것은 /요원(遙遠)=멀다 /요인(要因)=원인 / 요체(要諦)=알짜, 알맹이 /용어(用語)=말 /용액(溶液)=녹인물 /용이하게=쉽게 / 용해(溶解)=녹다.

우아(優雅)=곱다 /우려(憂慮)=걱정 /우수(憂愁)=근심 /우애(友愛)=사랑에 넘치는 /우왕좌왕(右往左往)=갈팡질팡 /운운(云云)하는=어쩌고 하는 /우를 범하다=어리석은 짓을 하다 /원칙적이고 투명한=원칙에 서고 시원스런 /원시림(原始林)=천연 숲 /원인규명=까닭 밝히기 /원형(圓形)=둥근

유감(遺憾)=섭섭하다 /유기(有機)농업=퇴비, 거름농사 /유도(誘導)하다=이끌다 /유리되어=떨어져서, 동떨어져서 /유린(蹂躪)당하다=짓밟히다 /유명무실(有名無實)=이름뿐 /유발할=일으킬 / 유예(猶豫)=미뤄둘 수, 망설일 수 / 유아(乳兒)=젖먹이 / 유아(幼兒)=아기 /유인(誘引) 포획=꾀어 잡는 /유인물 배포=인쇄물 퍼뜨리기 /유일(唯一)한=단 하나 /유입(流入)=흘러들다 /유혹(誘惑)= 꾀다 /유해한=해로운 / 유형(類型)= 갈래 /육체(肉體)=몸뚱이 / 육성(育成)=길러내야 / －위에서=－에서, 으로 /위탁(委託)=맡김 /위치(位置)한=있는, 자리잡은 /위상(位相)=자리/

의도대로=뜻대로 /의미(意味)=뜻 /의도(意圖)=속뜻 /의자(椅子)=걸상 /의아(疑訝)하다=이상하다 /의당(宜當)=마땅히 /의외(意外)였다=뜻밖 이었다 /－에 의(衣)해=－때문에 /의미에서의= 뜻에서/ 이래, 이후=－부터 /이색적인=색다른 /이유(理由)=까닭 /이의(異議)=다른 의견 /이름에 값하지 못하다=이름에 맞지 않은 / 이견(異見)=의견 달라 /이완(弛緩)된=풀어진 /인간=사람 /인출(引出)=찾아내기 /인하(引下)=내려 /일관되게 제시해야=한결같게 보여주어야 /입수 동작=물에 들어가는 몸짓/

야만적 행동으로의 지향성이란 뜻도=야만스런 행동으로 향해 가는 성격이란 뜻도; 민주당으로의 무조건적 통합은= 민주당으로 조건 없이 통합하는 일은; 민주 대학으로의 굳은 정착을 위해= 민주 대학으로 굳게 자리 잡도록 하기 위해 /－으로부터=－에서, －에서부터, －한테서 /－을 통해=－으로, 을 해서, －을 거쳐, －을 밟아, －을 지나가는 /백인 지배로부터의 해방 전쟁=백인의 지배에서 해방되는 전쟁/

일반 행정으로부터의 교육행정의 독립권=일반 행정에서 교육행정이 독립하는 권리; 억압으로부터의 자유=억압에서 자유; 마음으로부터의 연대=진심으로; 혈중에서의 역류=핏속으로; 교사에로의 길=교사가 되는 /인간으로서의 청년=인간이라는 젊은이; 시작으로서의 의미를= 시작으로서 의미를; 전문직으로서의 교사의 권리= 전문직으로서 갖는, 전문직이 되는; 교양으로서의 과학=교양이 되는; 사회 공기로서의=사회의 그릇이란; 인간학으로서의 수학= 인간학5의 수학 /의하면=따르면/

음(音)=소리 /음식물=음식 /응집된 총체력을 발휘해야 하며= 한데 모인 힘을 드러내어야 /은닉(隱匿)=숨긴다, 감춘다 /은폐(隱蔽)=덮어 감추기, 가리어 숨기다 /의상(衣裳), 의복(衣服)=옷 /의류(衣類)제품=옷가지 /의사소통(意思疏通)=생각 주고받기/

이번 사건의 관련 여부=이번 사건에 관련되었는지 /이름 아래=이름으로, 핑계로 /이미=벌써 /이탈(離脫)시키다=벗어나게 하다 /이미지=인상, 심상 /이앙(移秧)=모내기 /이전(移轉)=옮기다 / 인도(引導)=넘겨주다 /인부(人夫)=일꾼 /인양(引揚)=끌어올리다 / 인식 아래=생각으로, 깨달음으로 /인간=사람 /인내(忍耐)=참다 / 인상(引上)=올리기; 인하(引下)=내리기 /인출(引出)=꺼내다, 찾다 /인스턴트식품=즉석식품 /(도시)인=도시 사람 / 영남인=영남 사람 / 편집인=엮은이 /발행인=펴낸이 /직업에는 '-인', 체육인/

일견(一見)=얼핏 보기에 /일각(一角)=한쪽 /일단(一段)=우선 / 일원화=하나 만들기 /일익(一翼)=한 부분, 한 몫 /일용직=날품 / 일련(一連)의=한 가닥 /일일이=하나하나 /일전불사(一戰不辭)= 한판 싸움 /일탈(逸脫)의 구조적 가능성=벗어날 수 있는 틀을 / 일시적일 수=한때뿐일 수 /일조(一助)=도움 /일절(一切)=일체, 전혀, 도무지 /일축하다=거절하다 /(노력의) 일환으로=한 가지로 /읽혀지는=읽히는 /-에 입각(立脚)=따라서 /입촌 직후=들어가자 곧 /입자(粒子)=알갱이 /있었음에도=있었는데도 /입장(立場)=태도, 처지 /입구(入口)=들어가는 곳, 어귀, 들머리; 출구(出口)= 나가는 곳; 창구=창문 /1인당=한 사람에 /-인 줄= 인지/

<ㅈ>

자국(自國)=자기 나라 /자기의 몸=제 몸 /자명(自明)하다=분명하다, 환하다 /(올바른)자세=몸가짐 /자성(自省)=자기반성 /자행(恣行)하다=제멋대로 저지르다 /자진 출두(出頭)=스스로 나온 /자의(恣意)적=멋대로 /자체(自體)=그것 /자체적으로=자체로, 스스로 /작황(作況)이 너무 좋아=곡식이 너무 잘 되어 /작업=일 / 장기도피=오랫동안 숨어 다님 /잔해(殘骸)=부스러기 /장악(掌握) 의도=틀어쥘 속셈/

재(再)-=다시- /재개(再開)=다시 열어 /재고(再考)=다시 생각 /재배(栽培)=가꾸다 /(무게)재다=달다 /재배(栽培)=가꾸기 /재조명=다시 비추다 /재차=다시 /재현(再現)=다시 나타나 /재활용=다시 살려 쓰기 /-적(的) 삶=로 달려가는 삶 /원초적 감정=원초가 되는 감정 /생태적 삶으로서의 농사=자연으로 살아가는 농사 /기독교로서의 정체성의 확립=기독교의 본모습 세우기 /(효과)적인=효과 있는 /대표적인=대표가 되는 /정기적인 관리가 필수적이다= 반드시 오랫동안 관리해야 한다 /역사적인 합의=역사에 남을 합의 /공격적이 된다면=공격을 잘하게 된다면 /

종교간 대화의 문명사적 의의= 종교 간 대화가 문명사에서 갖는 뜻 /-적=-스럽다 /변태적 일탈=변태스런 벗어나기 /이상적인 여성상=바람직한 여성 /인간적인=인간다운 /민주적으로=민주스럽게, 민주답게 /비교적 객관적 자세=대체로 공정한 자세 /전향적으로=바람직스럽게 시기적으로=때가 /인도적 지원=인도 면에서 지원 /조직적으로=잘 조직해서, 짜임새 있는 /소설적 감동= 소설 같은 감동 /정책적 필요에 의해=정책에 필요해서 /포괄적 언급= 뭉뚱그려 말해, 싸잡아 말해 /학습적 신장을 위해=학습이 늘어나도록 하기 위해 /철학적 조명을 가해본다=철학으로 비춰보다 /필수적인 것으로 대두되고 있다=꼭 해야 할 것으로 나타나고 있다/

저력(底力)=숨은 힘 /저지(沮止)=막다 /저수지(貯水池)=못 / 저의(底意)=속셈 /적자(赤子)=손실 /적립식(積立式)=쌓아두기 / 적절한 방법=알맞은 /적합한=알맞은 /전가(轉嫁)=떠넘기다 /전반적인=전반에 걸친 /전혀=조금도, 아주 /전개=펴나가 /전신주= 전봇대 /전(全)=전부, 모두 /전 세계=온 세계 /전연(全然)=아주 / 전무(全無)=아주 없다 /전망(展望)=내다보다 /전락(轉落)=굴러 떨어지다 /전체적으로=전체로 보아; 전체=모두 /절약=아껴 쓰기 /절체(絕體)절명(絕命)=꼼짝 못 하는 /절절(切切)한=꼭 하고 싶은, 간절한/

접착(接着)=붙다, 묻다 /접촉(接觸)=맞닿다 /적발(摘發)=잡아내 /적확(的確)하다=정확하다 /전전긍긍(戰戰兢兢)=벌벌 떨어 /전격 경질(更迭)=갑자기 바꿔 /전대미문의 간고한=지금까지 들어보지 못한 곤궁한 /절규(絕叫)=부르짖다 /절대 절명=어찌할 수 없는 / 절벽(絕壁)=낭떠러지 /정렬(整列)=줄 선다.

정상 가격=올바른 값 /정숙(靜肅)=조용 /정체불명(正體不明)의=알 수 없는 /정체(停滯)=막히다 /정원(庭園)=뜰 /정지(停止)= 멈추다 /정(正)히=바로 /정체(整體)성=제 모습, 참모습 /정확하다=올바르다 /점차(漸次)=점점, 차차, 차츰 /주기적으로=때마다 －제(祭)=－잔치 / 제(諸)－=여러－ /제고(提高)=높여 /제방(堤防) 복구=둑 다시 쌓기 /제출(提出)=내놓다 /제휴(提携)=손잡기 /제일(第一)=가장 /제방(堤防)=강둑; 둔치=강가; 고수부지=강터 / 제초(除草)=김매다.

조류(潮流)=흐름 /조작(操作)=부림 /조(組)별로=모둠마다 /조기상환=일찍 갚기로 /조기(早起)축구=새벽, 아침축구 /조세(租稅)=세금 /조성(造成)=만들다 /초원(草原)=들판 /조정(漕艇)=배젓기 / 조처(措處)=처리 /존재하고 있는=있는 /존재 이유=있는 까닭 / 종료(終了)=끝난 /종식(終熄)=끝내다 /종언을 고하다=종말이 왔다, 끝이 났다 /종용(慫慂)하다=권하다 /종자(種子)=씨 /종지부를 찍고=끝장을 내고 /좌초(坐礁)=주저앉다 /좌석=자리

주변(周邊)=근처, 둘레 /주야(晝夜)=밤낮 /주력(注力)하다=힘쓰다 /주가=주식값 /죽을 위기에 처한=죽을 뻔한 /(집)주위=집 둘레 /주자(走者)=경쟁자 /주점(酒店)=술집 /주방(廚房)=부엌 /주지의 사실=다 아는 /준수(俊秀)=지킴 /중에서=가운데서 /중증(重症)=큰 병 /중차대(重且大)한=중요한 /중(重)히=귀하게 /즉(卽)= 곧 /즉각(卽刻) 투입=곧바로 보내 /즙액(汁液)=즙 /증상(症狀)=증세 /증폭(增幅)=커지다.

－지다, －진다, －된다, －되어야=해야, 되어지다, 되어진=된, 매장되어진= 파묻힌, /보여집니다, 보여지고 있습니다=보입니다 / 일컬어지는=일컫는, 말하는 /지어지는=짓는 /지구전(持久戰)=오랜 전쟁 /지난한 과정=매우 어려운 길 /지반(地盤) 침하=땅바닥 가라앉음 /지속적인=끊임없는 /지방(脂肪)=기름 /지명(地名)=땅이름 /지시(指示)일변도(一邊倒)=지시만 하는 /지양(止揚)해야 할=넘어서야 할

지향(志向)=향해 가 /직거래=직접거래 /직접=손수, 바로 /진화(鎭火)에 부심=불끄기 애써 /진술(陳述)=말하다 /진면목(眞面目)=참 모습 /진상(眞相)=참

모습 /진실된 자세=진실한 /진작(振作)=북돋우기, 떨쳐 일으키기 /질문(質問)=물어보다 /집단적으로=무더기로, 죄다 /집중적으로 적발되었다는=많이 드러났다는 / 질시(嫉視)하다=밉게 보다 /질주(疾走)=달리다 /질책(叱責)=꾸짖다 /질타(叱咤)=꾸짖다.

<ㅊ>

여행 차=여행하러 /차단(遮斷)=막기, 끊기 /차별(差別)화=달리해 /차차(次次)기=다다음번 /차세대=다음 세대 /차량(車輛)=차 / 차로(車路)=찻길 /차치(且置)하고=그만두고, 제쳐두고 /차출(差出)=뽑아내 /착용(着用)하다=입는다 /창출(創出)=만들기 /창공(蒼空)=하늘 /채취(採取)=캐다, 따다.

처(處)하다=빠지다, 부닥치다, 놓이다 /척결(剔抉)=도려내기 / 천정(天井)=천장 /첨가(添加)=보태다 /첨예(尖銳)=날카롭다 /체결(締結)=맺다 /체제(體制)=틀 /초(超)=뛰어넘음, 초월한, 높은 /초래(招來)=불러옴 /초미(焦眉)의 사안=매우 급한 일 /촉구(促求)=재촉 /총체적 불황=전체가, 총체 불황 /총기(銃器)=총 /총괄(總括)=한데 묶다 /촬영(撮影)=찍다 /최고치=가장 높아 /최초=맨 처음 /최종=맨 마지막 /최연소=가장 나이 어린

추기(秋期), 추계(秋季)=가을 /추동(推動)=밀고 나갈 /추적(追跡)=뒤쫓음 /추락(墜落)=떨어지다 /추후(推後)=이다음 /축제(祝祭)=잔치 /(가을)추수=가을걷이 /출범(出帆)=출발 /취급(取扱)= 다루는, 대접 /취락(聚落)=마을 /취소(取消)=지워, 물려 /(태도를) 취하고 있다=가지고 있다 /취사(炊事)=밥짓기 /취입(吹入)=녹음 /측(側)=쪽 / 측정(測定)한=달아 본, (길이)잰다, (무게)단다 /치환(置換)=바꾸다 /침수(浸水)=잠기지 /가장 치명적인 병=죽음을 가져오는 가장 큰 병 /치아(齒牙)=이 /침수(浸水)=잠기다 /침몰(沈沒)=가라앉다 /침식(侵蝕)=깎다.

<ㅌ>

타(他)ㅡ=다른ㅡ /타인(他人), 타자(他者)=남 /타파(打破)=깨뜨리기 /탄생=낳다 /탄환(彈丸)=총알 /탈(脫)=벗어나는 /탈피(脫皮)= 벗어나 /탈루(脫漏)=새

나가 /탈취(脫臭)=냄새 없애는 /택하여= 가려서 /토지(土地)=땅 /토양(土壤)=
땅, 흙 /토착화(土着化)=뿌리내리기 /퇴출시키다=물러나게 하다 /퇴색(退色)=
빛바래다/ (6억)투입(投入)=들여 /투쟁(鬪爭)=싸움 /특(特)히=더구나, 유달리

<ㅍ>

파국(破局)=막판 /파열(破裂)=터지다 /파죽의=거침없는 /파종(播種)=씨뿌
리기 /판매=팔기 /판로(販路)=팔길 /판이(判異)한= 아주 다른 /패류(貝類)=조
개무리 /팩=곽 /팽창(膨脹)=부풀어 오름 /편린(片鱗)=조각 /평소부터=평소 /
폄훼(貶毀)=헐뜯어 깎아내리다 /평이(平易)=쉽다 /산업폐기물=산업쓰레기.

포기(抛棄)할=내버릴 /(혐의) 포착=잡아, 붙잡는다 /포효(咆哮)=울부짖음 /
포획(捕獲)=잡다, 사로잡다 /폭등(暴騰)=크게, 마구 올라 /폭염(暴炎), 폭서(暴
暑)=무더위 /폭발적인=폭발하는, 터져 오르는 /포옹(抱擁)=껴안다 /표지(標
識)=푯대로 /표지(標識)판=표시판 /표출(表出)=표현, 나타내다 /풍부(豊富)=
넉넉하다/ 피안(彼岸)=저승; 차안(此岸)=이승 /피차간, 피아(彼我)=서로 /피랍
(被拉)=잡혀가 /피부(皮膚)=살갗 /피해를 준다=해를 입히다 /필(筆)=펜, 연필
/필적(筆跡)=글씨 /필연적으로=반드시 /필(必)히=반드시

<ㅎ>

하고자=하려고 /하시는지는=하시는 줄은 /ㅡ하(下)=안에서, 속에서; 교육
하에서=교육에서; 인식하에=인식에서, 깨달음에서; 기초하에=바탕으로 하
여; 환경 아래서=환경에서 /하자(瑕疵)=흠 / 하락=내리다 /하락세로 반전됐
다=내림세로 되었다 /하치장(荷置場)=버리는 곳, 짐 부리는 곳 /한발(旱魃)=
가뭄 /하천(河川)=시내 /한선(汗腺)=땀샘 /할인(割引)=깎다, 싸게 팔기 /할증
금(割增)=웃돈 /할증료=덤돈, 얹음돈 /함께 공유하는=함께 가지는 /합의(含
意)=말뜻 /합목적적인= 목적에 맞는 /합당(合當)하다=알맞다.

합리화될 수=이치에 맞을 수 /항상= 언제나, 늘 /ㅡ함에 있어서=ㅡ하는
데서 /합의도출=뜻 맞추기 /항의 불구= 항의해도 /ㅡ한 바에 의하면=ㅡ해보

앉더니 /해갈(解渴)=목축임 /해풍(海風)=바닷바람 /해후(邂逅)=상봉, 만남 /해방사에 있어서의=해방의 역사에서 /행동수칙=지킬 일 /행로(行路)=갈 길 /행선지(行先地)=가는 곳, 갈 곳 /행방(行方)=간 곳 /행위자에=사람에 /행락(行樂) 인파=놀러 나온 사람들 /행하다= 하다 /―했어도=―해도 /향후(向後)=앞으로 /허위(虛僞)= 거짓 /허용(許容)=하게 해 /허황된 모습=허황한

현수막(懸垂幕)=드림막 /현 시점=이때, 이 자리 /현지(現地)=그곳, 그 자리 /현관(玄關)=문간 /현재적=오늘날의 /현안(懸案)으로=문제로 /혈액(血液)=피 /(영양을) 취하다=받아들이다. /형상(形象)= 形狀, 사물의 생긴 모양이나 상태, 형태. 관념의 구상(具象)화. 象形文字. /형상(形相)= 1. 형상(形狀) ↔질료(質料) 2. 생김새 3. /형상(形狀)= 물체의 생긴 모양, 겉으로 나타난 모양

호각(互角)=어금버금, 어금지금, 어슷비슷 /호도(糊塗)=얼버무리다 /(억대) 호가(呼價)=불러 /호기(好機)=좋은 기회 /호의적 시각으로 보는=좋게 보는 /(집중)호우=큰비 /호흡=숨 /환불(還拂)=돌려주다 /활용(活用)=쓰다 /확대(擴大) 계기=넓힐 기회 /확산(擴散)=퍼지다 /회생(回生)하다=살아나다 /회한(悔恨)=뉘우침 /횡단보도(橫斷步道)=건널목 /효시(嚆矢)=시초

화(化)=꽃/ 폐허화된=폐허가 된/ 화분(花盆)=꽃분/ 화병(花瓶)=꽃병 /화훼(花卉)=꽃 /화단(花壇)=꽃밭 /확포장공사=넓혀 포장하는 공사 /환희(歡喜)=기뻐하다 /회귀(回歸)=돌아가다 /회의적=의심스러워 /회색(灰色)=잿빛 /회화(繪畵)=그림 /회전(回轉)=돌다 /획득(獲得)=따내다 /후회(後悔)=뉘우치다/ 후예(後裔)=후손/ 훼손(毀損)=헐뜯다/ 휘호(揮毫)=글씨 쓰기/ 휴식(=쉬다)공간=쉼터/ 희열(喜悅)=기쁨/ 희화(戲畵)화=웃음거리로/ 희석(稀釋)한=탄/ 흡사(恰似)=꼭

체육학 글쓰기 3판
체육논리 및 논술수업

저자 • 이 학 준

발행인 • 조 승 식

발행처 • (주) 도서출판 북스힐

등록 • 제 22-457호

주소 • 서울시 강북구 한천로 153길 17

www.bookshill.com

E-mail • bookshill@bookshill.com

전화 • 02-994-0071

팩스 • 02-994-0073

2006년 3월 10일 1판 1쇄 발행
2012년 9월 10일 2판 1쇄 발행
2018년 9월 5일 3판 2쇄 발행

값 13,000원

ISBN : 979-11-5971-007-0